外国法的适用

一个宏观到微观的考察

苏晓凌 ◎著

中国法制出版社
CHINA LEGAL PUBLISHING HOUSE

推荐词

苏晓凌博士在其2014年8月完成的博士论文的基础上，增补、修改，完成了《外国法的适用——一个宏观到微观的考察》一书，现在该书正式以专著形式出版发行，对此，我表示真心的祝贺。此外，能够为该书写推荐词，我也感到非常高兴。众所周知，狭义的国际私法的功能是确定具有外国要素的法律关系的准据法。为此，各国都规定了诉讼中通过国际私法来确定准据法的原则，也对仲裁中通过仲裁法等确定纠纷实体所适用准据法的原则进行了提示。

按照准据法的确定原则，如果内国法被指定为准据法，通常在法的适用上不会有太大的困难。但是，如果外国法被指定为准据法，则适用内国法情况下不存在的棘手的问题就出现了。事实上，即使通过海牙国际私法会议等的努力，在世界范围内统一了准据法的确定原则，如果各国法院以不同的方法对待准据外国法的认识、解释和适用问题的话，则经过艰苦努力达成的统一的准据法确定原则也会在很大程度上丧失意义。因此，狭义的国际私法上，外国法的适用以及与之相关的各种问题具有很重要的实践性意义。

基于上述理由，研究外国法的适用以及相关诸问题的苏晓凌博士的著述无论是在实务上还是在学术上都有重要价值。特别是，著者在讨论外国法适用相关的基本理论之后，研究了法院诉讼中出现的程序法上的各个问题，并就最近世界上关心的外国法适用上的国际性相互协助方案进行了讨论，在这些宏观问题基础上，著者就韩中两国适用对方国家法律的具体案例进行了介绍，比较了两国法院在处理方法上的异同，分析了两国之间司法协助方案以及之后的改善方案。从这一点上，可以说本书在韩中之间司法协助的发展方面也是很有价值的资料。因此，我相信，对国际私法领域中，特别是实务上需要适用外国法的实务家们、关心外国法适用问题的学术研究者、关心韩中之间适用彼此法律这一问题的所有人士，本书都是非常有实用价值的著述。

苏晓凌博士是我在首尔大学指导的第一位专攻国际私法学并获得博士学位的学生。苏晓凌博士应当在将来日益紧密联系的韩中国际私法交流上担负起重要的任务，从这个意义上说，她是韩中国际私法学界应当共同培养的珍贵的人才。将来，为了韩中日构成的东北亚国际私法学的发展，这些领域中的国际私法专家们必须相互协助，因此，我坚信，现在正在进行中的韩中以及韩日之间的专家交流和协助应当进一步扩大和强化。

最后，再次对著者在此期间付出的努力表示祝贺，恳切希望她在将来能专注研究，不断发表论文和著述，为中国、韩国乃至东北亚国际私法学的发展做出贡献。

2015 年 4 月

首尔大学法学专门大学院教授　石光现

推薦辭

蘇曉凌博士께서 2014년 8월에 서울大學校에 提出한 法學博士學位論文을 보완하여 "外國法의 適用"이라는 題目의 冊子를 單行本으로 刊行하게 된 것을 眞心으로 祝賀합니다. 또한 제가 이 著書에 推薦辭를 쓰게 된 것을 매우 기쁘게 생각합니다. 周知하는 바와 같이 狹義의 國際私法의 機能은 外國的 要素가 있는 法律關係의 準據法을 決定하는 것입니다. 이를 위하여 各國은 訴訟에서는 國際私法을 通하여 準據法決定原則을 規定하고, 仲裁에서는 仲裁法 등을 通하여 紛爭의 實體에 適用할 準據法決定原則을 提示하고 있습니다.

準據法決定原則에 따라 國內法이 準據法으로 指定된 境遇에는 法의 適用에서 큰 어려움이 없으나 外國法이 準據法으로 指定된 境遇에는 國內法이 指定된 境遇에서는 볼 수 없는 까다로운 問題들이 提起됩니다. 事實 헤이그國際私法會議의 努力을 通하여 世界的으로 準據法決定原則을 統一하더라도 정작 各國法院이 準據法인 外國法을 認識하고 解釋 및 適用하는 過程에서 相異한 接近方法을 取한다면 어렵게 達成한 準據法決定原則의 統一은 大部分 意味를 喪失하게 될 것입니다. 따라서 狹義의 國際私法에서 外國

法適用과 관련된 諸問題는 대단히 重要한 實踐的 意味를 가지는 것입니다.

이런 이유로 外國法適用에 관련된 諸問題를 다룬 蘇曉凌博士의 著書는 實務的으로나 學問的으로 貴重한 價値가 있습니다. 특히 위 著書는 外國法適用과 관련된 基本理論을 檢討한 뒤(제2장) 法院의 訴訟에서 提起되는 節次法의 論點을 다루고(제3장), 最近 世界의 關心事로 浮上한 外國法適用에 관한 國際的 協力方案을 論議한 뒤(제4장), 나아가 韓中間에 相對方國家의 法을 適用하는 過程에서 提起된 論點을 다루고 있습니다(제5장). 특히 제5장에서는 韓國法院이 中國法을 實際로 適用한 事例와 中國法院이 韓國法을 實際로 適用한 事例를 紹介하고 兩國法院의 接近方法의 異同을 分析하여 民事司法共助에 관한 韓中兩者條約의 改善方案까지 提示하는 점에서 이 著書는 將來 韓中間의 民事司法共助의 發展을 위해서도 貴中한 資料라고 생각합니다. 따라서 中國에서 國際私法 특히 實務上 外國法을 適用해야 하는 實務家들과, 外國法適用에 관하여 學問的 關心을 가지는 硏究者들, 특히 韓中間 相對方 國家의 法의 適用에 關心을 가지는 모든 분들께는 이 著書가 매우 有用할 것이라고 確信합니다.

蘇曉凌博士는 서울大學校에서 저의 指導로 最初로 國際私法을 專攻하여 法學博士學位를 받은 사람입니다. 또한 蘇曉凌博士는 將來 더욱 緊密하게 協力해야 할 韓中間 國際私法學의 交流에서 重要한 役割을 擔當해야 하고, 이런 意味에서 韓中國際私法學界가 함께 키워가야 할 貴中한 人才입니다. 저는 將次 韓中日로 構成된 東北亞細亞 國際私法學의 發展을 위해서는 域內 國際私法專門家들의 相互協力이 必須的이므로 現在 進行中인 韓中 및 韓日 專門家間의 交流와 協力을 더욱 擴大하고 强化해야 한다고 굳게 믿습니다.

마지막으로 저는 著者의 그간의 努力을 거듭 致賀하고, 앞으로도 硏究에 精進하여 꾸준히 論文과 著書를 발표함으로써 中國은 물론 韓國 나아가 東北亞細亞 國際私法學의 發展을 위해 寄與해 주실 것을 懇曲히 當付합니다.

2015년 4월

서울大學校 法學專門大學院 敎授 石光現

目 录

第一章 绪 论 …………………………………………… 1

第二章 外国法适用的基本理论 ……………………… 14
  第一节 外国法适用的相关用语与概念 ……………… 14
  第二节 外国法的性质 ………………………………… 28
  第三节 冲突法的强制适用与否和外国法的适用 ……… 42

第三章 诉讼程序中外国法适用的实现——比较法的
        考察 …………………………………………… 56
  第一节 外国法适用的主张责任和查明责任的分配 …… 57
  第二节 外国法的调查方法 …………………………… 115
  第三节 外国法无法查明的处理 ……………………… 173
  第四节 外国法的解释 ………………………………… 209
  第五节 外国法适用错误的救济 ……………………… 242

第四章 外国法适用上跨国性的努力 ………………… 269

第五章　韩国和中国对外国法的适用 306
第一节　韩国在外国法适用上的立法及实践 307
第二节　中国法院对外国法的适用 330
第三节　中国和韩国之间相互法的查明和适用 377

第六章　结论 406

参考文献 416

第一章
绪 论

国际私法在整个法学领域里似乎是一个特异的存在。对于大部分人,甚至于一些法学学者而言,国际私法似乎是一门非常抽象而深奥的学问。曾有一位外国学者比喻说:"冲突法领域是一片阴暗的沼泽地,一群博学而怪癖的学者们滞留于此,使用一些难解的专门用语,为了这个神秘的事物创设了一种理论。"[1] 与其他部门法不同,国际私法从其诞生时起,就侧重于理论的构建,法官等法律实务家们在国际私法的成长过程中扮演着相对较弱的角色。12世纪,意大利北部的城邦国家纷纷制定适用于各自的城邦法则(statuta),从而产生了真正的法律冲突问题。自那时起,岁月流逝,国际私法经过不断的改革和改良,最终走出象牙塔,蜕变为具有可操作性的、有生命力的法。[2] 时至今日,具有体系化国际私法立法的国家逐渐增多。例如,20

---

[1] William L. Prosse, "Interstate Publication", 51 *Mich. L. Rev.* 959, 971 (1953).

[2] 关于国际私法发展的历史,英文文献 Friedrich K. Juenger, "A Page of History", 35 *Mercer. L. Rev.* 419 (1984);韩文文献见[韩]张文哲:"国际私法的历史和发展方向",载国际私法学会《国际私法研究》1998年第3号,第17~44页。

世纪后半期，欧洲的瑞士、奥地利、意大利、德国等国纷纷制定系统化的国际私法规则。21 世纪，作为亚洲主要国家的韩国于 2000 年制定了自己的国际私法法典（名称即为《韩国国际私法》），日本于 2007 年修订其《法例》，制定了《法律适用有关的通则法》，① 中国大陆地区于 2010 年以冲突法规则为主要内容，制定了《中华人民共和国涉外民事关系法律适用法》。② 从国际的视角看，统一的冲突法规则的创设也在一定范围内部分实现了。例如，早在 1980 年，欧共体 8 个成员国以公约的形式，就合同债务的准据法问题作出了明确的约定。③ 此后，2008 年，欧盟以此为基础，制定了可直接适用于各成员国的《罗马 I 规则》（Rome I Regulation），在合同准据法上开始采用统一的冲突法规则。在合同领域之外，2007 年，欧盟通过制定《罗马 II 规则》（Rome II Regulation），在侵权、不当得利等非合同债务领域实现了冲突法规则的统一。但是，冲突规则的统一并不意味着国际私法的目的可以自然得以实现，因为冲突法规则本身并不能保障其指定的准据法可以正确地得到适用。冲突法规则的实现所要依赖的重要因素是外国法适用制度。

---

① 日文名称为"法適用に関する通則"。
② 中国台湾地区也于 2010 年修订了"涉外民事法律适用法"，并于 2011 年 5 月公布。
③ 即"合同准据法欧共体公约"（EC Convention on the Law Applicable to Contractual Obligations，"罗马公约"），最初签订该公约的八个欧共体成员国为法国、意大利、比利时、荷兰、卢森堡、英国、爱尔兰和丹麦。

第一章　绪论

一、研究外国法适用制度的意义

(一) 外国法适用制度的重要性

按照中国学者的研究结论，国际私法存在的根据至少有三个。[①] 第一，世界上存在着不同的法体系。第二，这些不同的法体系具有平等的地位。第三，这些不同的法体系之上存在着一个法律共同体。如果具有涉外因素的法律关系只可以适用国内法的话，则没有国际私法也是可以的。换句话说，一国的法律可以在另一个国家内被适用，这是国际私法存在的前提。[②] 从这一点出发，外国法能否被适用，如果能被适用，其适用结果的好坏决定了国际私法的生死存亡。因此，就国际私法的研究而言，外国法的适用是一个不可回避的课题。

此外，正如前文所述，国际私法规则的统一已经在一定程

[①] 宋晓：《当代国际私法的实体取向》，武汉大学出版社2004年版，第8页。

[②] 学界在外国法适用的根据是什么问题上存在多种观点。韩国学者认为，从表面上看，外国法的适用是出自于国际私法规则的规定或者指定。更进一步，国际私法上设置多种连结原则可以从宪法上的平等原则上寻找根据。按照宪法上的平等原则，对同一事物应当同一对待，不同的事物应该不同对待。具有外国因素的法律关系应该适用外国法，这正是平等原则的体现。[韩] 安春沭："外国法适用的根据"第554页以下。英美国家也有观点以礼让为立论基础来对外国法适用的根据进行说明。[韩] 石光现：《国际私法解说》，博英社2013年版，第124页脚注2。

度上得以实现,然而,无论是像欧洲一样以立法的形式将国际私法规则予以统一,又或者如采纳海牙国际私法会议拟定的相关公约一样,采纳冲突法规则有关的公约,如果在外国法的适用方面不能予以协调配合,国际私法规则统一的意义将大打折扣。因为,虽然按照统一的国际私法规则指定了同一个准据法,但该准据法在不同的国家按照不同的方式适用,则基于同一事实作出的法律判定就可能是不同的,那么国际私法希望达成判决一致的理念将不能得到实现。

外国法适用制度在国际私法上的地位可以从以下两个方面予以说明。第一,外国法适用制度决定了国际私法规则能否真正得以实现。第二,外国法适用制度将影响到解决法律冲突的方法。

1. 对国际私法规则能否实现的影响

尽管并非没有任何争议,[1] 时至今日,在具有涉外因素的案件可以适用外国法这一点上,几乎没有人予以彻底否定。不仅如此,以欧洲大陆为代表的法律实务也已经证明,外国法的适用是可能的。因此,本书中将不对外国法适用的根据和理由做过多的陈述,而是侧重对实现外国法适用的过程或者程序,

---

[1] 例如,在 19 世纪时,曾有英国的法官在一个判例中认为,一国的法律不能在另一个国家中适用,判决说"Tobago island 不能制定可以在全世界范围内具有约束力的法律(pass a law to bind the rights of the whole world)"。Buchanan v. Rucker, 103 Eng. Rep. 546 (K. B. 1808),转引自 Louise Ellen Teitz, "From the Courthouse in Tobago to The Internet: The Increasing Need to Prove Foreign Law in US Courts", 34 *J. Mar. L. & Com.* 97, 97 (2003)。

第一章 绪论

即外国法查明制度的探讨和研究。

这里所说的外国法的查明是指,法院地法院通过某种机制或者手段,明确认识外国法,并将其适用于具体案件争议事项的制度。外国法的查明问题在仲裁或者行政程序等非诉讼程序中也可能存在,但是通常在这些非诉讼程序中,外国法的查明可以以较为灵活的方式处理,并不严格遵守既定的规则,因此本书对外国法查明的讨论将仅限于对诉讼程序中外国法查明制度的研究。

外国法的查明在国际私法体系中的重要地位是不言而喻的。英国 Fentiman 教授曾经指出,外国法的查明虽然带有程序性、附属性的特征,但在国际私法体系中,几乎没有比外国法的查明更重要的问题,外国法查明的程序性功能关涉冲突法本身的生死存亡。[①] 虽然准据法的指定是国际私法的核心内容,但是并非按照国际私法指定准据法之后案件便可终结。法院地的法官并不当然熟知被指定的准据外国法的内容,因此必须通过外国法的查明程序,方可作出对案件事实的法律判断,从而最终实现准据法指定的目的。没有外国法查明的相关制度,国际私法本身不能自行得以实现。因此,如果把诸多精致设计的冲突法规则比喻为一个大的建筑物的话,支撑该建筑的

[①] Richard Fentiman, "English Privative International Law at the End of the 20th Century: Progress or Regress?" at Symeon Symeonides, *Private International Law at the End of the* 20*th Century*, *Progress or Regress*? Kluwer Law International, 1999, pp. 187~188.

基础恰恰是外国法查明制度。

2. 对解决法律冲突的方法的影响

国际私法本为解决法律冲突而登上历史舞台。解决法律冲突的基本方法主要有三种。① 一是统一各国实质法②的方法，即所谓实质法的方法（substantive law approach）；二是单边的方法（unilateral approach）；③ 三是传统的多边的方法（multilateral approach）。在这些方法中，多边的方法的运用以外国法的可适用性为前提。如果外国法被证明根本不可能被适用，那么在设计法律冲突的解决方法时，就只能抛弃多边的方法，转而谋求实质法的统一或者采用以确定本国法适用范围为手段的单边的方法。美国教授 Symeonides 在 1998 年召开的国际比较

---

① 当然，在国际私法的方法上，存在着多种多样的分类方法。例如有学者将当事人自治作为独立的方法予以对待。宋晓：《国际私法的实体取向》，武汉大学出版社 2004 年版，第 53~67 页。

② "实质法"的概念在中国目前并不存在。韩国学者借鉴德国法立论，区分"实体法"和"实质法"。"实质法"是与冲突法相对应的概念，而"实体法"则是与程序法相对应的概念。这种指称似更为严谨，因此本书中沿用了这一用语。

③ 在单边方法的定义上，存在着不同的见解。韩国学者认为，单边方法是从各潜在的准据法出发，通过确认其适用范围来选择、确定合适的准据法。[韩] 石光现：《国际私法解说》，博英社 2013 年版，第 23 页。美国 Symeonides 教授一方面将单边的方法与法则分类说同等看待，一方面又以 20 世纪在美国出现的政府利益分析说为例，把适用法院地法的方法归并为单边方法。Symeonides, S. C. *Private International Law at the End of the 20th Century, Progress or Regress?* Kluwer Law International, 1999, pp. 11~15. 中国李双元教授则认为，法则分类说本质上是一种双边或者多边的方法。李双元："国际私法正在发生质的飞跃"，《国际法与比较法论丛（第五辑）》，中国方正出版社 2003 年版，第 369 页。本书将单边方法理解为，从法院地法出发，通过探索确定法院地法的适用范围，确定法院地法是否可以作为准据法适用于纠纷案件的方法。

法学会第 15 次代表大会上提交的报告书中曾就这一观点进行过详细的阐述。即，外国法查明上的问题"的确是存在的，也是困难的。但是这并不意味着我们应该回避这一问题，反而意味着我们应对法律选择程序予以更多的研究。只有在大量研究之后才可以判断外国法查明上的困难是否的确是不可解决的或者该困难是否已经对跨国案件的公正解决造成了严重的影响。如果对该问题的回答是肯定的，则我们也许应当抛弃法选择的方法而寻找其他更好的方法，例如放弃对具有涉外因素案件的管辖，或者只适用法院地法，又或者需要考虑为涉外案件设定统一的实质法规则"。[①] Symeonides 教授的分析明确地说明了外国法查明制度与法律冲突解决方法之间的关系。

另一方面，通过改善外国法查明制度或者通过国际社会的努力，最终证明外国法完全是可以被查明的或者至少在大部分的情况下是可以被查明的，则可以认定多边的方法是具有合理性的，是可以被采用的解决法律冲突的方法。

（二）外国法适用可能性的增加

随着全球化时代的到来，国际间人的交流、物的交流在不断增加。由于国际交易、文化交流、移民移民、国际旅行等的增加，各国法院在审理案件过程中遭遇具有涉外因素的案件的

[①] Symeonides, S. C, *Private International Law at the End of the 20th Century, Progress or Regress*? Kluwer Law International, 1999, p. 18.

机会大大增加了。① 与此同时，随着国际私法方法论的变化，对这些具有涉外因素的案件适用外国法的可能性也相应增加了。如前所述，如果采用实质法的方法或者以法院地法为出发点的单边方法的话，适用外国法的机会并不多。② 但是，现在被广泛采用的多边方法与单边方法不同，它从法律关系出发，探求法律关系的本据地所在，按照不同法律关系的特性，将其本据地分配在不同的国家，这样一来，各国法院适用外国法的可能性大大增加了。

此外，从国际私法方法论的另一个方面看，美国冲突法革命引起了所谓从"规则"到"方法"的改变，即将冲突法从僵化的冲突法规则中解放出来，仅以"方法"来解决法律冲突问题，③ 这种尝试或曰转化也使得外国法适用的重要性得到了强化。按照传统国际私法理论，法院地的法官按照冲突法规则确定准据法之前，并不需要对可能适用的各个法体系进行调

---

① 关于这一点，有很多论文中曾经提及，例如 Charles E. Meacham, "Foreign Law in Transactions between the United States and Latin America", 36 *Tex. Int'L L.* J, 507（2001）; Mo Zhang, "International Civil Litigation in the China: a Practical Analysis of the Chinese Judicial System", 25 *B. C. Int'l & Comp. L. Rev.* 59（2002）.

② 按照美国 Erauw 教授的观点，19 世纪，国际私法主要部分的关键词是按照法院地法或者类似法院地法的法平等对待外国人以及对本国海外国民民事权利的互惠的需要，因此，至少在 19 世纪，外国法的适用还不是一个重要的问题。J. Erauw, "Something Funny Happened to Foreign Law on Its Way to the Forum", 39 *Neth. Int'L. Rev.* 63, 69（1992）.

③ Friedrich K. Juenger, *Choice of Law and Multistate Justice*, M. Nijhoff Publishers, 1993. 宋晓："20 世纪国际私法的'危机'与'革命'"，载《武大国际法评论》2004 年第 1 期，第 182 页；[韩] 石光现：《国际私法解说》，博英社 2013 年版，第 20 页。

查和确认,只是在按照冲突法规则确定准据法之后,且准据法为外国法的情况下才会启动外国法查明程序。但是,美国冲突法革命时期,传统冲突法规则的价值盲目性受到批判,对实质法内容的考量相应地被引入到法选择过程中。① 美国式的法律冲突解决办法虽然并没有被欧洲大陆传统国际私法全盘接受,但也承认在一定情况下可以将对实质法的价值考量纳入到法选择过程中。② 这意味着在适用这些引入实质法价值考量的条款或法律规定时,法官在选择准据法这一过程中就需要对可能作为准据法的各个法体系进行调查和比较。显然,这种情况下,法官进行外国法查明的任务被大大加重了。因此,在当代国际私法

---

① 美国冲突法革命的说法起源于 1933 年 Cavers 所写的 "A Crique of the Choice of Law Problems" 一文。之后当时冲突法革命的代表人物 Currie 提出了"政府利益分析说",Cavers 提出了所谓的"优先的原则(Principles of preference)",Leflars 提出"更好的法",Reese 提出"最密切联系原则"等不同的学说,美国 Juenger 教授将冲突法革命时期各代表性的理论进行了整理,对既存的各方法加以批判的同时,提出了所谓的"实质法的方法(substantive law approach)"。Cavers, "A Critique of the Choice of Law", *Harv. L. Rev. Vol. xlvii*, (1933) pp. 173 ~ 208; Leflar, "Choice - influencing Considerations in Conflicts Law", 41 *N. Y. U. L. Rev.* 267 (1966); Clyde Spillenger, *Principles of Conflict of Laws*, West, 2010, pp. 67 ~ 69; Friednch K. Juenger, *Choice of Law and Multistate Justice*, M. Nijhoff Publishers, 1993; 周晓明:"当代中国外国法适用的理论重构",载《武大国际法评论》2009 年第 9 卷,第 243 ~ 245 页;[韩]申昌善、尹南顺:《新国际私法》,Fides 图书出版 2014 年版,第 44 ~ 49 页;[韩]张俊赫:"Caver 政府利益分析说研究",首尔大学硕士学位论文,1994。美国冲突法革命时期的各个学说表现出强烈的适用法院地法,即所谓"归家(homing tendency)"的倾向。

② 例如,为了保护消费者和劳动者这样的经济、社会上的弱者,尽管内容不尽相同,欧洲的《1980 年罗马公约》及之后的《罗马Ⅰ规则》、中国的《涉外民事关系法律适用法》、韩国的《国际私法》都针对消费者和劳动者设置了冲突规则上的特殊规定。

理念和制度下，一个完善的、适合本国法律文化和法律体系的外国法查明制度变得更为重要，其研究的价值也大大增加了。

(三) 外国法查明的困难

尽管外国法查明制度的重要性大大增加，法院遭遇外国法适用问题的机会也大大增加，外国法查明本身却存在着很多困难。第一，语言的差异给外国法的查明带来了很大障碍。法律语言重视其严谨性和正确性，但是，通常法院地法官中能够熟练运用相关外国法律专门术语的人并不多。第二，法律渊源的不同也会给外国法的适用带来困难。特别是分属不同法系的法官们在适用对方的法律时，其困难是显而易见的。例如，大陆法系的法官在面对历经数百年传承形成的判例法体系时，往往感到无从下手。第三，在外国法的查明方面，在世界范围内尚未形成有效的司法协助体系。那么，如何克服这些困难，如何有效地解决现存的问题，这些都需要学理的研究和实践的检验。

(四) 在外国法适用方面研究的不足

尽管外国法适用制度具有相当的重要性，但是在实务上，外国法适用或者外国法查明制度的重要性和困难却常常被忽视。其原因，一方面在于过去国际私法性案件在法院审理的案件中只占很小的一个比例。或者，换句话说，事实上在很多情况下，某些具有涉外因素的案件本来应当按照国际私法规则指定准据法，然后按照该准据法对案件争议事项作出裁决，但是法院出

第一章 绪论

于保护法院地法利益的考虑或者为了回避适用陌生的外国法，以各种各样的理由最终适用了法院地法。另一方面，外国法适用制度既是国际私法上由来已久的问题，又与诉讼制度紧密相关。将两者结合起来研究是很有必要的。但在实际研究中却存在忽视两者之间的关系，将其简单化看待的倾向。或者认为外国法查明问题与单纯的事实认定问题并无太大区别，因此没有必要对此从理论上进行有深度的探讨。或者认为外国法查明问题是单纯的国际私法问题，从而忽视了诉讼法上相应的理论争议。

学问研究的一个目的是为实务上的问题提供合理的解决方案，同时也要通过对原理的分析、对发展方向的探求，承担指导实务发展方向的任务。就外国法适用问题而言，外国法的查明和适用已经是国际私法上由来已久的问题，因此研究范围和框架基本已经定型化。大部分的国际私法教科书都会将外国法的查明作为专门的一个问题予以讨论，相关的专著也不少见。但是外国法适用上的所有问题并非均已得到合理的解答。无论是欧洲还是美国，仍然还在针对这一问题进行着不懈的研究。[1] 我国在 2010 年制定了第一部系统成文的国际私法性质

---

[1] 例如 Richard Fentiman, *Foreign law in English Courts: Pleading, Proof and Choice of law*, Oxford University Press, 1998; Maarit Jäntera-Jareborg, "Foreign law in national courts: a comparative perspective", 304 *Recueil des Cours* (2003); Sofie Geeroms, *Foreign Law in Civil Litigation- A Comparative and Functional Analysis*, Oxford University Press, 2004; Urs Peter GRUBER, Ivo Bach, "The Application of Foreign Law-a Progress Report on A New European Project", *Yearbook of Privative International Law Vol. XI* (2009); Carlos Esplugues, José Luis Lglesias, Guillermo Palao, *Application of Foreign Law*, Sellier European Law Publishers, 2011.

的单行法——《中华人民共和国涉外民事关系法律适用法》，但是在外国法适用问题上存在的一些误解和争议并没有因此而彻底消除。因此，尽管外国法的适用已经是一个相对定型化的研究课题，本书仍将其作为研究的主题，力图在现有研究基础上提出更有实际意义的观点或意见。

二、研究的方法、目的及本书的结构

从上述外国法适用研究的必要性出发，本书将以外国法的适用，特别是外国法的查明制度为研究的中心，以图促进相关制度的改善。

外国法适用制度的核心内容是外国法的查明，从实际立法的角度看，外国法的查明首先是一国国际私法和民事诉讼法所规范的对象。此外，从国际的视角看，国际协助在外国法查明领域也已有一定的成果。因此，本书中将采用比较法的研究方法，对各国的具体相关法律制度以及国际范围内相关领域协作的进展情况进行考察，试图达到以下目的。第一，对外国法的查明制度从宏观上予以把握。第二，探求具体法律制度背后是否存在普遍性的规律。第三，以各国具体法律制度和国际范围内已经取得的研究成果为借鉴，探求完善我国相关制度的方案。

为达成上述目的，以上述方法为基础，本书将由以下章节构成。

第二章为概观部分，首先对外国法适用相关的用语和概念做统一整理，之后对外国法的性质，即外国法是法律还是事实这一传统命题进行考察，探讨该命题在外国法适用制度上产生了什么样的影响。最后，就冲突规则的强行适用与否问题与外国法查明之间的关系做一简要的考察和探讨。

第三章将以比较法的方法，按照诉讼程序进行的先后顺序，围绕外国法查明责任的分配、外国法查明的方法、外国法无法查明时的处理、外国法的解释以及外国法适用错误的救济等问题进行详细的考察和研究。

第四章将考察国际社会在外国法查明问题上所做的努力以及已经取得的相关成果。例如欧洲国家在1968年签订的《外国法信息欧洲公约》（European Convention on Information on Foreign Law，即《伦敦公约》）以及美洲国家之间于1978年签订的《美洲国家间外国法证明和资料有关的公约》（Inter-American Convention on Proof of and Information on Foreign Law）等。对欧洲大陆和海牙国际私法会议正在酝酿的外国法适用统一化计划及其进展情况进行考察和介绍，并将探讨这些国际动向给中国的启示。

第五章中将以前面章节中描述的外国法适用的法理和实务为基础，选择韩国和中国为研究对象，比较两国现行立法及实务，从微观的角度，选择相关案例，了解两国适用对方法律的现状及问题，从实践的角度考察外国法适用制度在各自国家的具体运作，为外国法适用制度研究提供一个生动的实例。

第六章作为本书的最后章节，将尝试对前文所述的法理和作者的观点作出整理和揭示。

第二章
外国法适用的基本理论

第一节 外国法适用的相关用语与概念

一、外国法的适用和外国法的查明

从程序法的角度看,外国法的适用是一个动态的、阶段性的过程。即,外国法的适用通常要经历以下过程。(1)法院就向其提起的国际私法性的案件作出国际裁判管辖权有无的判断。(2)法院对案件事实作出定性。(3)法院按照本国的国际私法对准据法应为哪个国家或地区的法作出判断。(4)国际私法所指定的准据法如果为外国法,则法院启动外国法查明的程序。(5)经过法院调查或者当事人举证,法院对外国法的有无及外国法的内容作出认定。在外国法业已被查明的前提下,如果该外国法不违反法院地国家的强制性规范或者公序良俗,则法院将适用该外国法对相关争议事项作出裁判。

在上述过程中,外国法的查明是法院实现法院地国家国际私法规则的核心阶段。英美国家有关文献常常将该阶段称为"外国法的证明（proof of foreign Law）"。而来自大陆法系国家的学者则常常将该阶段称为"外国法内容的确立（establishment of the content of foreign law）"。这两个不同的用语不仅仅是表述的不同，在内在含义上也存在着差异。正如下面将仔细说明的，英美法系国家在最初①都是将外国法作为事实看待，因此当事人对外国法要承担举证责任。与此相反，德国等一些大陆法系国家在传统上是将外国法看作是法律，法官承担着依职权调查外国法的义务。换句话说，所谓"外国法的证明"是站在当事人的立场上对该阶段的描述，而"外国法内容的确立"则是站在法官的立场上对这一阶段进行的描述。

近年来，外国法是事实还是法律的争议渐渐淡出学术讨论的焦点。无论是大陆法系国家还是英美法系国家，都不再将外国法看作是单纯的事实或者单纯的法律。与这种认识上的变化相对应，对这一阶段的指称或用语也有所变化。从近年的文献看，很多学者将该阶段称为"ascertainment of foreign law"。中国通常使用的"外国法的查明"可作其准确的翻译。"查明"一词从词义上讲意味着，通过对外国法进行调查，使该外国法中是否存在可适用于具体纠纷的法律规范以及内容如何等内容在法庭上清楚地显现出来，至于查明的主体是当事人还是法

---

① 美国在最初是继承英国法传统将外国法作为事实看待的，但是1966年以后，成文法中明确规定要将外国法作为法律问题对待，其立法和实践都和英国有了相当的差距。相关内容参见本书第三章第二节美国法部分。

官,是不能从"查明"一词中推论出来的。因此,"查明"一词可以说是一个中立的、客观的表述,用于对该阶段的表述是恰当的。①

二、作为查明对象的外国法

为了适用外国法所进行的调查,其对象当然是"外国法"。即,适用于案件相关纠纷事项,影响案件裁判结果的外国的法规范。但是针对"外国法",有以下几个问题值得探讨。

(一)"外国"和"外法域"

在国际私法案件中谈及"外国法的适用"时,所说的"外国"与国际公法上国家的概念是有一定差异的。国际私法领域中谈及的"外国法"不仅是指法院地国家之外的其他主权国家的法体系,在多法域国家的情况下,外国法还可以指法

---

① 在绪论部分已经提及,进行外国法查明的主体实际上并不限于当事人和法院。行政机关或者仲裁庭也可能会进行外国法的查明。但是诉讼以外的其他主体在进行外国法的查明时通常并不受到国际私法或者程序法的严格约束,而是具有一定的灵活性。因此,本书中仅针对诉讼过程中的外国法查明问题作出探讨,而不涉及其他程序。

院地法域之外的、实行不同法制的其他法域的法体系。① 例如，对英格兰法院而言，中国法当然是外国法，此外，苏格兰法也是"外国法"。严格来讲，"外国法的适用"更准确的指称应该是"外法域法的适用"。只是，"外国法的适用"已经作为习惯性用语长期被使用，并不会引起太多的歧义，因此本书中也将沿用这一用法。只是，此处所说的外国法的适用还包括外法域法的适用。

（二）国际公约和国际习惯法的查明

国内法院在适用国际公约和国际习惯法时，是否需要按照外国法查明的程序和要求对国际公约和国际习惯法进行查明，这是一个应该探讨的问题。下面，对国际公约的查明和国际习惯法的查明分别予以说明。

1. 国际公约的查明

尽管国际公约是否可称为准据法的问题在学理上存在一定

---

① 通常英美国家并不区分国际私法和准国际私法规则，将两者按照相同的规则处理。大陆法系国家尽管讲两者进行区分，分别规定不同的规则，但在一国内不同法域之间发生的准国际私法问题，很多情况下也允许比照适用国际私法规则。[韩] 申昌善、尹南顺：《新国际私法》，Fides 图书出版 2014 年版，第 29 页。

的争议,① 但实务上国际公约作为判断当事人实体权利的法律根据的情况是很多的。实务上常见的两种情况,一是某一国际公约被指定为准据法,② 二是当事人没有对合同的内容进行详细的约定,而是指定或者提及某一国际公约从而将国际公约的内容纳入到合同内容中去。③ 后一情况下,国际公约仅是合同内容的一部分,那么在诉讼过程中,国际公约作为事实的一部

---

① 中国学者肖永平教授将准据法定义为,按照冲突法规则的指引,用于确定涉外民事关系当事人权利义务关系的具体的实体法(实质法)。肖永平:《国际私法原理》,法律出版社2003年版,第90页。而国际货物销售合同公约等国际统一法公约的适用并不需要冲突法规则的指引,而是按照"条约必须遵守"的原则直接适用于缔约国,因此并不能称之为准据法。韩德培:《国际私法新论》,武汉大学出版社2003年版,第4页。但是,(1)非缔约国的国民或者法人选择该公约作为准据法的,以及(2)按照冲突法规则,某一缔约国的实体法(实质法)被指定为准据法,而该国的国内实体法(实质法)没有相关规定,或者,该国国内的实体法(实质法)与加入的国际公约相冲突的,该国际公约可以看做是准据法。肖永平:《国际私法原理》,法律出版社2003年版,第90页。此外,还存在与这种观点不同的观点。即,非缔约国的当事人选择该国际公约为准据法的,即使法院地国家接受公约的约束适用了该公约,这也不是冲突法指引的结果,而是法院地国家履行了条约义务。在这种情况下,假如法院地国家的法院不接受公约的约束,则当事人的选择仅具有将公约内容纳入到合同中去的效力,对该合同内容效力的判断,应该依法院地国家的国际私法规则指引的准据法来判断。此外,上述(2)所述的情况,该国际公约也不能成为准据法。因为,只有在按照法院地国的规定,该公约通过转化(transformation)或者纳入(adoption)的方式已经转化为国内法的情况下才可以将其作为国内法的一部分对待。张晓东、董金鑫:"论统一实体国际条约不宜作为准据法",载《海峡法学》2011年第1期,第67~74页。由于国际公约适用方面存在种种争议,2010年的涉外民事关系适用法没有对国际公约的适用作出规定。王胜明,"涉外民事关系法律适用法若干争议问题",载《法学研究》2012年第2期,第193页。本书中,仅在国际公约作为判断纠纷事项的法的根据意义上,将其称为准据法,并在此层面上对国际公约的适用进行探讨。
② 韩国通常将其称为"冲突法性质的指定"。
③ 韩国通常将其称为"实质法性质的指定"。

分，是应当由当事人举证证明的。前一种情况下，国际公约尽管具有法律效力，但是又和纯粹的国内法不同，因此要区分不同情况予以不同对待。

国际公约作为准据法，按照其在法院地国的不同效力状态，可以做出以下两种区分。一是法院地国家已经缔结或加入该公约。二是法院地国家没有缔结或加入该公约。法院地国家缔结或者加入某一国际公约的情况下，该国际公约已经成为法院地国国内法的一部分，[1] 因此对这样的国际公约并不需要启动外国法查明程序。反过来，如果法院地国家并没有缔结或者加入该公约的，中国有观点认为，对这样的国际公约应按照外国法查明程序进行查明。[2] 但是，实际上，这种情况下是否应当严格按照国内法上外国法查明程序进行查明是有疑问的。法院地国家未缔结或者未加入该国际公约仅仅意味着，法院地国家的法院没有适用该公约的义务，该国际公约不是国内法的一部分，但并不能因此否认国际公约本身仍然具有法的特性。法官对法的认识能力显然要比当事人高，而且国际公约与外国法不同，法官获取有关国际公约的信息并无特别的困难。因此，

---

[1] 当然，国际公约在某一国内得以适用的方式上，各国的规定是不同的。大体上是两种方式。一种是转化的方式，即国际公约必须通过一定的程序被国内法所采纳才可以成为国内法秩序的一部分。另一种是纳入的方式，即国际公约不需要特别的程序，自动被纳入到国内法中。王铁崖：《国际法引论》，北京大学出版社1998年版，第199页。[韩] 金大淳：《国际法论（第16版）》，三英社2011年版，第217~220页。

[2] 肖永平：《国际私法原理》，法律出版社2003年版，第102页。

笔者认为，即使法院地的外国法查明规定中要求当事人承担查明责任，在国际公约的适用上，仍然应当由法官来承担查明的责任。

2. 国际习惯法的查明

与国际公约的适用类似，国际习惯法的查明也是一个值得探讨的问题。

（1）概念的区分

抛开"国际"两个字，中国国内文献上常常混合使用"习惯"和"习惯法"两个术语，并不严格区分两者。法学上对习惯还是习惯法的研究，通常从国家法立场出发，强调习惯成为习惯法需要国家的认可。① 韩国法学上虽也有观点并不区分习惯和习惯法，但通常认为，习惯法是一般社会成员之间反复适用且被确信具有法的效力的惯例或者习惯。②

与"习惯"和"习惯法"两个术语的区别类似，从国际

---

① 例如，有的从定义上将习惯法定义为："由国家认可而具有法律效力的习惯或惯例。习惯法属于不成文法——法的形式渊源之一的重要内容……"孙国华主编：《中华法学大辞典·法理学卷》，中国检察出版社1997年版，第452页。认为习惯进入法律有两种途径，一是总括式的立法承认，即承认习惯具有法律效力，设定在什么条件下可适用习惯法，二是把习惯直接制定成法律条文，上升为法律。胡兴东："习惯还是习惯法：习惯在法律体系中的形态研究"，载《东方法学》2011年第3期，第98页。

② 韩国将习惯法称为"惯习法"，将习惯称为"惯行"。成为惯习法要具备两个条件，一是已经形成一般性的惯行，二是一般都认为该惯行具有法律上的效力，即法的确信。［韩］陆钟洙、金孝镇：《法学基础论（改正版）》，博英社2010年版，第19页；［韩］郑寅燮：《新国际法讲义——理论和事例》，博英社2010年版，第26页。

视角看,法学上也存在"国际惯例"和"国际习惯"两个用语。中国国内的文献在"国际惯例"、"国际习惯"这两个用语的使用上存在概念上的分歧,这种分歧被认为源自对"international custom"和"international usage"两个用语的不同翻译。[①] 从公法的角度看,前者,按照《国际法院规约》第38条的规定,是具有法律约束力的国际法渊源,其形成需要具备两个条件。一是各国长期经常采用同一行为,二是这种行为规范被各国普遍承认具有法律约束力。后者,按照《奥本海国际法》的解释,仅是惯行而并不具有法律约束力。基于这种区分,有教科书建议,统一将前者称为"国际习惯,后者称为国际惯例"。[②]

而在私法领域,"国际商事惯例"的性质如何,则又有很多分歧。有观点认为,国际贸易中通常并不区分"custom"和"usage",统称为"商事惯例(commercial custom or usage)"[③],而这种国际商事惯例"既不是国际法,也不同于国内法,属于'现代商人法'的范畴,是一个自治的法律领域,属于任

---

① 李双元主编:《国际私法(第三版)》,北京大学出版社2011年版,第20~21页。李健男:"论国际惯例在我国涉外民事关系中的适用——兼评《涉外民事关系法律适用法》",载《太平洋学报》2011年第19卷第6期,第18页。

② 李双元主编:《国际私法(第三版)》,北京大学出版社2011年版,第21页。为了表述的一致性,本书中将按照这种定义使用"国际习惯"一词。

③ 李双元主编:《国际私法(第三版)》,北京大学出版社2011年版,第21页。

意性规范,供从事国际民商事交往的当事人任意选用"。① 也有观点将作为国际私法渊源的国际惯例分为两种,一种是不需要当事人选择都必须遵守的国际惯例,一种是任意性国际惯例,只有当事人选择才对其有约束力,同时认为国际商事惯例属于后者。②

尽管存在种种分歧,但是不可否认的一点是,与习惯和习惯法的区分一样,如果要成为对当事人有约束力的国际商事惯例,需要不仅仅是当事人之间的一种习惯或者惯例,同时当事人之间对该惯例具有法的约束力这一点还要具有心理上的确信。从这个意义上,本书中将这种能够对当事人产生法的约束力的国际惯例统一称之为"国际习惯法"。

(2) 实务中国际习惯法作为准据法③的情况

实务当中,国际习惯法作为准据法的情况大概有两种。一种是当事人协议选择某一国际习惯法作为准据法。另一种是当事人并没有明示约定某一国际习惯法为准据法,按照法院地的国际私法,某国法应为准据法,但是该准据法上没有具体的规定,同时该准据法中规定,在这种情况下,可以补充适用包括

---

① 李健男:"论国际惯例在我国涉外民事关系中的适用——兼评《涉外民事关系法律适用法》",载《太平洋学报》2011年第6期,第19页。

② 肖永平:"论国际商事惯例在我国的适用",载《河南省政法管理干部学院学报》2003年第1期,第73~74页。

③ 正如前注中曾经讨论过的一样,"准据法"一词在国际私法中有其特定的含义,在此所说的"准据法"仅在作为判断案件纠纷事实的法的根据这一意义上使用。

国际习惯法在内的习惯法，结果某一国际习惯法得以适用。①

(3) 对国际习惯法的查明

国际习惯法不是经由法院地国立法机关订立的，在这一点上，国际习惯法与外国法是类似的，因此国际习惯法是否应当按照法院地国的外国法查明程序进行查明就成为需要探讨的问题。② 此外，需要强调的是，在当事人承担对外国法的证明义务的制度下，需要进一步讨论国际习惯法是否也绝对由当事人提供证明这一问题。

首先，与国内习惯法为不成文法的情况不同，国际习惯法和国内的成文法一样具有明确、成文的条款的情况并不鲜见。

---

① 例如我国《民法通则》第142条第3款规定："中华人民共和国法律和中华人民共和国缔结或者参加的国际条约没有规定的，可以适用国际惯例。"

② 有的国家是将外国的习惯法与外国法一样对待。例如，德国现行民事诉讼法第293条在"外国法、习惯法、和自治法规"条目下规定："外国法的现行法、习惯法和条例（Statuten）等仅在法院不能知晓的情况下需要证明，在探知这些法规时，法院不受当事人提交的证据（Nachweise）的限制，可以使用其他的认识来源，为适用这些来源也可以发出必要的命令。"参照 [韩] 石光现：《国际民事诉讼法》，博英社2012年版，第329页脚注12韩文翻译。这一规定在外国法的查明上显然是把外国的习惯法和外国的其他法律渊源同等看待的。但是该习惯法是否包括国际习惯法尚不明确。

由国际商会订立的跟单信用证统一惯例①可为一例。其次，正如前面所提及的，国际习惯法不仅是一种反复的惯行，还要有有关人员对该惯行具有法的约束力的心理上的确信。因此在相关领域内是否存在该国际习惯法以及其内容如何，对于法官来说，判断起来并不像外国法或者外国的习惯法一样困难。因此即使按照一国的法律规定，当事人承担外国法的证明责任，在国际习惯法的查明上，也要求一律由当事人承担查明责任是不太适当的。考虑国际习惯法的特殊性，法官在国际习惯法的查明上作为一个更积极的角色进行查明，这种做法似更为妥当。

尽管如此，在实务当中，最棘手的问题实际上是对要适用的规范性质的判断。即该规范到底仅是行业中的惯行，还是已经具有了习惯法的特性。从理论上而言，如果认定为惯行，则

---

① 我国在《跟单信用证统一惯例》的法律性质上存在一些争议，司法上的处理也不尽一致。学理上有观点认为，该《跟单信用证统一惯例》属于某一行业普遍适用的国际惯例，即使当事人没有对该惯例的适用作出约定，该惯例也对他们具有法律上的约束力。赵秀文："论软法在调整国际商事交易中的作用"，载陈安主编：《国际经济法论丛》（第2卷），法律出版社1999年版，第121~122页。也有观点认为，该惯例只在当事人同意适用时才对当事人有约束力。徐冬根：《信用证法律与实务研究》，北京大学出版社2005年版，第41页。实务上，有法院按照前一种观点作出了判决（北京市高级人民法院（2002）高经中字第376号民事判决书），也有法院按照后一种观点作出了判断（案号未知，转引自金赛波编著：《中国信用证法律和重要案例点评》，对外经济贸易大学出版社2002年版，第6页）。韩国学理上对该惯例法律性质的认识也相当多样，有"国际商事交易法说"、"固有规范体系说"、"一般性交易格式条款说"、"商事习惯说"等。[韩]柳重远："第六次改订跟单信用证统一惯例（UCP600）的主要特征和问题点"，载国民大学《金融法学》创刊号，2007年，第1~38页。司法实践中，韩国大法院在1977年的一个判例中曾认定《跟单信用证统一惯例》属于商法第1条所规定的商事习惯法。大法院1977. 4. 26宣告76Da956判决。

作为一个事实问题，当事人应当证明惯行的存在及惯行的内容。但是实务上，某一规范到底是惯行还是习惯法是很难区分的。① 因此，可以预见，在实务当中，在国际习惯法或者国际惯例的查明上，法官和当事人之间的相互配合是必不可少的。但是国际习惯法或曰惯例的查明与单纯外国国内的习惯法的查明还是应当相互区别的。

（三）未建交国家或未承认国家（地区）法的适用

从国际公法的角度而言，在国际关系上只能承认已经承认或者建交的国家（地区）的法律具有法的约束力。② 但是是否建交、是否承认，这是出于政治上的考虑，与民商事关系并没有直接的关联。一个国家（地区）即使不被另一个国家所承认，该国家（地区）的法律也在实际上规范着民事商事私的

---

① 除了前注提及的《跟单信用证统一惯例》法律性质上的争议以外，还有很多国际性规范在法律性质上存在争议。例如对《国际贸易术语解释通则》，我国法院通常都将其作为国际商事习惯法（通常称为"国际惯例"）直接予以适用。1989 年最高法院第一次明确表明了这一立场。参见《全国沿海地区涉外、涉港澳经济审判工作座谈会纪要》（法经发字［1989］12 号）第 3 条。之后，在很多案件中，各地法院都持这一立场。（例如宁闽商终字（2002）第 36 号民事判决书，闽经终字（2003）第 232 号判决书，鲁民四终字（2008）第 127 号民事判决书）。但是在 2010 年修订中，《国际贸易术语解释通则》在其内容中宣布自身具有著作权和商标权，由此有观点认为，《国际贸易术语解释通则》应为国际商事惯行而不具有商事习惯法的性质。邓旭："审视 INCOTERMS Ⓡ 2010 在我国法的地位与适用"，载《国际商务研究》2011 年第 4 期，第 53～60 页。与我国的司法实践不同，韩国司法上通常把《国际贸易术语解释通则》视为商事惯行或者商事交易中的格式条款。［韩］이양기："INCOTERM Ⓡ的法的地位和实务上的界限"，载《关税学会志》2012 年第 13 卷第 2 号，第 195～211 页。

② 柯泽东：《国际私法》，中国政法大学出版社 2003 年版，第 12 页。

生活关系，影响着民商事主体的生活。拘泥于公法上的概念而无视实际存在的现实，拒绝对相关涉外民商事关系作出合理的调整，这显然违反法的精神。因此即使是未建交国家或者未承认国家（地区）的法，按照国际私法规则的指引成为准据法时，也应当予以适用。①

（四）外国法中公法的适用

公法能否作为准据法适用的问题在我国尚未有立法予以明确，但学理上很多对此持肯定的态度。② 按照传统的国际私法理论，国际私法规则所指定的准据外国法仅限于外国的私法，而不包括外国的公法。但是近年来，私法的公法化现象日益显著，出现了以公法来规范私主体之间的国际交易关系的现象。③ 在这种情况下，公法和私法的区分变得非常困难，而且区分的标准也各有不同。此外，一般认为，英美法上并不存在

---

① 我国曾在相当长的一段时间内拒绝适用台湾地区法律，但是最高法院在2010年的一个司法解释中明确规定，当按照冲突法的指引应当适用台湾地区法律时，法院可以适用台湾地区的法律。具体参见本书第五章第二节中"不同法域之间法的查明"部分。韩国尽管在学理上认为在国际私法案件中可以适用朝鲜法律，也曾经出现过适用朝鲜法的判例，但是在立法上对此尚未能明确予以确认。具体参见本书第五章第一节中"不同法域之间法的查明"部分。

② 何其生、孙慧："外国公法适用的冲突法路径"，载《武大国际法评论》2011年第1期，第189～229页；卜璐："外国公法适用的理论变迁"，载《武大国际法评论》2008年第2期，第122～156页；黄蓉："外国公法作为准据法的可行性分析"，载《法制与社会》2008年第2期，第270～271页。但是我国由于历史上的原因，传统上公法和私法的区别相较其他大陆法国家而言并不是那么的明确。

③ ［韩］石光现：《国际私法解说》，博英社2013年版，第138页。

明确的公法和私法的划分。① 因此，仅以准据外国法为公法为理由拒绝适用该准据法的做法是不太适当的。退一步说，即使有必要排除或者限制外国法的适用，也应当从该外国法的适用结果着眼，而不是仅以属于公法为理由予以排除或者限制。②

（五）要查明的外国法是否仅限于外国的实质法

如前所述，法律可以区分为实体法和程序法、实质法和冲突法。程序法问题适用法院地法是被广泛承认的原则，因此被指定为准据法的外国法一般是指外国的实质法，而不包括外国的程序法。但是准据外国法是否应当包括外国法的冲突法则根据不同的情况结果有所不同。如果法院地国家的国际私法上是承认反致的，那么根据法院地国家的国际私法规则指定的准据外国法的范围不仅要包括外国法的实质法还要包括外国的冲突法。与反致的法理相关，在承认"隐藏的反致"的情况下，被指定为准据法的外国法上即使是将有关管辖的内容规定在程序法当中，该程序法也可以成为外国法查明的对象。③

---

① ［韩］石光现：《国际私法解说》，博英社2013年版，第138页。

② ［韩］石光现：《国际私法解说》，博英社2013年版，第138页。韩国现行国际私法即持这种观点。该法第6条规定："根据本法指定为准据法的外国法的规定不得仅以为公法为理由而排除其适用。"

③ 韩国国际私法上承认直接反致（第9条）。2006年韩国大法院在一个判例中通过类推适用第9条，明确承认了"隐藏的反致"这一法理。大法院2006.5.26. 宣告2005Me884判决。

（六）要查明的对象是否仅限于外国的"法规范"

从法律渊源的角度考虑，作为准据法而被适用的外国法必须是具有法的约束力的外国法，但是作为调查对象的外国法却并不一定严格限定在有正式法律渊源的法规范范围内。

因为法律制度的差异，具有法律约束力的法规范的形式各国不同。最明显的例子是，成文法国家一般不承认判例的普遍约束力。在这个问题上应当明确以下几点：首先，被指定为准据法的外国法并不受法院地国家法律渊源形式的限制，而是应当遵从外国法所属国的法律渊源形式进行判断。其次，为了正确地解释、适用外国法，根据案件的具体情况，一些不是正式的法律渊源的资料也可以成为查明的对象。以韩国为例，作为典型的大陆法系国家，判例并不具有普遍的约束力，但是由于实行三级三审制，理论上，所有案件都有可能在大法院作终审，那么与大法院先行作出的判例相违背的下级裁决都有被大法院推翻的风险，因此大法院作出的判例实际上对下级法院具有很强的指导、规范的意义。那么如果我国法院适用韩国法作为准据法的情况下，就不应仅限于对韩国制定法进行查明，而是也应当对韩国是否存在相关判例进行查明。

第二节　外国法的性质

一直以来，外国法的性质是什么一直是讨论外国法适用问题的起点。外国法从进入到诉讼程序时起便成为认知的对象，则理论上外国法是法律还是事实会引发诉讼上的不同对待。比如，在广泛适用陪审团制度的英美国家，如果是事实问题则属于陪审员决定的内容，如果属于法律问题则属于法院决定的问题，因此，法律和事实的区分就会成为非常重要的问题。从理论上而言，法律还是事实的性质判断会影响到外国法在诉讼中适用的各个层面，因此本书也将就这一问题优先做一讨论。

一、两种传统的方式——"法律说"和"事实说"

（一）对外国法性质的认识的历史变迁

外国法是事实还是法律这一性质认识上的不一致并非从开始就存在的。19世纪中期之前，英美法系国家和大陆法系国家无论是在法学领域还是实务领域都将外国法认定为事实。[①] 19世纪中期之后，大陆法系国家的学者们才逐渐接受法律说，并且以法律说为基础来设计规范外国法在诉讼程序上的地位。

1. 19世纪中期以前

英国曾经完全不承认外国法可在英国适用。直到1774年，在 Mostyn v. Fabrigas 案件中，法院表明立场，认为外国法可被

---

① Stephen L. Sass, "Foreign Law in Civil Litigation: A Comparative Survey", 16 *Am. J. Comp. L.* 332, 332 (1968).

视为事实，这被认为是英国主张外国法事实说的最初的判例。①在这个案件中，法官 Lord Mansfield 认定说："了解外国法的方法是把外国法作为事实举证证明，法院帮助陪审团确认外国法的内容是什么。"②

在欧洲大陆，由于冲突法规则的创立，外国法的适用成为不可回避的问题。当时的法学者们通过对"法官知法（jura novit curia）"这一原则的解释来解决外国法适用问题。他们把法区分为两类，即法官精通并能自行适用的法和只有经当事人主张并举证方能被适用的法。③ 作为欧洲大陆共同法的罗马法和法院地城邦的法属于前一类，作为不成文法的习惯法和其他城邦的法则属于后一类。如果是属于后一类的法，则当事人必须对该法的适用提出主张并提供证明。中世纪欧洲的法学者们认为成文的罗马法的地位要比不成文法的习惯法以及其他城邦的法的地位高，因此把后者看做事实，实际上拒绝将"法官知法"这一原则适用于应当适用外国法的情况。④

和其他欧洲国家相比，法国的情况略有特殊。法国把外国

---

① Stephen L. Sass, "Foreign Law in Civil Litigation: A Comparative Survey", 16 *Am. J. Comp. L.* 332, 337 (1968).
② 1 Cowp. 161, 174, 98 Eng. Rep. 1021, 1028 (K. B. 1774).
③ Stephen L. Sass, "Foreign Law in Civil Litigation: A Comparative Survey", 16 *Am. J. Comp. L.* 332 (1968), pp. 347~351.
④ 向在胜："从历史视角论涉外民商事诉讼中外国法的程序地位"，载《法学家》2012年第3期，第136~137页。

法视为事实的观念[1]根源于《拿破仑法典》的制定，与法国法优位的思想紧密相连。随着《拿破仑法典》的制定，法国成为欧洲大陆第一个拥有体系化成文法的国家。因为法典而体系化的法国的法制显然要优于其他没有法典国家的法制。除此之外，确认外国法的困难，错误适用外国法将危及法国法院的名誉的忧虑等也助长了法国法院将外国法视为事实的倾向。[2]

2. 19世纪中期之后

19世纪中半以后，英国和欧洲大陆针对外国法性质的看法逐渐发生了分歧，分别走上不同的道路。

英国继续坚守原来的传统，将外国法看做是事实，并在诉讼中大部分情况下将这一态度贯彻始终。

而在德国，普夫塔（Puchta）第一个针对将习惯法和外国法视为事实的立场提出了批判。[3] 之后，普夫塔的观点被萨维尼所接受，认为，外国法和习惯法虽然有与事实相似之处，但是外国法和习惯法及国内的成文法一样都是法规范，因此不能将其看做仅是与私的利益相关的事项。普夫塔和萨维尼的观点

---

[1] 进入现代，法国最高法院也曾经做出过认为外国法为事实的判决。C. Cass., first civil chamber, 13.1.1993, Couke, Rev. crit. dr. int. priv., 1994, p.78。但是，法国最高法院通常会回避这种理论上的论争，着眼于针对具体的案件解决外国法的问题。Carlos Esplugues, José Luis Lglesias, Guillermo Palao, *Application of Foreign Law*, Sellier European Law Publishers, 2011, p.186.

[2] Stephen L. Sass, "Foreign Law in Civil Litigation: A Comparative Survey", 16 *Am. J. Comp. L.* 332, 354 (1968).

[3] Stephen L. Sass, "Foreign Law in Civil Litigation: A Comparative Survey", 16 *Am. J. Comp. L.* 332, 357 (1968).

后来在德国被广泛接受,最终在 1877 年的德国民事诉讼法(第 265 条,[①] 现行德国民事诉讼法第 293 条)中被正式采纳。自此,外国法开始被作为法律来对待。

(二) 对事实说和法律说的梳理

1. 事实说

外国法事实说是指不把外国法看做是法而是将其作为事实对待的立场。基于这一立场,对外国法内容的认定不属于法律问题而是事实问题,对其内容的证明和确认应按照民事诉讼法上事实认定的方法进行。换句话说,外国法不过是事实,因此诉讼上要将外国法作为事实对待,纠纷的当事人如果没有援引外国法并对外国法进行证明,则根据辩论主义的原则,法院没有对外国法进行调查和适用的权力。[②]

事实说以国家主权原则和国际礼让原则为立论的基础,之后又借助英美的既得权理论得到强化。[③] 按照国家主权原则,

[①] 英文译文为 "Law in force in another country, customary law, and municipal ordinances require proof only in so far as they are unknown to the court. In ascertaining these legal norms, the court is not confined to the evidence adduced by the parties; it is authorized to avail itself of other sources of information and to make such orders as may be necessary for the purpose"。转引自 Stephen L. Sass, "Foreign Law in Civil Litigation: A Comparative Survey", 16 *Am. J. Comp. L.* 332, 357 (1968).

[②] [韩] 金演、朴正基、金仁猷:《国际私法(第 3 版)》,法文社 2012 年版,第 192 页。

[③] Jänterä‐Jareborg, M., "Foreign Law in National Courts: a Comparative Perspective", 304 *Recueil des Cours* (2003), p.179, p.264; Stephen L. Sass, "Foreign Law in Civil Litigation: A Comparative Survey", 16 *Am. J. Comp. L.* 332, 338 (1968).

法律是一国主权者公布的命令,其效力限于主权者领域内,只有领域内的主权者制定的法律才是法律,其他主权者制定的法律并不是法律而是事实,只能以事实来对待。[1] 此外,国际礼让原则也为事实说提供了使其合理化的理由。[2] 按照国际礼让原则,对外国法的适用并不是承认外国法的域外效力,而仅仅是基于礼让,如果承认外国法的法律性质,那么不仅违背国家主权原则而且违背了国际礼让原则。之后,随着既得权理论的提出,外国法事实说又取得了新的理论上的支持。既得权理论从属地性原则出发,依照立法管辖的概念,主张外国国家在其立法管辖权范围内创设的权利在法院地国也应当得到合法的承认。[3] 按照既得权理论,一个权利如果是依照某一个法而创设,该权利本身便成为一个事实,存续中的该权利应当在任何地方都得到承认,因为这不过是承认一个事实而已。[4] 法院所承认和适用的不是外国法而是由外国法所赋予的权利,因此应当将外国法视为事实,由当事人主张并举证证明。[5]

---

[1] Jänterä-Jareborg, M., "Foreign Law in National Courts: a Comparative Perspective", 304 *Recueil des Cours* (2003), p.179, p.264.

[2] Stephen L. Sass, "Foreign Law in Civil Litigation: A Comparative Survey", 16*Am. J. Comp. L.* 332, 338 (1968).

[3] [韩] 申昌善、尹南顺:《新国际私法》, Fides 图书出版 2014 年版, 第 42 页。

[4] J. H. Beale, A Treatise on the Conflict of Laws, 3 vol, (1935), at Symeon C. Symeonides, Wendy Collins Perdue, *Conflict of Laws: American, Comparative, International* 3th ed, West, 2012, p.25.

[5] Stephen L. Sass, "Foreign Law in Civil Litigation: A Comparative Survey", 16*Am. J. Comp. L.* 332, 339 (1968).

除了上述理论上的解释，将外国法视为事实的立场还被认为是出于实用主义的考虑。① 为了了解外国法，无论是谁都要进行调查、证据收集以及确认法律渊源等活动。即使将外国法视为法律，也必须遵从外国法类似于事实这一自然特性对外国法进行调查。而且，事实说被认为可以提高程序的效率。因为，如果当事人不主张外国法的适用，则证明外国法的专家的费用以及审前程序（preliminary hearing）等就都可以避免了。

2. 法律说

外国法法律说认为外国法虽然不具有内国法一样的效力，但是根据国际私法的指定取得了法的效力。② 按照这种学说，外国法也是法，所以法院应当依职权调查、适用外国法。只是，法院在调查外国法的过程中应当给予当事人机会，使当事人可以针对外国法内容发表自己的意见。

从发展的历史看，法律说是以萨维尼内外国法律平等的观念为立论的基础。③ 萨维尼在其《现代罗马法体系》[System des heutigen Römischen Rechts（1849）]一书中阐明了其国际私

---

① Urs Peter GRUBER, Ivo Bach, "the Application of Foreign Law – a Progress Report on A New European Project", *Yearbook of Private Interratimal Law Vol XI* (2009), p. 166.
② [韩]金演、朴正基、金仁献：《国际私法（第3版）》，法文社2012年版，第206页。
③ Stephen L. Sass, "Foreign Law in Civil Litigation: A Comparative Survey", 16 *Am. J. Comp. L.* 332, 357 (1968).

法的理念。① 萨维尼批判了基于国际礼让原则认为法律具有属地性的主张，提出了"彼此交流的诸国民间的共同体"的概念。② 通过这个"共同体"的概念，无论在哪一个国家，无论是内国人还是外国人，都应同等对待。不仅如此，在法律存在冲突的情况下，当事人无论在何处都应该可以期待得到相同的评价。③ 按照这种观念，内国法与外国法应该受到平等对待，不能因为外国法与内国法的差别而以不同的方式对待外国法。

（三）对上述观点的讨论

如上所述，事实说和法律说各有自己立论的基础。双方也从不同的价值判断出发展开对对方的批判。

现在，事实说的支持者主要是从实用主义出发，从程序利益角度，尝试说明事实说的合理性。按照英国学者的观点，④

---

① Stephen L. Sass, "Foreign Law in Civil Litigation: A Comparative Survey", 16 *Am. J. Comp. L.* 332, 358（1968）.
② ［韩］申昌善、尹南顺：《新国际私法》，Fides 图书出版 2014 年版，第 38 页；［韩］张文哲，"国际私法的历史和发展方向"，载国际私法学会《国际私法研究》1996 年第 3 号，第 23 页。
③ ［韩］张文哲，"国际私法的历史和发展方向"，载国际私法学会《国际私法研究》1996 年第 3 号，第 23 页。
④ Richard Fentiman, "Foreign Law in English Courts", 108 *L. Q. Rev.* 142, 150（1992）.

外国法的适用
—— 一个宏观到微观的考察

当事人可能由于种种理由不愿意适用外国法,[①] 这种情况下,将外国法看做是事实的话,则当事人可以自由地选择是否提出适用外国法的主张。其好处是,当事人可以自行判断适用外国法的好处和坏处并基于这种判断做出是否提出适用外国法的主张,从而回避外国法以及英格兰冲突法,其结果,一方面可以在一定程度上预见纠纷的判决结果,另一方面通过适用本国法可以保证诉讼的效率。[②]

与此相反,法律说的支持者提出了一些针对事实说的批判,其理由大体有以下几点。[③] 第一,在一个国家被认定为法的事物在其他国家却被认定为事实,这是不合理的。特别是这种所谓的"事实"与一般的事实并不相同。第二,将外国法视为事实的态度使得当事人可以通过自身的行为回避法律的限制。即,当事人可以不提出适用外国法的主张从而使得法院地法得以适用。可是国际私法规则并非在任何领域都允许自由选择准据法。因此可以使当事人通过不提出适用外国法的主张而

[①] 这些理由大体上包括,(1) 在某些情况下,主张外国法的适用是没有意义的。例如外国法的规定和本国法一样的情况;(2) 即使外国法的适用对一方当事人有利,为了证明外国法也许需要支付高额的费用;(3) 当事人即使进行了证明,法官也可能最终没有按照当事人的证明来适用外国法;(4) 本国(英格兰)的冲突法本身有很多模糊不明确的地方。Richard Fentiman, "Foreign Law in English Courts", 108 *L. Q. Rev.* 142, 150 (1992).

[②] Richard Fentiman, "Foreign Law in English Courts", 108 *L. Q. Rev.* 142 (1992), pp. 152 ~ 153.

[③] Urs Peter GRUBER, Ivo Bach, "the Application of Foreign Law – a Progress Report on A New European Project", *Yearbook of Private Inerratimal Law Vol XI* (2009), pp. 167 ~ 168.

避开法律上限制的外国法事实说是不适宜的。第三，事实说并不能达成它所声称的诉讼迅速、经济的效果。例如，当事人如果不主张适用外国法的，的确可以节省证明外国法的专家的费用并且可以免去审理前程序，从这个角度可以说提高了程序效率或者节约了费用。但是一旦当事人主张外国法的适用，相互对立的专家发表彼此相反的专家证言，结果实际上在诉讼开始之前已经陷入了专家证言的战争中。

二、小结

法律说和事实说是一个由来已久的命题，直至今日也很难说围绕外国法性质的论争已经完全终止了。但是，这个命题是否还具有那么大的意义？在这一点上不无疑问。

（一）两者逻辑上的矛盾

笔者认为，无论是法律说还是事实说，两者都存在逻辑上的矛盾。如果说外国法是事实的话，那么就会产生一个疑问。即，纠纷案件本身也是事实，为什么一个事实可以成为裁判另一个事实的法律根据？[1]

反过来说，法律说也存在逻辑上的问题。外国法如果是和

---

[1] ［德］马丁·沃尔夫著，李浩培、汤宗舜译：《国际私法》，法律出版社1988年版，第320页。

法院地法一样性质的法律，那么按照"法官知法"的原则，法官就应当知晓外国法。可是为什么还需要复杂的外国法查明机制来查明外国法？

（二）实务上的处理方式和理论的差异

从各国的实务上看，法律说和事实说不仅有逻辑上的矛盾之处，各自和自己实务上的处理方式也都不尽吻合。

1. 采用事实说的国家理论和实务的差异

如果把外国法看做是事实，那么从诉讼法的角度，至少逻辑上可以得出以下结论。第一，对事实承担举证责任的当事人应当承担证明外国法的责任。而且，当事人对外国法的证明应当受到证据规则的约束。第二，只有法律和周知的事实是司法认知（judicial notice）①的对象，外国法既非法律也非周知的事实，那么法官对外国法不能以司法认知的方式确认。第三，

---

① 为了诉讼的方便，法院针对没有争议的周知的事实可以不要求当事人举证而直接以司法认知予以确认。Black's Law Dictionary 9th ed, 2009。司法认知的对象通常是周知的事实和一般性的知识。除此之外，法官通过学习法学著述等方式自行获得的知识，即使不属于周知的事实和一般性的知识，也可以以司法认知的方式予以确认。另外一些法律也可以成为司法认知的对象。例如在英国，欧共体的条约、共同体的官报（Office Journal of the Communities）、欧洲法院（European Court）的决定和意见、议会的制定法等都不需要适用证据规则，法官直接可以以司法认知来确认。司法认知在诉讼法上的意义在于当事人对作为司法认知对象的事物不需要进行举证，也不能以相反的证据来进行反驳。Adrian Keane, James Griffiths, Paul McKeown, *The Modern Law of Evidence*, Oxford University Press, 2010, pp. 667~673；中文相关文献参见叶自强："司法认知论"，载《法学研究》1994年第18卷第4期，第22~36页。

已经在先例判决中证明的外国法不能在以后的案件中直接予以适用。第四，当事人如果不能充分证明外国法的话，其基于外国法提起的诉讼请求将被驳回。第五，在只审理法律问题的上诉体系中，外国法适用错误不能在法律审中得到救济。但是，比照事实说的这些逻辑推论会发现，即使是英国这样采用事实说的典型国家，其司法实务也与上述事实说有一些差异。

按照英国学者 Fentiman 的观点，英国民事诉讼程序中，关于如何对待外国法存在四个原则，其中最重要的一个就是，外国法不是法律而是事实。① 但是 1920 年以后，外国法不再是陪审团决定的事项而转为法官决定的事项。② 而且，在外国法无法查明的处理上也与事实说的立场有差异。即外国法无法查明的，法院既不是驳回起诉也不是驳回当事人的诉讼请求，甚至也不是直接适用英国法，而是推定英国法和外国法一致从而适用英国法。③

2. 采用法律说的国家理论和司法实务的差异

如果将外国法视为法律，则从逻辑上至少会得出如下结论。

---

① 这四项原则是，第一，外国法不是法律而是事实；第二，作为事实的外国法必须经过证明；第三，作为事实的外国法和其他事实一样，要适用有关事实主张（pleading）的原则；第四，对外国法的适用没有提出主张或者虽然提出了主张但是没有予以充分证明的，法院适用英国法。Richard Fetiman, *Foreign Law in English Courts: Pleading, Proof and Choice of law*. Oxford University Press, 1998, p. 3.

② Dicey and Morris, *The Conflict of Laws*, 13th ed. Sweet & Maxwell, 2000, pp. 224~225.

③ 具体参见本书第三章第三节。

第一，法官知法，因此不需要进行调查举证程序。第二，如果认定外国法与内国法没有差别，则不会发生外国法无法查明的情况。第三，外国法适用错误的，可以通过法律审来进行救济。

德国是采取法律说的典型国家。但是德国的司法实务也没有完全遵循法律说的路径。例如，在法律审程序中，不能以外国法适用错误为由提起上诉。①

（三）结论

如上所述，对待外国法的态度与国际私法理论的变迁、民族感情乃至诉讼法体系上的价值判断紧密相关。影响外国法事实说的形成及持续至今的因素主要有三个。第一，外国法固有的特性。即外国法虽然被称为法，但是并不被审理法院所当然熟知，因此必须通过类似证据调查的手段进行调查和证明。第二，与本国法优位的思想相伴而生。作为事实说立论基础的国际礼让说和既得权理论都强调法的属地性，多少都带有本国法优位的色彩，法国的情况尤为如此。第三，诉讼程序上迅速便利的考虑。虽然，在德国，各国法律地位平等的观念逐渐被接受，但是在英国，事实说借助于诉讼程序上的价值判断继续延续了下来。

然而，无论是法律说还是事实说都存在逻辑上的矛盾。不仅如此，从实务上看，也都存在着理论和实务不相吻合之处，

---

① 2009年德国民事诉讼法第545条修订以后，有观点认为可以依据该条在法律审程序中以外国法适用错误为由提出上诉，但这并非主流的观点。具体参见本书第三章第五节。

可见两者并非绝对对立的关系。即使将外国法视为法，也不能将其与内国法同等对待，即使将其视为事实，也应当将其视为一种特殊的事实。司法实务上也几乎没有哪个国家采取绝对事实说或者绝对法律说的立场。从这个意义上说，无论是把外国法看做是法律还是事实，都和实务存在着差异。

司法实践本身处于一个不断变化的过程中，因此外国法是事实还是法律的定性有利于从历史发展角度理解各国实务当中一些具体处理方式的形成原因，也有助于对相关处理方式作出合理的解释。例如，德国民事诉讼法第293条字面上仅规定了法院有调查外国法的权力，但是无论是学理还是实践都认为该条款使得法院承担了依职权调查、探知外国法的义务，其解释根据即为法律说。[1] 再如美国，虽然1966年以后将外国法的适用定义为法律问题，但是实务上美国联邦法院很少行使对外国法主动调查的权力，在大多数情况下仍然是与以前一样扮演一个消极的裁判者角色。这种现象出现的原因即是因为美国传统上将外国法视为事实。[2]

尽管针对外国法性质的探讨有利于理解各国司法实务的形成原因，但是以外国法的性质为出发点来解决外国法适用的全部问题的方式是有问题的。正如前文所说，法律说和事实说无论是在理论上还是在司法实务方面都不能提供充分的论据。外

---

[1] 详细内容参见本书第三章第一节。
[2] 详细内容参见本书第三章第一节。

国法实际上是独立于法律或者事实的一种事物,并不能按照单纯的法律或者单纯的事实予以对待。将外国法绝对归属于法律或者事实的范畴,同时以这一定性作为指导外国法适用制度的论据的做法是不妥当的。

第三节 冲突法的强制适用与否和外国法的适用

在冲突法的适用方式上存在两种相互对立的学说,即强制性冲突法理论和任意性冲突法理论。按照强制性冲突法理论,冲突法是"为了保障顺畅安定的国际交流的进行,针对各种法律关系,从本国及外国的规范这些法律关系的法律中选择最适当法律的法律,因此是与公的秩序相关的法律",[1] 具有强制性。因此,无论当事人是否主张,法院都应该依职权予以适用。[2] 与此相反,冲突法的任意适用则是指在具有涉外因素的

---

[1] [韩] 申昌善、尹南顺:《新国际私法》,Fides 图书出版2014年版,第16页。
[2] 我国有学者提出应当将冲突法的依职权适用和冲突法的强制规则性从概念上予以区分,认为,强制性规则对应的概念是任意性规则,但是即使是任意性规则,法官也应当依职权予以适用。法的强制规则的属性是针对当事人而言的,意味着当事人不能以自己的意志左右规范的内容。而与此相反,任意性规则意味着当事人可以以自己的意志决定是否遵从任意性规则的规定。与法的强制规则性不同,依职权适用是以法官为对象,无论当事人是否主张、申请,法官都有义务适用该规范。宋晓:"论冲突规则的依职权适用性质",载《中国国际私法与比较法年刊》第10卷,北京大学出版社2007年版,第143页。笔者同意该观点,但是考虑到在本文中,混用这一表述并不会引起误解,加之国内学术文献通常并不区分两者,本书中将对这两种表述不作区分。

案件中，只有当事人主张适用冲突法或者主张适用外国法的情况下，法院才适用冲突法，如果当事人未提出相关主张，则法院无需考虑冲突法问题，可以如处理国内案件一样直接适用法院地法进行裁判。①

一直以来，英国对冲突法均采用任意适用的模式，而且这种做法被一些普通法系国家所继承。② 但是在普通法系国家中，很少有对冲突法任意适用进行逻辑上的分析和体系化的理论构筑。冲突法的任意适用与其说是基于一种精密严谨的理论，不如说是基于司法实务及实用主义，由英国法官和律师的偏好形成的一种模式。③ 与英国的情况不同，德国等大陆法系

---

① 这种对冲突法任意适用的说明并非一种严格的定义，只是从英美实务中得出的对任意适用模式的一种典型化的描述。一些国家虽然大体上采取任意适用模式，但是在一些细节问题上彼此并不完全一致。例如法国将民事诉讼上的争议事项区分为可自由处分的权利和不可自由处分的权利，只有在可自由处分的权利领域才可以对冲突法任意适用。关于冲突法任意适用方面实务上的差异参见 Jänterä-Jareborg, M., "Foreign Law in National Courts: a Comparative Perspective", 304 *Recueil des Cours*. (2003), pp. 277~285。本书以下内容中如无特别说明，在提及冲突法的任意适用时即指上述典型性模式。

② 正如本书以后将说明的，普通法系国家鲜见对冲突法是否应任意适用的逻辑性的分析和体系性的理论构筑，甚至也不怎么使用任意适用冲突法这一表述。只是，在普通法系国家，如果没有当事人的主张，法官通常并不依职权适用外国法。从这个意义上，可以说是不依职权适用冲突法。关于英国适用外国法方式的详细说明参见 Lawrence Colins (with Specialist Editors), *Dicey, Morris and Colins, The Conflict of Laws*, 15th ed, Sweet & Maxwell, 2012, pp. 318~323。关于普通法系中冲突法和外国法的程序上的地位的详细说明参见 Th. M. De Boer, "Facultative Choice of Law: The Procedural Status of Choice of Law Rules and Foreign Law", 257 *Recueil Des Cours* (1996), pp. 258~262.

③ Richard Fetiman, *Foreign Law in English Courts: Pleading, Proof and Choice of law*. Oxford University Press, 1998, p. 141.

国家通常认为冲突法和其他法规范一样具有法的性质，因此法官应当依职权予以适用。这种观点作为传统的立场一直以来占据着主导性的地位。但是到了20世纪50年代末，大陆法系的法国出现了任意适用冲突法的判例。① 不仅如此，法国法院以后的司法实务在冲突法强制性适用和任意性适用之间不断摇摆。② 1970年，德国学者Flessner提出主张，认为应该任意适用冲突法。③ 1990年代，荷兰学者De Boer在其"任意适用的法——冲突法规则和外国法的程序性地位（Facultative Choice of Law – The Procedural Status of Choice of Law Rules and Foreign Law）"一文中体系性地阐述了任意适用冲突法的观点和理论。④ 自此，冲突法是否应当任意适用的问题开始成为大陆法系国家广泛予以讨论的论题。⑤

Flessner及De Boer等大陆法系的学者在讨论冲突法任意适用问题时，无一例外都将外国法适用上的困难作为主张冲突

---

① 详细内容参见本书第三章第一节。
② Jänterä–Jareborg, M., "Foreign Law in National Courts: a Comparative Perspective", 304 *Recueil des Cours.* (2003), pp. 273~276.
③ Jänterä–Jareborg, M., "Foreign Law in National Courts: a Comparative Perspective", 304 *Recueil des Cours.* (2003), p. 248；[韩]申昌善、尹南顺：《新国际私法》，Fides图书出版2014年版，第15页。
④ Th. M. De Boer, Facultative Choice of Law: "The Procedural Status of Choice of Law Rules and Foreign Law" 257 *Recueil Des Cours* (1996), pp. 235~427.
⑤ 有关冲突法任意适用理论在大陆法系国家的起源及争议点的中文文献参见秦瑞亭："强制性冲突法和任意性冲突法理论初探"，载《南开学报》2007年第4期，第83~89页；杜涛："法律适用规则的强制性抑或选择性"，载《清华法学》2010年第3期，第97~100页。

法应当任意适用的一个根据。传统大陆法观念认为，法官应当依职权适用冲突法，而Flessner等学者则认为，只有在诉讼当事人中至少一方提出适用冲突法的时候，冲突法才应该适用，如果双方当事人均不主张适用冲突法，则法院不需要考虑案件是否为国际私法性质的案件，可以径行适用法院地法作出裁判。[1] 在外国法适用方面，Flessner主张，当事人的最大利益在于案件尽可能得到公正解决，考虑到几乎没有法官精通外国法的现实，外国法很可能被错误适用从而作出错误的判决，因此对外国法的适用不可能如适用法院地法一样实现当事人的利益。[2]

鉴于冲突法是否任意适用和外国法适用之间的这种紧密关系，在讨论外国法的适用时，其与冲突法任意适用之间的关系是一个难以回避的问题。

---

[1] ［韩］申昌善、尹南顺：《新国际私法》，Fides图书出版2014年版，第15页。

[2] Th. M. De Boer, Facultative Choice of Law: "The Procedural Status of Choice of Law Rules and Foreign Law" 257 *Recueil Des Cours* (1996), p. 317。2002年，荷兰国际私法常设委员会（Dutch Standing Committee on Private International Law）在其有关荷兰国际私法一般法中总则性规定的提案报告中提出了几条反对任意适用冲突法的理由。即，(1) 外国法与法院地法一样也是法，应当如法院地法一样适用；(2) 任意适用使得冲突法规则内含的政策目标不能实现，而且有损于实质法上的利益；(3) 任意适用是否能够提高审判的质量并不确定。当事人的（经济）能力并不相同，因此当事人也许并不能判断冲突法的适用是否对自己有利；(4) 冲突法的任意适用与荷兰法院国际裁判管辖权规则不相容。P. M. M. Mostermans, "Optional (Facultative) Choice of Law? Reflections from a Dutch Perspective", 51 *Neth. Int'L. Rev.* 393 (2004), pp. 400~401.

一、冲突法强制性适用和外国法适用之间的关系

（一）密切的关系

一方面，冲突法的适用是使得外国法查明发生的前提。如果不适用冲突法，则法院当然适用法院地法，外国法的查明也就不会发生。

另一方面，如果外国法不可能被查明，冲突法规则本身的合理性也就会被质疑。如果没有外国法查明的制度，那么即使按照冲突规则的指引，某外国法被指定为准据法，实际上也不能被适用。反过来说，如果外国法的内容不可能被认知和把握，那么以冲突法规则解决法律冲突的办法就丧失了本身存在的意义。

（二）区别

冲突法的适用与外国法的查明尽管具有这样密切的联系但是将两者混同起来讲则是不适当的。冲突法的任务在于指定国际私法性的案件应当适用的准据法。而外国法查明的任务则在于决定以什么样的方式来确认准据外国法的有无和外国法的内容。如果按照诉讼程序进行的前后顺序来看，冲突规则的适用是处在前一个阶段，而外国法的查明则处在适用冲突规则之后

的一个阶段。[1] 因此，从逻辑上而言，冲突法的任意适用与否与外国法的查明并非必须一起讨论的问题。

但是冲突法任意适用理论通常将外国法查明的困难作为自己主张合理性的一个论据，并主张冲突法是否强制适用与调查义务或者证明责任的分配应当一致。因此，有必要围绕这两个命题，针对冲突法是否强制适用与外国法查明的关系做一探讨。

二、冲突法是否强制适用对外国法查明的影响

在冲突法的强制适用与外国法查明的关系上存在以下两种观点。第一，由于法院适用外国法的困难，为了解决这一困难，应当任意性适用冲突法。第二，外国法的查明方式应当与冲突法的适用方式相一致。

（一）任意性适用冲突法是否是解决外国法适用困难的恰当对策

冲突法任意适用的观点通常以任意适用冲突法可以解决外

---

[1] 当然美国式的冲突法的方法论与之有所不同。按照美国式的方法论，在选择法之前就要对潜在可能成为准据法的法进行分析，寻找符合个案正义的法规范。[韩] 张文哲：" 国际私法的历史和发展方向"，载国际私法学会《国际私法研究》1998年第3号，第30页。尽管如此，外国法的查明和冲突法的适用分别服务于不同的目的，这一点还是很明确的。

国法适用上的弊端为支持自身主张的理由之一。在他们看来，适用外国法的主要弊端在于审理的质量会因此降低从而损害当事人的利益。① 法官因为不能熟知外国法所以有可能会错误适用外国法。依赖专家对外国法作出说明虽然可以避免错误适用外国法，又可能导致审判权旁落，影响到审理的独立性。此外，外国法不仅对于法官来说是陌生的事物，对当事人来说也很陌生，这可能会给当事人带来程序上的不利益。② 更不用说外国法查明会带来时间和费用上的增加。③

适用外国法要比适用本国法困难，这一点毋庸置疑。前面所述的外国法适用可能招致的问题也确实存在。但是，需要考虑的是，任意性适用冲突法是否是解决上述问题的适当的对策，其答案显然是否定的。

首先，冲突法的任意适用只是减少了适用外国法的机会但并没有完全避免外国法的适用。按照冲突法任意适用理论，如果当事人不主张适用外国法则法院不需要考虑冲突法问题，可

---

① Th. M. De Boer, Facultative Choice of Law: "The Procedural Status of Choice of Law Rules and Foreign Law" 257 *Recueil Des Cours* (1996), pp. 317~322.

② Boer 曾经引用 Flessner 的观点认为，当事人程序上的不利益包括以下几个方面，即，法院对外国法信息的了解和当事人了解外国法信息的程度不同；一方当事人对另一方委托的专家所提交意见的真实性可能无法确认；当事人无法了解法院收集的证据等。Th. M. De Boer, Facultative Choice of Law: "The Procedural Status of Choice of Law Rules and Foreign Law" 257 *Recueil Des Cours* (1996), p. 319.

③ 此外，按照德国的民事诉讼法的规定，错误适用外国法的情况下不能提出法律审的上诉，因此适用外国法还意味着，当事人可能面临错误的裁决不能通过上诉得到救济的危险。Th. M. De Boer, Facultative Choice of Law: "The Procedural Status of Choice of Law Rules and Foreign Law" 257 *Recueil Des Cours* (1996), p. 319.

以直接适用法院地法。在这种情况下，的确可以回避适用外国法的难题。但是，假如当事人主张适用冲突法或者在冲突法允许当事人自治，即可以选择准据法的领域内，当事人选择了外国法作为准据法，[①] 那么法院势必还要对冲突法的适用作出判断。如判断的结果是准据法为外国法，则仍然需要适用外国法。这种情况下，依然存在外国法的适用问题。

其次，解决外国法适用的困难应当首先从外国法适用制度或者机制本身寻找解决办法。如果通过改进相关制度，外国法适用的困难可以得到解决或者在相当程度上得以缓解，那么就没有必要通过任意性适用冲突法来回避外国法的适用。[②] 进一步而言，如果经过实证的考察和研究，证明外国法的适用是不可克服的难题，那么其结论也不应该是任意性适用冲突法来解决，而是应该考虑另行设计解决法律冲突的方法，比如彻底抛弃多边的方法等。

因此，可以说，因为外国法适用困难所以应该任意性适用冲突法的论断是不能成立的。

[①] 在跨国的交易中，这种情况并不少见。例如交易双方为不同国籍的情况下，协议任何一方国家的法律为准据法不成的，可能会选择第三方国家的法作为准据法。再比如海上运输有关的交易中，由于英国法的完备性，选择英国法为准据法的情况也不少。

[②] 通过后文的考察可以发现，在实务当中尽管不乏极端的例子，但在相当多数的情况下，外国法的查明是可能的。特别是在历史或者法律传统相同或相近的国家之间，在相互适用对方的法律时，其困难并不如想象的那么大，从其适用的结果看，审理的质量基本上是可以保证的。在这一点上，中国和韩国的司法实践可以提供很好的例证。有关的详细说明参见本书第五章。

(二) 外国法查明方式是否必须与冲突法的适用方式相一致

1. 两种相互对立的观点

由于冲突法的任意适用和外国法适用制度之间的这种紧密的关系，冲突法的适用方式影响到外国法适用制度的设计和运作是一件很当然的事情。但是，对这种影响的程度和方式，学界存在一定争议。一种观点认为冲突法的任意适用和外国法调查义务或者证明责任的分配应当是一致的，[1] 而另一种观点则认为两者可以相互分离，分别予以讨论。[2] 按照前一种观点的论述，冲突法如果为强制性规则，那么意味着无论当事人是否主张冲突法的适用，法院都应当依职权适用冲突法，而作为依职权适用冲突法的结果，某外国法被指定为准据法的，法官也应当依职权查明外国法。德国有学者认为，一方面规定国际私法的强制性规则的性质，另一方又将外国法查明责任加之于当事人身上的做法是无意义的，因为这样做就等于将冲突法的效力最终交给当事人处分。[3] 这种观点是从冲突法的强制适用出

---

[1] 杜涛："法律适用规则的强制性抑或选择性"，载《清华法学》2010年第4卷第3期，第104页。

[2] F. Vischer, "General Course on Private International Law", 232 *Recueil des Cours* (1992), p.81. 宋晓："论冲突规范的依职权适用性质"，载《中国国际私法与比较法年刊》第10卷，北京大学出版社2007年版，第141~158页。

[3] Daniel Reichert - Facilides, *Fakultatives und zwingendes Kollisionsrecht*, J. C. B Mohr Tuebingen. 1995, S. 1。转引自徐鹏："外国法查明：规则借鉴中的思考——以德国外国法查明为参照"，载《比较法研究》2007年第2期，第70页。

发得出外国法应当由法官依职权查明外国法的结论。

与上述观点相反的观点则认为,冲突法的适用方式是可以和外国法的查明分开进行讨论的,认为冲突法的依职权适用与外国法的查明结合起来讨论的做法从根本上是不能成立的,即使对这两个问题用彼此相反的方法予以解决也不会引起内在的冲突,例如冲突法由法官依职权适用,外国法由当事人来查明等。① 而瑞士学者 F. Vischer 也曾说:"如果外国法只有在被主张适用时方被适用,那么当然应当由主张适用外国法的一方当事人承担举证责任,但是在冲突法强制适用的制度下,使当事人承担举证责任也是可以的。"②

2. 逻辑性的分析

英美法系国家将外国法视为事实,当事人应当对作为事实的外国法提供证明,而且当事人没有提及外国法这一事实的话,法官不能依职权适用冲突法从而提起外国法适用问题。大陆法系的国际私法理论则与之不同,认为法官应当依职权适用冲突法。如果对冲突法指定的准据外国法不是由法官来负责查

---

① 宋晓,"论冲突规范的依职权适用性质",载《中国国际私法与比较法年刊》第 10 卷,北京大学出版社 2007 年版,第 141~158 页。

② F. Vischer, "General Course on Private International Law", 232 *Recueil des Cours* (1992), p. 81。F. Vischer 还主张,在与公共利益相关时,准据法的内容应当由法官依职权予以确认,并且以美国为例说"即使是在美国,也承认在有关身份问题(Status case)的案件的处理上应当依职权适用外国法"。F. Vischer, "General Course on Private International Law", 232 *Recueil des Cours* (1992), p. 82。美国是否强制性适用冲突法的问题参见本书第三章第二节。

明，而是由当事人来证明的话，那么当事人可以通过消极的履行其证明责任从而回避作为强制性规则的冲突法，其结果是法官应当依职权适用冲突法的原则将丧失意义。

将冲突法的适用方式和外国法查明方式结合起来讨论的方式看起来非常协调，但是如果仔细考虑，会发现将两者视为机械的、一一对应的关系从逻辑上讲是无法成立的。

首先，冲突法的适用目的和外国法查明的目的不同。正如前文中已经提及的，冲突法的适用和外国法的查明和适用分处在不同阶段，而且服务于不同的目的。冲突法的适用在前，其目的在于从规范相关法律关系、潜在可以成为准据法的各个不同法秩序中，按照本国国际私法上的价值判断挑选合适的准据法。外国法的查明和适用则是在准据法确定之后，对相关准据法进行调查，其目的在于尽可能清楚明了地把握该准据法中有无可适用于具体法律关系的法规范以及该法规范的具体内容、实际适用状况等，最终将该查明的准据法适用于纠纷事案本身。从逻辑上讲，将两个分处不同阶段、服务于不同目的的法的适用过程强行结合在一起，未免过于僵化。以冲突法的强制适用为例，如果认定冲突法应当由法官依职权适用，通常会得出外国法应当由法官依职权适用的结论，其主要的依据是，唯有如此才能避免当事人消极举证从而规避冲突法的适用。但是，冲突法的职权适用并不意味着冲突法的任何领域都不允许当事人自治。法院依职权适用冲突法，而按照冲突法的规定，该领域允许当事人自治，那么当事人如果自行选择准据法就是可以被允许的，这种情况下，当事人自行选择准据法并不是基于冲突法的任意性适用，而恰恰是冲突法依职权适用的结果。在同样情况下，即使规定当事人承担对外国法的举证责任也并不会导致当事人规避冲突法适用的结果，因为冲突法的适用阶段已经结束，其目的已经达成，当事人无论是积极举证还是消极举证都不影响冲突法的适用。只有在不允许当事人自治的领域，法官才必须承担依职权适用外国法的责任，否则可能会造成冲突法强制适用的目的落空。

其次，以事实说为根据认为在冲突法任意适用的情况下应当由当事人承担查明外国法责任的说法也是很难成立的。这一判断的理由可以从以下三个方面进行说明。第一，以事实说为根据可以得出当事人应当对作为事实的外国法承担举证责任的结论，但是并不能得出法官不能依职权查明外国法的结论。在适用内国法时，在某些例外的情况下，即使是属于事实的事项，法官也可以依职权进行调查，所以仅以外国法是事实就毫无例外的排除法官依职权调查外国法的权力是不尽合理的。第二，事实说可以给当事人应当对外国法承担举证责任，或者更严谨地说是当事人应当对外国法查明承担主要责任的主张提供一个合理的解释，但是事实说很难给冲突法应当任意性适用提供合理的解释。外国法的查明是冲突法适用的结果而不是冲突法适用的原因，用外国法应当由当事人查明进而推导出冲突法应当任意性适用，这是倒因为果，从逻辑上讲是不严密的。第三，正如上节中已经探讨过的，纯粹事实说本身并不是严密逻辑推导的结果，即使在英美法系国家也已经受到批判。因此仅以事实说为理论依据来说明冲突法任意适用和外国法查明模式是不充分的。

3. 司法实践中的例子

从实务上，将冲突法的适用方式和外国法查明方式相互区分，以不同的方式进行对待的例子也是有的。例如西班牙民法第 12 条第 6 款规定，法院必须依职权适用冲突法，但是对外国法的调查义务不是由法院而是由当事人承担。[1] 法国也是将冲突法的强制性适用与否与法官的调查义务的有无相互区分，分别对待的例子。[2] 如果属于当事人可处分的权利的，法院没有依职权适用冲突法的义务，但是一旦法院认定准据法为外国法的，法院有依职权查明外国法的义务。

4. 结 论

基于以上分析，笔者认为，尽管在讨论外国法查明模式的时候不能回避对冲突法的适用方式的考虑，特别是冲突法的强制适用与否决定了当事人对外国法的适用是否有主张责任，但冲突法的适用方式是可以与外国法的查明方式分开，用更灵活的态度进行讨论、设计。在制定冲突法规则时完全不考虑外国法查明的困难是不行的，但是从传统立场上看，冲突法的价值

---

[1] Carlos Esplugues, José Luis Lglesias, Guillermo Palao, *Application of Foreign Law*, Sellier European Law Publishers, 2011, p. 356.
[2] 详细内容参见本书第三章第一节。

判断主要是追求内外国判决的一致性、法适用的确定性和可预见性以及纠纷解决的公平性、当事人的利益、跨国交易的顺畅性等,而外国法查明是实现冲突法规则的手段或者工具,在设计相关制度或机制时,应当更多考虑其工具性价值,可以采用更为实用主义的态度或方法,着眼于实务的需要,以迅速、有效地查明外国法为其主要目的。

具体而言,如果一国的法律制度规定冲突法应当强制性予以适用,在合同等领域规定当事人承担主要查明责任的方式也是可以考虑的。如果冲突法是任意性适用的规则,法官在一定情况下可以依职权查明外国法的方式也应当被允许。外国法查明义务的分配可以考虑采用多样化的方法来设计,而不应当只能在法官绝对承担查明义务或者当事人绝对承担举证责任这两种方式中选择其中之一。

总而言之,尽管冲突法的适用和外国法的查明之间具有极其密切的联系,但是由于两者分别处于不同的诉讼阶段,也服务于不同的目的,因此不应将两者视为一个问题,僵化地将两者以一一对应的方式结合起来讨论的做法是不可取的。

第三章
诉讼程序中外国法适用的实现
——比较法的考察

　　一旦外国法在具有涉外因素的案件中被指定为准据法，法院将必须对外国法中相关规定是否存在以及内容如何作出判断。在外国法为准据法的案件中，为了适用该准据法，按照时间顺序，诉讼过程中将需要解决如下几个问题。第一，外国法应当由谁来负责查明（本章第一节）。第二，承担查明责任的法院或者当事人应当以什么方法进行查明（本章第二节）。第三，对外国法虽经努力调查但无法确认的，作为补充性方案，应当如何处理（本章第三节）。第四，外国法已被查明的情况下，对该外国法应当如何解释（本章第四节）。第五，外国法适用错误的救济（本章第五节）。围绕这些问题，笔者选取了英国、美国、德国和法国这四个两大法系的代表性国家，针对其立法及司法实务进行考察，并以考察结果为依据，就相关问题作出探讨。

第三章 诉讼程序中外国法适用的实现——比较法的考察

第一节 外国法适用的主张责任和查明责任的分配

适用法律为法官当然之职责，所以，在没有涉外因素的案件中，当事人即使对适用哪一个法律没有提出请求，法院也应当适用内国法，而且法官会对该法律依职权展开调查，对相关法律作出解释，并最终适用于纠纷案件。与此不同的是，如果是面对一个具有涉外因素的案件，准据法又为外国法的情况下，新的问题就会产生。即，当事人是否需要对外国法的适用提出诉讼主张？在确认主张责任的有无之后，还需要确定，法官和当事人之间谁应当对准据外国法中是否有具体适用于纠纷事项的规定以及规定的内容作出调查或证明。如果法官承担对外国法的查明义务，那么当事人是否还有其他责任或者义务？如果当事人承担对外国法的证明责任，那么这种证明责任在双方当事人之间应当如何分配？凡此种种均需详细考虑方能得出结论。

一、对各代表性国家立法及实务的考察

（一）英国

1. 原则上当事人承担主张及举证责任

当事人如果想基于外国法提起诉讼或者提出诉讼主张的，

当事人应当对外国法的适用提出主张，且承担对外国法的证明责任，这是英国法的基本立场。①

（1）主张责任

英国以"任意性冲突法"为其通行理论，进而以此为根据，认为外国法的适用不是强制性的，法官不能依职权适用外国法。② 传统上，外国法被视为是事实，当事人如果意图基于外国法提出诉讼请求或者诉讼主张就应当如同主张事实一样提出适用外国法的主张。③ 与这种做法相对应的是，法官在诉讼

---

① Carlos Esplugues, José Luis Lglesias, Guillermo Palao, *Application of Foreign Law*, Sellier European Law Publishers, 2011, p. 393.

② 在极其有限的几种例外情况下，法官不能直接适用英国法。这些例外大体包括以下几种情况。（1）在刑事程序中涉及外国法适用的。例如在认定重婚罪时，需要依照冲突法指定的准据法来判断婚姻关系是否存在，这种情况下，虽然当事人并没有主张，法院也会主动适用外国法。（2）当事人请求可以约束第三人的、涉及法律地位的命令时。例如，当事人请求婚姻无效，而按照英国的冲突法，婚姻效力的准据法为外国法时，当事人不能仅以英国法为请求的依据。（3）简易判决（summary judgment）的。（4）承担国际性义务时。（5）依据外国法违法的。例如，某一合同如果依据外国法具有违法性时，不能依据英国法执行该合同。Trevor C. Hartley, "Pleading and Proof of Foreign Law: The Major European Systems", 45 *Int'l & Comp. L. Q.* 271 (1996), pp. 285~289.

③ Richard Fetiman, *Foreign Law in English Courts: Pleading, Proof and Choice of law*. Oxford University Press, 1998, pp. 3~4; Kirsty J. Hood, "Drawing Inspiration? Reconsidering the Procedural Treatment of Foreign Law", 2 *J. Priv. Int'l L.* 181, 183 (2006).

英国 Fentiman 教授认为，英国法上在当事人可以自由选择是否适用外国法上是存在一些例外的，是否法官可以依照职权适用的冲突法规则需要根据法的字面表述以及冲突法规则的目的来进行判断。Richard Fetiman, *Foreign Law in English Courts: Pleading, Proof and Choice of law*. Oxford University Press, 1998, p. 77. 但是在司法实务中，英国的法官基于费用浪费以及诉讼迟延的担心，对这些可以强制性适用的冲突法规则几乎不予以适用。Richard Fetiman, *Foreign Law in English Courts: Pleading, Proof and Choice of law*. Oxford University Press, 1998, p. 134.

中不仅扮演一个消极的角色，而且也不能主动依职权适用外国法。① 如果想适用外国法，当事人需要就外国法规支配纠纷事项这一点提出主张，明确案件的争议焦点，提示可适用于纠纷事项的法是什么。② 通常认为，当事人对外国法适用承担主张责任的做法并不是起源于冲突法规则或者对当事人自治的许可，而是根源于英国诉讼法上当事人对立主义（adversarial procedure）原则。③

（2）举证责任

原则上，在英国法院中，当事人应当对外国法提供证明，而法官不能主动对外国法进行调查。④ 传统上还认为，外国法不属于司法认知的范围，因此法官也不能以司法认知的方式来确认外国法。⑤ 因此，外国法如同其他事实一样，需要由当事人提出主张并予以证明。

如果当事人仅只是对外国法的适用提出主张但是并未提交相关证据，或者，虽然提交相关证据但是并未达到充分的证明

---

① Carlos Esplugues, José Luis Lglesias, Guillermo Palao, *Application of Foreign Law*, Sellier European Law Publishers, 2011, p. 395.
② Richard Fetiman, *Foreign Law in English Courts: Pleading, Proof and Choice of law*. Oxford University Press, 1998, p. 62.
③ Carlos Esplugues, José Luis Lglesias, Guillermo Palao, *Application of Foreign Law*, Sellier European Law Publishers, 2011, p. 393.
④ Carlos Esplugues, José Luis Lglesias, Guillermo Palao, *Application of Foreign Law*, Sellier European Law Publishers, 2011, p. 395.
⑤ Dicey and Morris, *The Conflict of Laws*, 13th ed. Sweet & Maxwell, 2000, p. 222.

的，法官可以要求当事人提交证据或者进行更充分的证明。① 但是，这种命令并不是强制性的，当事人即使没有遵守该命令也不会构成藐视法庭，只是当事人依据外国法提出的诉讼请求会因此不能成立。② 但是，在实务当中，大部分情况下，法官并不会主动介入到外国法证明的程序中去。③

2. 当事人之间证明责任的分配

在外国法的证明上，双方当事人之间没有相互协助的义务。④

依照判例⑤，主张外国法和英国法不同的一方当事人对外国法承担证明责任。但是，如果当事人只是在诉讼主张或者答辩当中提及了外国法但并没有说明外国法的适用结果的，该当事人并不承担证明外国法的责任。⑥ 1997 年，在 University of Glasgow v. The Economist⑦ 案件当中，英国法院明确表明了这

---

① Richard Fetiman, *Foreign Law in English Courts: Pleading, Proof and Choice of law*. Oxford University Press, 1998, p. 149.
② Richard Fetiman, *Foreign Law in English Courts: Pleading, Proof and Choice of law*. Oxford University Press, 1998, p. 154.
③ Richard Fetiman, *Foreign Law in English Courts: Pleading, Proof and Choice of law*. Oxford University Press, 1998, p. 155.
④ Carlos Esplugues, José Luis Lglesias, Guillermo Palao, *Application of Foreign Law*, Sellier European Law Publishers, 2011, p. 394.
⑤ Guaranty Trust Corp. of New York v. Hannay [1918] 2 K. B. 623, 655 (C. A.).
⑥ Richard Fetiman, *Foreign Law in English Courts: Pleading, Proof and Choice of law*. Oxford University Press, 1998, p. 145.
⑦ [1997] EMLR 495.

一立场。在该案中，原告提起诉讼，称被告在英国侵害其名誉的行为在其他国家也发生了侵害其名誉的结果。针对这一主张，被告辩称，原告必须明确指明其主张所根据的外国法是什么，并应对该外国法的内容提供证明。结果法院没有接受被告的抗辩，认定原告并无必要在其诉讼请求中明确说明各国的法律，反而是被告应当对外国法与英国法不同这一点进行证明。从这个案例看，在没有相反的证明的情况下，英国法院会推定外国法和英国法相同，这种做法在当事人之间外国法证明责任的分配上造成的结果是，主张外国法与英国法不一致的一方当事人承担对外国法的证明责任。

3. 例外——当事人不需证明的情况

（1）可以通过司法认知确认的外国法（外法域法）

原则上说，英国法院不能对外国法的适用进行司法认知，只能由当事人以举证证明。但是在一定例外情形下，法院可以进行司法认知。① 这些例外大体上包括以下情况。①外国法是苏格兰法或者北爱尔兰法的情况下，英国最高法院在审理该案时不需要当事人举证证明。外国法为苏格兰法或者北爱尔兰法时，当事人如果欲适用该法也要提出外国法适用的主张并承担举证责任，但是在上诉审程序中，由于英国最高法院对英国全境具有管辖权，所以对英格兰法院审理的以苏格兰法或者北爱

---

① Hill, J, *International Commercial Disputes in English Courts*, Oxford and Portland, Oregon, 2005, pp. 614~615.

尔兰法为准据法的案件可以进行司法认知，当事人不需对该外国法进行证明。②外国法是众所周知的事实的情况，即如果法院将某一外国法视为是周知的事实（notorious fact），则当事人不需对该外国法进行举证。例如，在 Saxby v. Fulton 案件①当中，英国法院认定，赌博在蒙特卡罗不违法是周知的事实，因此法院可以对此进行司法认知。③一些制定法赋予法院有权对外国法进行司法认知。例如1950年的收养规则法（Maintenance Orders Act 1950）第22条第2款规定，在某些情况下，英国的法院可以对法院地以外的英国其他法域的法进行司法认知。

（2）对涉及外国法的先例的适用

英国为判例法国家，因此存在一个问题，即在先行判例中确认的外国法的内容在后案例中是否可以直接适用？传统上，外国法是事实，对先例的引用仅限于法律问题，②因此，即使在先行判例中已经证明并经法院确认的外国法的的内容，在后发生的案件中，当事人也不能援引该先行判例来免除自己的证明责任。③这一传统立场随着1972年民事证据法的修订有了

---

① Saxby v. Fulton [1909] 2KB 208.
② Lazard Bros. v. Midland Bank Ltd., [1933] AC 289, 297~298（HL）.
③ 实务当中也有法官采用相对灵活的态度，将先例中认定的外国法作为结论在后案例中予以适用的，但是，该案例特殊性在于审理法官恰是先例的审理法官。Jasiewicz v. Jasiewicz [1962] 1 WLR 1426, 1428, 转引自 Richard Fetiman, *Foreign Law in English Courts: Pleading, Proof and Choice of law*. Oxford University Press, 1998, p. 223.

第三章　诉讼程序中外国法适用的实现——比较法的考察

一定的缓和。按照该法第 4 条①的规定，在有关问题上，如果不存在相互矛盾的判例，在限制性条件下，英国法院可以把外

---

① 该法第 4 条的原文如下：
4. Evidence of foreign law.
(1) It is hereby declared that in civil proceedings a person who is suitably qualified to do so on account of his knowledge or experience is competent to give expert evidence as to the law of any country or territory outside the United Kingdom, or of any part of the United Kingdom other than England and Wales, irrespective of whether he has acted or is entitled to act as a legal practitioner there.
(2) Where any question as to the law of any country or territory outside the United Kingdom, or of any part of the United Kingdom other than England and Wales, with respect to any matter has been determined (whether before or after the passing of this Act) in any such proceedings as are mentioned in subsection (4) below, then in any civil proceedings (not being proceedings before a court which can take judicial notice of the law of that country, territory or part with respect to that matter) —.
(a) any finding made or decision given on that question in the first - mentioned proceedings shall, if reported or recorded in citable form, be admissible in evidence for the purpose of proving the law of that country, territory or part with respect to that matter; and.
(b) if that finding or decision, as so reported or recorded, is adduced for that purpose, the law of that country, territory or part with respect to that matter shall be taken to be in accordance with that finding or decision unless the contrary is proved.
Provided that paragraph (b) above shall not apply in the case of a finding or decision which conflicts with another finding or decision on the same question adduced by virtue of this subsection in the same proceedings.
(3) Except with the leave of the court, a party to any civil proceedings shall not be permitted to adduce any such finding or decision as is mentioned in subsection (2) above by virtue of that subsectionunless he has in accordance with rules of court given to every other party to the proceedings notice that he intends to do so. .
(4) The proceedings referred to in subsection (2) above are the following, whether civil or criminal, namely—.
(a) proceedings at first instance in any of the following courts, namely the High Court, the Crown Court, a court of quarter sessions, the Court of Chancery of the county palatine of Lancaster and the Court of Chancery of the county palatine of Durham;
(b) appeals arising out of any such proceedings as are mentioned in paragraph (a) above;
(c) proceedings before the Judicial Committeeof the Privy Council on appeal (whether to Her Majesty in Council or to the Judicial Committee as such) from any decision of any court outside the United Kingdom.
(5) For the purposes of this section a finding or decision on any such question as is mentioned in subsection (2) above shall be taken to be reported or recorded in citable form if, but only if, it is reported or recorded in writing in a report, transcript or other document which, if that question had been a question as to the law of England and Wales, could be cited as an authority in legal proceedings in England and Wales. .
参见 http：//www. legislation. gov. uk/ukpga/1972/30/section/4.

国法相关的先例判决作为证明外国法的一种方式。依照1972年民事证据法第4条的规定,这些先例判决必须是王冠法院(Crown Court)或者高等法院(High Court)审理的一审案件或者上诉案件,① 且对外国法的内容的确认是以可引用的方式记录下来。② 此外,以先例判决作为证据予以引用的,对该外国法内容的认定可以被相反的证据推翻。③

(二)美国

美国是联邦制国家,作为多法域国家,在外国法查明适用上查明义务的分配方面,联邦和州之间、州彼此之间都存在差异。但是无论是联邦还是州,在外国法的适用上都有一个共同的底线,即法院有以任何合理方式对外国法进行调查的权力。

1. 联邦法院——当事人的告知义务、证明责任和法官的调查权力

在联邦体制内,最初美国法院采用和英国法院相同的立场,外国法被视为是事实,当事人对外国法有主张责任,④ 并

---

① 参见前注第4条第5款。
② 参见前注第4条第2款。
③ 参见前注第4条第2款。
④ 关于主张责任,曾经存在相互矛盾的判例。比如在 Compara Siegelman v. Cunard White Star Ltd. 案件当中,法院并没有要求当事人对外国法的适用提出主张。221 F. 2d 189 (2d Cir. 1955)。但是,在 Harrison v. United Fruit Co.,一案当中,法院要求当事人应当对外国法的适用提出主张。143 F. Supp. 598, 599 (S. D. N. Y. 1956)。

第三章 诉讼程序中外国法适用的实现——比较法的考察

要遵循严格的证明规则对外国法进行证明。[1] 除一些例外情况[2]以外,通常情况下,法官对外国法不作司法认知。[3] 但是,第二次世界大战之后,随着国际性民商事交往的增多,将外国法视为事实并按照对待事实的方式对待外国法的做法因为高额的费用及低下的效率而招致学界的批判。[4] 响应这种呼声,一些与普通法传统相背离的法律被制定出来。其中,1966年美国联邦民事诉讼规则(Federal Rules of Civil Procedure,FRCP)第44.1条的制定被认为是契机性的事件。

1966年联邦民事诉讼规则第44.1条规定:"提出适用外国法的当事人应当以起诉书或者其他合理的书面材料告知。法院在决定外国法时,可以考虑包括证据在内的任何资料或来源,无论是否由当事人提交或者联邦证据规则是否承认。法院

---

[1] Hans W. Baade, "Proving Foreign and International law in Domestic Tribunals", 18 *Va. J. Int'l L.* 619, 619 (1977 – 1978); Arthur Nussbaum, "Comment, Proving the Law of Foreign Countries", 3 *Am. J. Comp. L.* iii 60 (1954), pp. 60 ~ 62.

[2] 美国法院曾经在当事人没有主张及举证的情况下对英国法做过司法认知。Walton. In Diegelan v. Cunard White Star, 222 F. 2d 189 (2d Cir. 1955).

[3] 传统上不仅是外国法,即使是美国国内其他州的法,法官也不能做司法认知。比如,加利福尼亚州直到1927年才对他州的法进行司法认知。即使是这样,对他州的不成文法还是要求口头证据证明。William B. Stern, "Foreign law in the Courts: Judicial Notice and proof", 45 *Cal. L. Rev.* 23, 24 (1957).

[4] 参见 Nussbaum, "Comment, Proving the Law of Foreign Countries", 3 *Am. J. Comp. L.* iii 60, 66 (1954).

对外国法的决定应当作为法律问题对待"。① 按照对该条款的解释,"法院不受当事人提供资料的限制,可以自行进行调查,可以考虑通过自行调查获得的任何资料。除专家提交的资料以外,法官可以按照自己的意愿利用更好的资料,也可以对专家提供的资料进行再审查或者对不充分的资料进行补充。另一方面,法院也可以不依赖专家意见"。②

随着上述诉讼规则的修订,在外国法查明责任的分配上,美国实务中也发生了一些变化。美国在外国法查明责任上的分配可以通过以下几点予以说明。

第一,按照第44.1条第一句的表述,当事人有义务将自身欲适用外国法的意图告知法院。

和普通法传统相比,当事人的主张责任虽然有一定程度的

---

① 现行美国联邦民事诉讼规则第44.1条的内容如下:

"44.1 A party who intends to raise an issue about a foreign country's law must give notice by a pleading or other writing. In determining foreign law, the court may consider any relevant material or source, including testimony, whether or not submitted by a party or admissible under the Federal Rules of Evidence. The court's determination must be treated as a ruling on a question of law."

美国联邦民事诉讼规则于1938年9月6日开始实施。第44.1条新设于1966年,至今仍然有效。1966年以后,第44.1条曾经进行过三次修订。1973年增加了"under the Federal Rules of Evidence"的内容,将法官从证据规则的约束中解脱出来,使其在查明外国法时可不受证据规则的限制。H. R. Doc. No. 93 ~ 46, 166 (1973)。2007年,该条款有两次修订,但仅是表述文字的修改,没有涉及实质内容。H. R. Doc. No. 110 - 27, 237 - 38, 541 (2007), H. R. Doc. No. 100 - 40, 52, 153 (1987)。

② 28 U.S.C.A. 44.1 Advisory Committee Note.

第三章 诉讼程序中外国法适用的实现——比较法的考察

减轻,① 但是当事人还是应当将适用外国法的意图告知对方当事人和法院。② 虽然存在与该规定不同的例外性的判例,③ 但通常合理的告知是必须的。如果没有合理的告知则或者视为当事人放弃有关外国法的争议,④ 或者视为当事人默示地同意适用内国法。⑤ 对适用外国法的告知应当及时⑥且足够详细。在

---

① 参见 Hay, P., Borchers, P. J., Symeonides, S. C., *Conflict of Laws*, West, 2010, p. 607 脚注 4。此外,按照第 44.1 条的规定,欲适用外国法的意图可以通过起诉书或者答辩书(pleading)以外的书面材料提出。

② Commercial Ins. Co. of Newark, New Jersey v. Pac. Peru Constr. Corp., 558 F. 2d 948, 952 (9th Cir. 1977)。在该案件中,法院认定:"我们认定适用夏威夷法。当事人没有依据联邦民事诉讼规则第 44.1 条将依外国法提出争议点的意图以书面材料予以通知,因此,我们没有适用秘鲁法的义务。"

③ Thyssen Steel Co. et al. v. M/V Kavo Yerakas er al., 911 F Supp. 263 (S. D. Tex., Houston Div. 1996)。在该案中,尽管距离诉讼开始已经过了四年,法院仍然允许当事人提出适用外国法的主张,其理由是允许提出适用外国法的主张并不会造成"不当突袭(unfair surprise)"。

④ Morse Electro Products Corp. v. S. S. Great Peave, 437 F. Supp. 474, 487 – 88 (D. N. J. 1977)。该案中,提单上明确记载着适用中国法,法院认为,当事人没有提出适用作为准据法的中国法的行为属于放弃了中国法上的权利和义务。最终法院以此为由转而适用了美国的州法。Whirlpool Fin. Corp. v. Sevaux, 96 F. 3d 216, 221 (7th Cir. 1996)。在该案中,法院认定"(被告)在程序进行过程中没有提出冲突法问题,因此视为放弃对适用伊利诺伊州法的反驳"。

⑤ Tehran – Berkeley Civil and Envtl. Eng'rs v. Tippetts – Abbett – MaCarthy – Stratton, 888 F. 2d 239, 242 (2d Cir, 1989)。在该案中,法院认定"该合同在伊朗履行,因此应当适用伊朗法。但是当事人都根据的是纽约州法,按照默示的同意适用法院地法可以成立冲突法规则的原则,我们认定本案适用纽约州法"。对这一立场,学界提出了不同的观点,认为在一定情况下应依职权适用外国法,例如在有关身份关系的案件和扶养权案件中,即使当事人没有告知,法院也应依职权适用外国法。Hay, P., Borchers, P. J., Symeonides, S. C., *Conflict of Laws*, West, 2010, p. 607 脚注 4。

⑥ Whirlpool Fin. Corp., 96 F. 3d 221。在该案中,法院认为"对迟延提交的宣誓陈述书,区法院没有考虑的义务"。

判断告知是否充分上,大部分法院认为在适用外国法的主张中并没有必要显示出外国法的具体内容。①"告知的功能并不在于说明外国法的细节性的内容,而仅是为了使法院或者当事人知晓这是涉及外国法的诉讼罢了"。②

第二,确保法官享有自行调查外国法的权力。

即使当事人没有主张适用外国法或者对适用外国法的请求没有答辩,法官依然可以自行对外国法进行调查。③但是,该条款的用词是"可以(may)",因此该规定并没有要求法官承担调查的义务,而只是赋予了法官调查的权力。④只是,一般认为,该规则允许法官使用一切可能的资料来调查外国法,因此法官在外国法调查上扮演一个更为积极的角色更为符合立法者的意图。⑤在实务中也确实出现了法院遵循该法的意图自行对外国法进行调查的实例。例如在 Trans Chen. Ltd. v. China

---

① Roger M. Michalski, "Pleading and Proving Foreign Law in the Age of Plausibility Pleading", 59 *Buff. L. Rev.* 1207, 1222 (2011).

② Roger M. Michalski, "Pleading and Proving Foreign Law in the Age of Plausibility Pleading", 59 *Buff. L. Rev.* 1207, 1223 (2011).

③ 例如在 Bel - Ray Co. v. Chemrite Ltd., 案中,法院明确说"(第44.1条规则)规定,法院为了判定外国法,在独立调查方面享有广泛权力。但是对法院并没有科以调查外国法义务"。Bel - Ray Co. v. Chemrite Ltd., 181 F. 3d 435, 440 (3d Cir. 1999).

④ Sofie Geeroms, *Foreign Law in Civil Litigation- A Comparative and Functional Analysis*, Oxford University Press, 2004, para. 2. 206.

⑤ Charles. A Wright, Arthur R. Miller, Federal Practice and Procedure § 2444, (West Publishing 1995), p. 208。转引自 Sofie Geeroms, *Foreign Law in Civil Litigation- A Comparative and Functional Analysis*, Oxford University Press, 2004, para. 2. 206.

Nat'l Mach 案①中，双方当事人提交了相互矛盾的专家证言，法院为确认涉案公司是否为中国公司而单独进行了调查，对包括中国宪法在内的有关法律以及法学论文等多种资料进行了分析。最近的 Bodum USA, Inc. v. La Cafetiere, Inc 案②中，联邦第七巡回法院自行对外国法进行了调查，并以法国法的有关英文著述为根据肯定了区法院的判决。

第44.1条赋予了法院主动调查外国法的权力，但是在法院自行调查取得的资料是否需要告知当事人的问题上，相关规定并不明确。在适用内国法的案件中，并不要求法院将自行调查的结果告知当事人，而且第44.1条有关的建议委员会注释（advisory committee's notes）中明确否认了法院承担该种义务。尽管如此，法院通常会将自行调查的结果告知当事人，使得当事人有机会就新取得的资料进行讨论。③

第三，当事人仍然承担证明外国法的责任。

法官并不承担依职权调查的义务，"法院坚持依赖专家意见也是可以的"。④ 实务上虽然也存在如上述 Borum 案一样法官进行主动积极调查的案例，但是通常认为，这并不能代表美

---

① 978 F. Supp. 266, 278~290 (S. D. Texas 1997).
② 621 F. 3d 629 (7th Cir. 2010).
③ Sofie Geeroms, *Foreign Law in Civil Litigation- A Comparative and Functional Analysis*, Oxford University Press, 2004, para. 2. 209.
④ 28 U. S. C. A 44. 1 Advisory Committee Note.

国外国法查明方式上发生了重大变化。① 当事人未提交有关外国法的资料或者在外国法查明上不协助法院进行查明的话，大部分美国的法院会拒绝适用外国法。②

总之，美国联邦法院体系内，当事人承担主张责任和举证责任，法院不承担外国法查明的义务，但可以行使广泛的调查权力。

2. 州法院——司法认知、借鉴第44.1条的规定以及普通法的立场

在州法院的层面上，在外国法查明责任的分配方面，大体上可以分为三种处理方式。即司法认知的方式、借鉴联邦民事诉讼规则第44.1条规定的方式以及坚持原有普通法立场的方式。③

（1）司法认知的方式

随着联邦法院立场的变化，各州在对待外国法的方式上也逐渐发生了变化。最初，州法院是按照普通法传统，将外国法视为事实，完全由当事人举证证明，之后以司法认知方式对待

---

① Symeon C. Symeonides, "Choice of Law in the American Courts in 2010: Twenty-Fourth Annual Survey", *American Journal of Comparative Law* (2011), p.100.

② Symeon C. Symeonides, "Choice of Law in the American Courts in 2010: Twenty-Fourth Annual Survey", *American Journal of Comparative Law* (2011), p.100.

③ Sofie Geeroms, *Foreign Law in Civil Litigation- A Comparative and Functional Analysis*, Oxford University Press, 2004, para.2.214. 美国各州适用外国法情况最近的资料参见：Peter Hay, "The Use and Determination of Foreign Law in Civil Litigation in the United States", 62 *Am. J. Comp. L.* 213, 240 (2014).

第三章 诉讼程序中外国法适用的实现——比较法的考察

外国法的做法逐渐被接受。从康涅狄格州开始（1840年），①之后密西西比州（1848年）②和马萨诸塞州（1926年）分别制定法律，规定对外国法实行司法认知。③

1931年统一州法委员会（National Conference of Commissioners on Uniform State Law，NCUSL）制定了《外国法统一司法认知法案（Uniform Judicial Notice of Foreign Law Act，UJNFLA)》。该法案将外国法和他州法相互区分，并采用不同的方式予以对待。④ 即，法官对他州法应当进行司法认知，而对于外国法，法院则有权自由决定是否进行司法认知。⑤ 该法案制定之后被一些州所采纳，这些州开始对他州法进行司法认

---

① 康涅狄格州在"其他州司法决定的报告书"标题下规定："本州法院可以将其他州及其他国家的报告书作为该州或者国家的普通法、制定法或者其他法律的司法解释的证据予以司法认知（Sec. 52 – 164. Reports of judicial decisions of other states. The reports of the judicial decisions of other states and countries may be judicially noticed by the courts of this state as evidence of the common law of such states or countries and of the judicial construction of the statutes or other laws thereof.）参见 CONN. GEN. STAT. REV. § §52 – 164，http：//search. cga. state. ct. us/dtsearch _ pub_ statutes. html.

② 密西西比州规定，对待依据外国法提出的诉讼，按照和依据当地法提起的诉讼一样的处理方式，实行司法认知。Miss. Code 1848, ch. 60, art. 10. Arthur R. Miller, "Federal Rule 44.1 and The 'Fact' Approach to Determining Foreign Law: Death Knell for A Die – Hard Doctrine", 65 *Mich. L. Rev.* 613（1966 – 1967), pp. 624 ~ 625.

③ 此外还有加利福尼亚州也规定，州法院有权对其他州的法进行司法认知。Cal. Stat. 1927, ch. 62, p. 110.

④ Symeon C. Symeonides, Wendy Collins Perdue, *Conflict of Laws: American, Comparative, International* 3th ed, West, 2012, p. 129.

⑤ Arthur Nussbaum, "The Problem of Proving Foreign Law", pp. 1020 ~ 1021.

知。① 还有一些州或者要求法院对外国法进行司法认知或者允许法院对外国法进行司法认知。② 另有一些州不是通过成文法而是通过判例法抛弃了普通法传统。③

到现在为止，虽然一些州会附加一些限制性的条件，④ 但是大部分的州⑤都采用成文法的方式，要求法院对外国法进行司法认知。

（2）借鉴第 44.1 条的方式

1962 年 NCUSL 制定了《州之间及国际间统一程序法案

---

① Sofie Geeroms, *Foreign Law in Civil Litigation- A Comparative and Functional Analysis*, Oxford University Press, 2004, para. 2. 216.

② John G. Sprankling, George R. Lanyi, "Pleading and Proof of Foreign law in American Courts", 19 *Stan. J. Int'l L.* 3 (1983), pp. 6~7.

③ John G. Sprankling, George R. Lanyi, "Pleading and Proof of Foreign law in American Courts", 19 *Stan. J. Int'l L.* 3, 7 (1983).

④ 例如加利福尼亚州和纽约州要求在当事人明确提出对对方的诉讼请求进行司法认知的要求并且提供了充分的信息的前提下，法院应当进行司法认知。CAL. Evid. Code §452 – 6 (2000); N. Y. Civ. Prac. L. &R. 4511 (b) (2000).

⑤ 这些州包括 California, Florida, Georgia, Hawaii, Indiana, Kansas, Louisiana, Maryland, Massachusetts, Michigan, Mississippi, Montana, Nevada, New Jersey, New Mexico, New York, North Carolina, Ohio, Oklahoma, Oregon, Pennsylvania, Tennessee, Texas, Vermont, West Virginia, Wyoming 等。Sofie Geeroms, *Foreign Law in Civil Litigation- A Comparative and Functional Analysis*, Oxford University Press, 2004, p. 124 脚注 426.

（Uniform Interstate and International Procedure Act，UIIPA）》，[1]不再区别他州法和外国法，而是以相同的方式予以对待[2]。UIIPA第四章在"外国法的决定"标题下，通过规定"告知（notice）"的第4.01条、规定"考虑的资料（Materials to be Considered）"的第4.02条、规定"法院决定和再审查（Court Decision and Review）"的第4.03条，分别对相关事项作出了规定。按照这些条款的规定，当事人如果欲适用外法域法，应当在起诉书或者答辩书或其他合理的书面材料中将该适用外法域法的意图告知法院。在确认外法域法的过程中，法官对包括证言在内的所有资料，无论有关资料是否是由当事人提交，依据证据规则是否有证据能力，均可以予以考虑。决定外国法问题的主体不是陪审员而是法官。对外国法的判断在上诉审程序中作为法律问题予以对待。

一些州采用了UIIPA，[3] 还有很多州以联邦民事诉讼规则

---

[1] UIIPA由统一州法委员会制定，作为审理涉及其他州或者国际性案件时予以适用的统一性法典推荐给各州采用。18 Fletcher Cyc. Corp. § 8656.10。UIIPA被视为是1936年UJNFLA的后继者，用来代替UJNFLA。1977年，统一州法委员会以很多州已经以联邦民事诉讼规则第44.1条为蓝本制定了成文法或者规则，UIIPA已落后于时代为理由，取消了对该法案的推荐。Symeon C. Symeonides, Wendy Collins Perdue, *Conflict of Laws: American, Comparative, International 3th ed*, West, 2012, p.130.

[2] Symeon C. Symeonides, Wendy Collins Perdue, *Conflict of Laws: American, Comparative, International 3th ed*, West, 2012, p.129。UIIPA使用的表述为"the law of any governmental unit outside this state"。

[3] 这些州包括Arkansas, District of Columbia, Massachusetts, Virgain Island等。Sofie Geeroms, *Foreign Law in Civil Litigation- A Comparative and Functional Analysis*, Oxford University Press, 2004, p.125脚注43。

第44.1条为蓝本制定了成文法或者规则。① 例如在德克萨斯州，根据该州证据规则的规定，外国法仍然属于使用证据进行证明的事项，但是在对待外国法的其他方面，几乎和第44.1条没有太大的差别。② 即，对外国法的判断在接受审查时，应当作为法律问题予以对待，法院不受当事人提交材料的限制，有权对外国法主动进行调查。

（3）坚持普通法传统的方式

也有一些州③没有对外国法的查明作出立法上的规定，仍然坚持普通法传统，将外国法作为事实对待，当事人承担主张责任和举证责任。

---

① Symeon C. Symeonides, Wendy Collins Perdue, *Conflict of Laws: American, Comparative, International* 3th ed, West, 2012, p. 130.

② 德克萨斯证据规则（Rules of Evidence）第203条的内容如下：

"A party who intends to raise an issue concerning the law of a foreign country shall give notice in the pleadings or other reasonable written notice, and at least 30 days prior to the date of trial such party shall furnish all parties copies of any written materials or sources that the party intends to use as proof of the foreign law. If the materials or sources were originally written in a language other than English, the party intending to rely upon them shall furnish all parties both a copy of the foreign language text and an English translation. The court, in determining the law of a foreign nation, may consider any material or source, whether or not submitted by a party or admissible under the rules of evidence, including but not limited to affidavits, testimony, briefs, and treatises. If the court considers sources other than those submitted by a party, it shall give all parties notice and a reasonable opportunity to comment on the sources and to submit further materials for review by the court. The court, and not a jury, shall determinethe laws of foreign countries. The court's determination shall be subject to review as a ruling on a question of law."

③ 这些州包括 Illinois, Iowa, Kentucky, Louisiana, Maryland, Missouri, Nebraska, New Hampshire, Rhode Island, South Carolina, Tennessee, Utah, Wisconsin。Sofie Geeroms, *Foreign Law in Civil Litigation- A Comparative and Functional Analysis*, Oxford University Press, 2004, para. 2.220.

（三）德国

1. 当事人不承担主张、举证责任及法官对外国法适用可能性的释明义务

德国强行性适用国际私法，法官应当依职权适用国际私法，当事人不需就国际私法的适用提出主张。[1]

国际私法的某些领域允许当事人自治是一种普遍被采用的做法。那么存在的一个问题是，在允许当事人自治的范围内，如果当事人双方均没有明示选择法院地法，只是都援引法院地法为法律根据的，是否可以推定默示选择了法院地法为准据法。德国法院在这种情况下倾向于推定当事人默示选择了法院地法的德国法为准据法。[2] 但是根据德国民事诉讼法（ZPO）

---

[1] Trevor C. Hartley, "Pleading and Proof of Foreign Law: The Major European Systems", 45 *Int'l & Comp. L. Q.* 271, 275 (1996); Rainer Hausmann, "Pleading and Proof of Foreign Law – a comparative Analysis", *The European Legal Forum* (E) 1 – 2008, p. 1~3.

[2] Rainer Hausmann, "Pleading and Proof of Foreign Law – a comparative Analysis", *The European Legal Forum* (E) 1 – 2008, p. 1~3.

第139条①的规定，法官在这种情况下有释明义务。② 法官应当询问当事人是否适用德国法，并告知当事人在这种情况下如果没有默示选择德国法为准据法的话将适用外国法。

此外，根据第139条的规定，法官承担着释明的义务，因此法官应当预先将争议事实和法律争议点告知当事人。法官不能不对当事人释明上述事项而径行适用外国法。这体现了尊重民事诉讼程序上当事人对抗主义诉讼原则和当事人防御权的理念。③

---

① 第139条的英文本内容如下：

Section 139 Direction in substance of the course of proceedings

(1) To the extent required, the court is to discuss with the parties the circumstances and facts as well as the relationship of the parties to the dispute, both in terms of the factual aspects of the matter and of its legal ramifications, and it isto ask questions. The court is to work towards ensuring that the parties to the dispute make declarations in due time and completely, regarding all significant facts, and in particular is to ensure that the parties amend by further information thosefacts that they have asserted only incompletely, that they designate the evidence, and that they file the relevant petitions.

(2) The court may base its decision on an aspect that a party has recognisably overlooked or has deemed to be insignificant, provided that this does not merely concern an ancillary claim, only if it has given corresponding notice of this fact and has allowed the opportunity to address the matter. The same shall apply for any aspect that the court assesses differently than both parties do.

(3) The court is to draw the parties' attention to its concerns regarding any items it is to take into account ex officio. …

参见德国联邦司法部网站（http://www.gesetze-im-internet.de/englisch_zpo/englisch_zpo.html），2013年5月8日访问。

② Rainer Hausmann, "Pleading and Proof of Foreign Law - a comparative Analysis", *The European Legal Forum* (E) 1-2008, p.1~4.

③ Sofie Geeroms, *Foreign Law in Civil Litigation- A Comparative and Functional Analysis*, Oxford University Press, 2004, para. 2.150.

2. 法官的职权调查义务

德国传统国际私法理论认为,内国法和外国法处于同等地位,以所谓"普遍主义"法选择方法为基础,因此按照"法官知法"的原则,认定法院应当依职权调查并适用外国法。①

德国民事诉讼法(ZPO)第293条规定:"外国法的现行法、习惯法和条例(Statuten)在法院不了解的范围内需要证明。在这些法规的探知上,法院不受当事人提交证据的限制,可以利用其他认识来源,且可为此作出必要的命令"。仅从第293条规定本身看,不能判断外国法是法律还是事实以及法院是否应当依职权对外国法进行主动的调查。但是,无论是法官还是学者都以293条为根据,将其解释为外国法是法律②,调查外国法的责任应当由法院来承担。③ 这一解释被德国的学者和法官所普遍接受,因此在民商事审判实务中,法官拒绝对外国法进行调查或者将证据收集和举证的责任转嫁给当事人的事例是非常少见的。④

---

① [韩]张文哲,"国际私法上的外国法证明和适用",载《安岩法学》1994年,第469页。
② 例如,即使当事人就外国法的内容达成一致意见,法院也不能仅以此为根据减轻自身的调查义务。Gerhard Dannemann, "Establishing Foreign Law in a German Court", 载 http://www.iuscomp.org/gla/literature/foreignlaw.htm, 2014年1月12日访问。
③ Carlos Esplugues, José Luis Lglesias, Guillermo Palao, *Application of Foreign Law*, Sellier European Law Publishers, 2011, p. 102.
④ Sofie Geeroms, *Foreign Law in Civil Litigation- A Comparative and Functional Analysis*, Oxford University Press, 2004, para. 2. 137.

伴随着法官本身的主导性地位和角色，法官在外国法的确认和判断上也享有很大的权力。这些权力不受当事人之间协议的限制，即使当事人对外国法的内容达成的一致的认识，也不能以此为由终止法官的调查。换句话说，不管当事人对外国法的认识是否一致，法官都可以对外国法作出自己独立的解释，也可以对外国法展开独立的调查。[1]

德国法官由于对外国法承担职权调查义务，因此当事人可以以法官未履行该义务为由在法律审程序中提出上诉。[2]

德国联邦最高法院要求法官在判决中对外国法查明的方法予以说明。如果在判决中未能显示出法官在外国法查明上作出的努力，可能会被认定为法院没有履行调查义务。[3] 例如，在

---

[1] 有些案例中，当事人双方均具有准据法所属国的国籍，且对相关准据外国法的内容达成了一致的认识，这种情况下，法院可以接受双方对外国法的认识。但是这种做法被认为是不符合主流观点的。Trevor C. Hartley, "Pleading and Proof of Foreign Law: The Major European Systems", 45 *Int'l & Comp. L. Q.* 271, 275 (1996); Carlos Esplugues, José Luis Lglesias, Guillermo Palao, *Application of Foreign Law*, Sellier European Law Publishers, 2011, p. 40.

[2] Sofie Geeroms, *Foreign Law in Civil Litigation- A Comparative and Functional Analysis*, Oxford University Press, 2004, para. 2.140。一直以来，德国联邦最高法院并不审理下级法院审理的对外国法的认定。但是实务中，法院如果没有充分履行调查义务，这将构成对程序法的违反，则上诉至最高法院就是可以的。2009年9月1日，德国修改了ZPO第545条，有学者认为，这一修改将导致外国法适用错误可以成为上诉至最高法院的理由。Carlos Esplugues, José Luis Lglesias, Guillermo Palao, *Application of Foreign Law*, Sellier European Law Publishers, 2011, p. 111。相关内容参见本书第三章第五节。

[3] Sofie Geeroms, *Foreign Law in Civil Litigation- A Comparative and Functional Analysis*, Oxford University Press, 2004, para. 2.142.

第三章 诉讼程序中外国法适用的实现——比较法的考察

1992年的一个案例①中，上诉法院仅参照西班牙的成文法的规定就作出了判决，联邦最高法院认定上诉法院没有尽到调查义务，其理由是在判决中没有显示出上诉法院调查了该成文法在西班牙实务上是如何执行的，也没有显示上诉法院曾经调查过相关的西班牙的判例法和学术著作。

此外，从判例上看，尽管德国联邦最高法院承认外国法查明上存在着种种的困难，但在一些具体情况下，特别是德国法官完全不熟悉的外国法或者当事人已经就相关外国法提供了较为详细的信息的情况下，德国联邦最高法院要求法官在外国法的查明上要承担更高程度的调查义务。例如，在1991年的一个案例②中，德国联邦最高法院曾经以下级法院未能动用所有可能的手段对委内瑞拉法进行调查为由撤销了下级法院的判决。实务上，一般认为，法院从熟知相关外国法的学术机构获得了专家鉴定意见就算履行了第293条规定的外国法调查义务。③ 但是在1991年的这个案例中，上诉法院已经从研究机构获得了专家鉴定意见，而联邦最高法院仍然认为上诉法院没有动用所有可能的手段因此构成没有充分履行调查义务。在这

---

① BGH, NJW 1992, 3106, 3107, 转引自Sofie Geeroms, *Foreign Law in Civil Litigation- A Comparative and Functional Analysis*, Oxford University Press, 2004, para. 2.142.

② BGH, NJW 1991, 1418, 1419, 转引自Sofie Geeroms, *Foreign Law in Civil Litigation- A Comparative and Functional Analysis*, Oxford University Press, 2004, para. 2.144.

③ Sofie Geeroms, *Foreign Law in Civil Litigation- A Comparative and Functional Analysis*, Oxford University Press, 2004, para. 2.144.

个案件中，主要的争议焦点有两个。马克思普朗克（Max Planck）研究所接受上诉法院委托，针对第一个争议焦点查阅了委内瑞拉最高法院的判例，并以判例为依据就第一个争议焦点作出了肯定性的答复。针对第二个争议焦点，马克思普朗克研究所虽然没有找到相关的最高法院判例，但是也参考委内瑞拉法院的司法实务提交了专家鉴定意见。但是原告不同意马克思普朗克研究所的专家鉴定意见，而且提交了与该意见相左的自行委托专家鉴定意见（*Privatgutachten*）。上诉法院采纳了马克思普朗克研究所提交的专家鉴定意见，并以该意见为根据作出了判决。德国联邦最高法院考虑到案件的具体情况，即，没有相关成文法的规定和判例法以及研究所专家鉴定意见与当事人委托专家提交的鉴定意见不一致，认为上诉法院为了取得准确的外国法信息，应当进一步向熟知委内瑞拉法律的律师咨询。[1]

尽管德国法上要求法官承担相当严格的职权调查义务，但是在保全程序（summary proceeding）中，法官的职权调查义务在一定程度上被减轻。关于外国法的表面证据（prima facie）在保全程序中会被视为是充分的。[2] 例如在一起保全程序的案件中，区法院仅是阅读了大学图书馆里的两卷关于意大利

---

[1] Carlos Esplugues, José Luis Lglesias, Guillermo Palao, *Application of Foreign Law*, Sellier European Law Publishers, 2011, p. 108.

[2] Carlos Esplugues, José Luis Lglesias, Guillermo Palao, *Application of Foreign Law*, Sellier European Law Publishers, 2011, p. 108.

法的解释书就确认了案件中涉及的意大利法的内容。①

总之,从上述立法和实务看,德国法官承担着对外国法进行职权调查的义务,而且在审查法院是否履行了该义务时,判断标准也相对严苛。

3. 当事人的协助义务和权利

当事人对外国法没有举证责任,但为确认外国法,当事人可以以自己的努力来协助法院进行调查。② 因此当事人可以自行对外国法进行调查,也可以将包括外国法著述在内的调查的结果和有关信息提交法庭。③ 从这一点上看,可以说当事人享有自行调查并将相关信息提交法庭的权利。

尽管如此,当事人对法官调查外国法方面的影响力还是很有限的。如果当事人想要影响法官对外国法的调查方法或者调查程序,必须充分地说明为什么用某一特定方式进行调查更为合适。例如,如果当事人认为应当以专家鉴定意见的方式来查明外国法,必须就这一点向法院进行充分地说明,并要说明这

---

① OLG Koblenz, IPRax 1995。对案件的说明转引自 Carlos Esplugues, José Luis Lglesias, Guillermo Palao, *Application of Foreign Law*, Sellier European Law Publishers, 2011, p. 108.

② Carlos Esplugues, José Luis Lglesias, Guillermo Palao, *Application of Foreign Law*, Sellier European Law Publishers, 2011, p. 105.

③ Carlos Esplugues, José Luis Lglesias, Guillermo Palao, *Application of Foreign Law*, Sellier European Law Publishers, 2011, p. 105.

一查明方式的必要性。[1]

另一方面，法官有权要求当事人提供协助。特别是当事人具有某些特别的知识或者有比法院更好的途径获得外国法信息的，法院可以要求当事人提交有关的信息。[2] 但是假如当事人拒绝向法院提供协助会招致什么样的后果并不明确。最有可能的结果是法院会作出结论，认为法院为确定外国法已经用尽了所有手段。[3] 例如，在1976年的一个案例中，法院为调查有关的土耳其法，已经从德国专家和土耳其专家处获得了两份专家意见，之后，被告又提交了土耳其法院的两份判决，以此主张法院没有充分履行其调查义务。德国联邦最高法院没有接受被告的主张，认为在被告当时没有提供协助的情况下，法院根据有限的信息作出对被告不利的判决是没有问题的。由此可知，当事人如果不提供协助有可能会招致对己方不利的判决结果，但是，这种结果与不履行义务时需承担的责任不同。或者说当事人由于不提供协助而招致的不利结果并不是一种直接的责任而是一种间接性的不利后果。

值得注意的是，即使当事人不提供协助，法院也不能以此

---

[1] Klaus Sommerlad, Joachim Schrey, "Establishing the Substance of Foreign Law in Civil Proceedings", *Comparative Law Yearbook of International Business* Vol. 14 (1992), p. 153.

[2] Carlos Esplugues, José Luis Lglesias, Guillermo Palao, *Application of Foreign Law*, Sellier European Law Publishers, 2011, p. 105.

[3] Carlos Esplugues, José Luis Lglesias, Guillermo Palao, *Application of Foreign Law*, Sellier European Law Publishers, 2011, p. 105.

为依据不履行自己的调查义务。[1] 换句话说,当事人不提供协助不能导致外国法的查明义务从法院移转到当事人身上。[2]

(四) 法国

法国至今没有法典化的国际私法,冲突法规则散在在民法、商法、消费者法等法典当中。[3] 对于外国法的适用,由于没有成文法的规定,法国最高法院(Cour de Cassation)的态度和立场就变得非常重要。[4] 法国的国际私法规则乃至外国法适用有关的规则都来源于最高法院的判例。

1. 依权利性质决定当事人主张责任的有无

在冲突法是否为强制法的问题上,法国最高法院的立场经历了几次变化。

(1) 冲突法为非强制法时代——Bisbal 案件

按照法国的传统理论,冲突法不是强制性规则,当事人如欲适用外国法则必须提出相应的主张。[5] 当事人如果没有请求

---

[1] Carlos Esplugues, José Luis Lglesias, Guillermo Palao, *Application of Foreign Law*, Sellier European Law Publishers, 2011, p. 105.
[2] Sofie Geeroms, *Foreign Law in Civil Litigation- A Comparative and Functional Analysis*, Oxford University Press, 2004, para. 2. 147.
[3] 载欧洲司法网(European judicial network)法国篇(http://ec.europa.eu/civiljustice/applicable_law/applicable_law_fra_en.htm, 2013 年 4 月 31 日访问)。
[4] 肖芳:《论外国法的查明——中国法视角下的比较法研究》,北京大学出版社 2010 年版,第 57 页。
[5] Rainer Hausmann, "Pleading and Proof of Foreign Law – a comparative Analysis", *The European Legal Forum* (E) 1 – 2008, p. 4.

适用外国法，法院没有义务依职权适用冲突法规则。充分反映这一原则的著名案例是1959年的Bisbal案。① 在这个案件中，一对西班牙国籍的夫妇在法国法院提出离婚诉讼。依据法国的冲突法规则，离婚的准据法应为西班牙法，而西班牙法律并不允许离婚。尽管如此，原审法院在明知双方当事人均为西班牙国籍的情况下仍以当事人未提出适用西班牙法的主张为由适用法国法作出了离婚判决。法院认定："当事人有主张适用外国法的义务，……针对法院未适用外国法这一点不能提出异议"。法国最高法院对这一点予以肯定，以法院没有依职权适用外国法的义务为由驳回了上诉。

Bisbal案件之后，1960年最高法院在Compagnie algerienne de Credit et de Banque v. Chemouny一案②中，更进一步阐明，法院没有依职权适用外国法的义务，但是当事人没有主张适用外国法的情况下，法院依然有适用外国法的权力。③

（2）"可处分权利"概念的引入——一定情况下冲突法的强制性适用

Bisbal案件所确立的原则支配法国法院了25年之久。到

---

① Cass. civ. Ire, [1960] D. jur. 610. 本文中对案件的介绍转引自 Brigitte Herzog, "proof of International Law and Foreign Law Before a French Judge", 18 *Va. J. Int'l L.* 651, 659 (1977 – 1978); Rainer Hausmann, "Pleading and Proof of Foreign Law – a comparative Analysis", *The European Legal Forum* (E) 1 – 2008, p. 4.

② Civ. 2 Mar. 1960, Rev. crit. dr. int. pr. 1960. 97; J. C. P. 1960. 11. 1173.

③ Trevor C. Hartley, "Pleading and Proof of Foreign Law: The Major European Systems", 45 *Int'l & Comp. L. Q.* 271, 278 (1996).

1986年，最高法院第一次转变立场，认为在某些情况下法院有依职权适用外国法的义务。[1] 而1988年，最高法院的立场发生彻底转变。大法院在Rebouh[2]和Schule[3]两案中判定"法院应当依据可适用的法来决定"[4]，并解释说"可适用的法"包括冲突法。[5] 这意味着法官应当按照冲突法规则适用外国法，适用法国法来代替准据外国法是不行的。由此，法院开始承担适用外国法的义务，而不仅是有权适用外国法。

之后，最高法院的立场再次发生变化，不再把适用准据外

---

[1] Civ. 25 Nov. 1986, Rev. crit. dr. int. pr. 1987. 383, 转引自 Trevor C. Hartley, "Pleading and Proof of Foreign Law: The Major European Systems", 45 *Int'l & Comp. L. Q.* 271, 279 (1996).

[2] 1988年10月11日判决的Rebouh v. Bennour一案涉及亲子关系。在该案中，一位阿尔及利亚女子以亲子关系为争议事项将某男子诉至法国法院。审理法院按照法国法对案件作出了判决，但是最高法院认为亲子关系应当适用母亲的本国法，并以此为由撤销了原审判决。Rainer Hausmann, "Pleading and Proof of Foreign Law – a comparative Analysis", *The European Legal Forum* (E) 1 – 2008, p. 14.

[3] 1988年10月18日判决的Schule v. Phillipe一案涉及继承关系。在该案件中，一名瑞士人死于其居住地瑞士。死者将自己的一部分财产遗赠给了情妇。法国上诉法院根据法国法作出了判决。但是最高法院认为按照法国冲突法规则，遗产应当适用死者最后的居住地法即瑞士法，因此上诉法院的判决适用法律错误。Rainer Hausmann, "Pleading and Proof of Foreign Law – a comparative Analysis", *The European Legal Forum* (E) 1 – 2008, p. 14.

[4] Trevor C. Hartley, "Pleading and Proof of Foreign Law: The Major European Systems", 45 *Int'l & Comp. L. Q.* 271, 279 (1996).

[5] 原文为"[LJe juge droit trancher le litige conformement aux regies de droit qui lui sont applicables."(the court must decide the case according to the rules of law applicable to it)。这一表述规定在法国新民事诉讼法（Nouveau Codede Procédure civile）第12条（1）款中。在该案件中，法国最高法院引用了该规定，认定该表述中的"可适用的法（the rules of law applicable）"不仅包括法国的实质法也包括法国的冲突法和国际公约。Rainer Hausmann, "Pleading and Proof of Foreign Law – a comparative Analysis", *The European Legal Forum* (E) 1 – 2008, p. 4.

国法的义务加之于法院身上,而是将涉案的权利关系进行了分类,将其区分为"可处分的权利"[①] 和"不可处分的权利",并按照权利的不同性质来决定是否强制性适用冲突法。1991年,在 Coveco 案件[②]中,法院认定,当事人没有主张适用外国法的,法院没有义务依职权适用外国法,所以法院不适用外国法的做法不应受到攻击(attack)。同时,法院还认定,当事人享有可处分的权利的情况下,上述原则应当予以适用。[③] 这种处理方式此后也继续沿用下来。即,法国法在外国法强制性适用问题上的一般原则是,当事人没有主张的情况下,法院没有适用外国法的义务,但是,争议事项属于法国缔结的国际条约或者欧盟规则规范的对象或者属于当事人不可自由处分的事项的,作为例外,法院有依职权予以适用的义务。此外,当事人主张外国法的适用的,法院也承担适用外国法的义务。[④]

(3) 现况——按照权利性质决定是否强制适用冲突法

法国与英国认定当事人对外国法的适用有主张责任的做法不同,与德国认为当事人对外国法的适用没有主张责任的做法

---

① 法文原文为"droits disponibles"。英文翻译不尽一致,有"rights the parties can freely dispose of"、"available rights"、"waivable rights"、"defeasible rights"等多种表述方式。本文中统一表述为"可处分的权利"。

② Civ. 4 Dec. 1990, Clunet 1991. 371; Rev. crit. dr. int. pr. 1991. 558.

③ Trevor C. Hartley, "Pleading and Proof of Foreign Law: The Major European Systems", 45 *Int'l & Comp. L. Q.* 271, 279 (1996).

④ Sofie Geeroms, *Foreign Law in Civil Litigation- A Comparative and Functional Analysis*, Oxford University Press, 2004, pp. 60~62.

第三章 诉讼程序中外国法适用的实现——比较法的考察

也不同，它对涉案权利的性质进行了区分，并按照涉案权利的性质来判断是否应当强制性适用冲突法。①

法国把民事权利区分为可处分的权利和不可处分的权利。前者是指可以按照当事人的意思处分的权利，后者则是指当事人不能按照自己的意思自由处分的权利。可处分的权利不仅包括财产权，还可以包括合同上的权利，甚至家族法上的一些权利也可以归属到可处分权利的范畴。②

如果属于不可处分的权利，法院对该权利应当强制性适用

---

① Carlos Esplugues, José Luis Lglesias, Guillermo Palao, *Application of Foreign Law*, Sellier European Law Publishers, 2011, p. 187.

② Carlos Esplugues, José Luis Lglesias, Guillermo Palao, *Application of Foreign Law*, Sellier European Law Publishers, 2011, p. 187. "可处分的权利"本身应当说并不是一个非常明确的概念。通常，合同、侵权、财产有关的事项（婚姻财产权和继承都可以包括在内）都属于当事人可以自由处分的权利。Rainer Hausmann, "Pleading and Proof of Foreign Law – a comparative Analysis", *The European Legal Forum* (E) 1 – 2008, p. 14；徐卉："外国法证明问题研究"，载中国民商法律网（http://www.civillaw.com.cn/article/default.asp? id = 25198）。但是关于什么权利属于可处分的权利，什么权利属于不可处分的权利，法国国内观点并不完全一致。例如，2009 年法国最高法院第一审判部（the First Civil Chamber of the Cour de cassation）认定扶养属于可处分的权利，并以此为根据适用了法国法。对此，Nicolas Nord 教授批判说："这一判决既不是一种法的立场也不是一种理念性的立场，只是一种出于实用主义的做法"。Nicolas Nord, "The Difficulties of Applying maintenance Foreign Law in France", 2013 年 5 月 3 日 German Institute for Youth Human Services and Family Law (DIJuF) 组织召开的主题为 "Recovery of Maintenance in the European Union and Worldwide" 会议发表论文（载 http://www.heidelberg-conference2013.de/tl_files/downloads-abstracts/Abstract_Nord.pdf）。

此外，"可处分的权利"是一个法律概念，因此应当依照那个法来判断是否为可处分的权利也是个问题。法国国内对这个问题大体上有两种观点，一种是适用法院地法，一种是适用纠纷案件的准据法。主张适用纠纷案件的准据法的理由是，权利本身和权利性质相关，因此适用纠纷案件的准据法更为合适。主张适用法院地法的理由是，是否属于可自由处分的权利的问题属于程序法问题，因此当然应当适用法院地法。肖芳：《论外国法的查明——中国法视角下的比较法研究》，北京大学出版社 2010 年版，第 65 页。

冲突法。这种情况下，并不需要当事人提出主张，法院一旦认识到纠纷案件涉及到冲突法就应当适用冲突法。① 与此相反，如果属于可处分的权利，法院可以选择是否适用冲突法。当事人如果没有提出相应的主张，法院也就没有适用冲突法的义务。②

涉案的权利属于可处分的权利的，当事人如果希望适用外国法，应当在第一审阶段提出主张。第二审阶段当事人虽然也可以提出适用外国法的主张，但是第一审阶段提出的诉讼请求不得因适用外国法的主张而在第二审阶段进行变更。当事人在第一审和第二审阶段都没有提出适用外国法的主张的，在最高法院将不能再提出该主张。③ 适用外国法的主张应当是明确的，至少达到使法官明了的程度。④ 也有观点认为，当事人在主张外国法适用的同时，也应一并对外国法的内容提出主张。⑤

涉案的权利属于可处分的权利，当事人又没有提出适用外

---

① Carlos Esplugues, José Luis Lglesias, Guillermo Palao, *Application of Foreign Law*, Sellier European Law Publishers, 2011, p. 188.
② Rainer Hausmann, "Pleading and Proof of Foreign Law – a comparative Analysis", *The European Legal Forum* (E) 1 – 2008, p. 5.
③ Carlos Esplugues, José Luis Lglesias, Guillermo Palao, *Application of Foreign Law*, Sellier European Law Publishers, 2011, p. 188.
④ Carlos Esplugues, José Luis Lglesias, Guillermo Palao, *Application of Foreign Law*, Sellier European Law Publishers, 2011, p. 189.
⑤ Carlos Esplugues, José Luis Lglesias, Guillermo Palao, *Application of Foreign Law*, Sellier European Law Publishers, 2011, p. 189.

国法的主张的，法官有权裁量是否适用外国法。①

2. 法官承担对外国法的调查义务

法国在外国法查明义务的分配方面，也经历了一个变化的过程。最初，法国法院适用所谓的"Lautour – Thinet"规则，②当事人对外国法承担举证责任，但对外国法承担举证责任的不是由主张外国法适用的一方当事人而是诉讼请求受外国法支配的一方当事人来承担。③ 例如，原告如果基于侵权诉至法院要求救济，而侵权行为地法是外国法的，即使被告主张适用外国法，承担对该外国法证明责任的也不是被告而是原告。

但是，随着最高法院在是否强制性适用外国法上立场的变化，上述举证责任的分配原则也发生了变化。1993 年，在

---

① Carlos Esplugues, José Luis Lglesias, Guillermo Palao, *Application of Foreign Law*, Sellier European Law Publishers, 2011, p. 189.
② 这一规则的名称来源于两个指导性的案例，即 Lautour, Cour de cassation. Civ. 25 May 1948, Rev. crit. dr. int. pr. 1949. 89 和 Society Thinet, Cour de cassation. Civ. 24 Jan. 1984, Clunet 1984. 874, note Bischoff, Rev. crit. dr. int. pr. 1985. 89, 转引自 Trevor C. Hartley, "Pleading and Proof of Foreign Law: The Major European Systems", 45 *Int'l & Comp. L. Q.* 271, 280 (1996) 脚注 47。
③ Trevor C. Hartley, "Pleading and Proof of Foreign Law: The Major European Systems", 45 *Int'l & Comp. L. Q.* 271, 280 (1996).

外国法的适用
——一个宏观到微观的考察

Amerford 案件①中，法院放弃了 Lautour - Thinet 规则，认定涉案的权利如果属于可处分的权利，主张适用外国法会带来与适用法国法不同的结果的一方当事人应当对外国法的内容进行举证。从这个案件看，如果涉案的权利属于可处分的权利，当事人对外国法的适用有主张责任，并且主张外国法适用会带来不同结果的一方当事人要承担对外国法的举证责任。Amerford 案件中确立的规则看似明确，但其涉及的对象仅限于可处分权利，在其未涵盖的领域，即涉案权利不属于当事人可处分的权利的情况下举证责任如何判断的问题仍然没有得到解决。

2005 年，法国最高法院在同一天作出的两份判决②不仅回答了上述问题，而且对 Amerford 案确立的规则又进行了修正。这两个判决，一个涉及可处分的权利，另一个涉及不可处分的权利③，但是法院作出了相同的结论。即"认定可以适用外国法的法国法院，依据职权或者依据援引外国法的一方当事人的请求，自行或者在当事人协助下，调查外国法的内容，依据外

---

① 在这个案件中，因为货物运送途中破损，保险公司以承运人为被告提起违约之诉，被告主张适用伊利诺伊州法律，原告对此也没有提出异议。按照 Lautour - Thinet 规则，原告的诉讼请求受伊利诺伊州支配，因此原告应当对伊利诺伊州承担举证责任。但是，如果依据新规则的话，被告应当承担举证责任，因为被告援引了伊利诺伊州法，应当证明伊利诺伊州法与法国法不同。Trevor C. Hartley, "Pleading and Proof of Foreign Law: The Major European Systems", 45 *Int'l & Comp. L. Q.* 271, 281 (1996).

② 本文中对 2005 年两份判决的介绍转引自 Nicolas Nord, "The Difficulties of Applying maintenance Foreign Law in France", pp. 2~3.

③ Carlos Esplugues, José Luis Lglesias, Guillermo Palao, *Application of Foreign Law*, Sellier European Law Publishers, 2011, p. 190.

国的有效的法给诉讼提供解决方案"。按照这两个判决,无论法院是依职权适用的冲突法还是根据当事人的主张适用的冲突法,一旦法院认定纠纷案件应当适用外国法为准据法就应当调查外国法,同时可以要求当事人提供协助。[①]

二、对外国法查明义务分配方式的梳理和分析

通过对两大法系四个代表性国家的立法和司法实务的考察可以发现,在外国法适用中查明义务的分配问题上,大体上存在三种方式。即(1)以英国为代表的、由当事人承担证明责任的方式;(2)以德国为代表的、法官承担主动调查义务的方式;(3)以法国过去的方式为代表的、按照案件的性质将外国法查明责任在法官和当事人之间分配的方式。

(一) 三种方式的基本形态

1. 当事人承担举证责任的方式

(1) 当事人的地位和作用

英国可以说是当事人承担举证责任方式的典型例子。从前文的描述中可以看到,在英国,当事人承担外国法的举证责任几乎是一个绝对的责任。尽管也存在一些例外,但是这些例外

[①] Carlos Esplugues, José Luis Lglesias, Guillermo Palao, *Application of Foreign Law*, Sellier European Law Publishers, 2011, p.190.

基本上是在英国领域内对外法域法的查明上才存在，而在查明另一个国家的法律时，在当事人承担举证责任方面几乎不存在例外。与英国相比，美国在当事人承担举证责任方面是和英国相同的，但是在法官所起的作用方面，则与英国存在一定的差别。尽管实务中并不常见，但美国的法官至少在法律规定方面被赋予了裁量权，可以在查明上扮演一个更为积极的角色。整体上而言，这种方式下，当事人在外国法的查明上并不依赖于法院而是自行承担主要义务，如果当事人对外国法不能举证或者举证不充分，承担举证责任的一方当事人将承担相应的不利后果。

对外国法承担举证责任的当事人通常是基于外国法提起诉讼的一方当事人、诉讼请求或主张受到外国法支配的一方当事人或者主张外国法的适用结果与本国法适用结果不一致的一方当事人。

（2）法官的地位和作用

在英国的方式下，法官通常扮演一个消极的角色。与这种角色相对应，虽然在有限的领域内法官可以主动介入对外国法的查明或适用，但整体而言，法官通常不主动介入。从这一意义上讲，法官的权限实际上受到当事人意思和行动的限制，其对外国法的判断也受到当事人举证材料的限制。在美国，随着联邦民事诉讼规则第44.1条的制定，理论上法官可以在诉讼中采取积极的措施，行动上享有主动调查的权利，结果上也不

第三章　诉讼程序中外国法适用的实现——比较法的考察

受当事人举证材料的限制，但是法官并不承担这种义务，而且从司法实务上，大部分情况下，法官并不常行使主动调查的权力。

2. 法官承担调查义务的方式

在德国为典型的查明模式下，法官承担对外国法的查明义务，并在外国法查明过程中扮演一个主导性的角色。与此相应，当事人尽管也可以主动提交相关外国法的信息，但从法律的角度上讲，当事人并不承担举证责任，也不会因为自己的消极应对直接招致法律上的不利益。单纯从法律规定上说，当事人在外国法查明过程中扮演的是一个附随性的、相对消极的角色。

（1）法官的地位和作用

在这种方式①下，尽管严格程度有所差异，但是通常法官几乎承担外国法查明的全部义务。虽然通常都承认法官的调查义务并非是绝对的，但一般要求法官尽可能调查外国法。

法官自己尽可能调查外国法的同时，可以要求当事人的协助。但是原则上讲，法官在调查中起着积极的、主导性作用。法官可以主动进行调查，并不受当事人是否提供资料的限制，也不受当事人已经提供的资料范围的限制。而且，因为法官承

---

① 欧盟成员国当中采用与德国相同的外国法查明方式还有奥地利。Carlos Esplugues, José Luis Iglesias, Guillermo Palao, *Application of Foreign Law*, Sellier European Law Publishers, 2011, pp. 104~105.

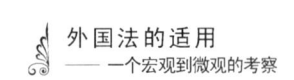

担调查义务，从诉讼结构上看，如果法官未履行该义务，当事人可以以此为由提起上诉并获得救济。

（2）当事人的地位和作用

在这种方式下，当事人在外国法的查明中处于附属性的地位。他的主要作用在于对法官的调查提供协助以求获得有利于己方的裁判结果。

在法官提出要求时，当事人虽然应当提供协助，但是和当事人承担对外国法的举证责任不同，当事人不能提供外国法有关信息时，并不排除法院对相关争议事项的裁判义务。而且，法院也不能以证据不足为由驳回当事人的诉讼请求。换句话说，当事人在外国法的查明上不提供协助也不会马上招致某种直接的不利益。

3. 按照一定标准将查明义务在法官和当事人之间分配的方式

以法国过去的做法为代表，这种方式下，查明义务并不绝对在法官或者当事人一方，而是按照某种标准将涉案事实进行区分，区别不同情况，将查明义务在法官和当事人之间进行分配。法国过去曾经区分涉外权利是否属于可处分的权利来判断法院是否有职权查明的义务，但是近年来的判例表明，法国最高法院的立场有所变化，虽然在外国法适用的主张责任上仍然坚持以是否属于可处分权利来区分和判断当事人主张责任的有无，但是在查明义务分配上却放弃了这种做法，转而持如果法

第三章 诉讼程序中外国法适用的实现——比较法的考察

院认定应当适用外国法就应当承担查明义务的立场。

尽管法国最高法院的立场发生了上述变化，但是还是有很多国家坚持这种混合的方式，只是在划分的标准上有所不同。例如瑞士国际私法第 16 条规定："外国法的内容由法院依职权查明。为此可以要求当事人予以协助。财产法上的请求权有关的事项，可要求当事人负举证责任"。① 按照这一规定，是否属于财产法上的请求权成为判断当事人是否承担举证责任的标准。斯堪的纳维亚法域将涉案权利区分为法定权利（Mandatory）和非法定权利，属于法定权利的由法院来决定外国法的适用，如果属于非法定权利，当事人承担外国法适用的主张责任并承担举证责任。② 拉脱维亚和立陶宛只有在外国法可以由当事人选择适用的情况下才把外国法看做是事实，如果外国法是按照一般冲突法规则被适用时，外国法将被看做是法律，法院应当依职权予以调查和适用。③ 罗马尼亚虽然把外国法看做是法律，但是只有外国法可以顺利取得的情况下才由法院依职权调查，如果外国法难以取得，法院会将外国法查明的责任加于

---

① 参照［韩］法务部，《各国的国际私法》2001 年版，第 71 页。
② Carlos Esplugues, José Luis Lglesias, Guillermo Palao, *Application of Foreign Law*, Sellier European Law Publishers, 2011, p. 120.
③ Carlos Esplugues, José Luis Lglesias, Guillermo Palao, *Application of Foreign Law*, Sellier European Law Publishers, 2011, p. 120.

当事人身上。①

(二) 影响责任或义务分配方式的因素

由上可知，各国在外国法适用的主张责任和外国法查明的责任或义务上并没有统一的方式。即使具有相同的法传统，在具体外国法查明责任分配的方式上也各不相同。形成这些方式上差异的原因可以考虑以下几个方面。

1. 外国法的性质

各国的现行立法和实务并不是完全按照外国法是事实还是法律的定性来制定和执行的。但是，虽然一些国家的制定法或者判例法上并没有明文予以规定，但是至少在设计外国法适用主张责任的有无以及查明责任或义务的分配上，大多是以此定性作为出发点，并影响到以后的变化。典型如英国，其将外国法的主张责任和举证责任加之于当事人身上的主要原因就在于一直以来将外国法视为事实的原则。② 与此相反，视外国法为法律的德国则将外国法调查义务置于法官一侧。

2. 国际私法的强制性适用与否

国际私法是否应当强制性适用也是影响到外国法主张责任

---

① Urs Peter GRUBER, Ivo Bach, "the Application of Foreign Law – a Progress Report on A New European Project", *Yearbook of Private Interratimal Law Vol XI* (2009), p. 162.

② Fentiman: *International Commercial Litigation*, Oxford University Press, 2010, p. 281.

第三章 诉讼程序中外国法适用的实现——比较法的考察

和查明责任或义务分配方式的一个要素。承认国际私法应强制性适用的直接结果是，无论当事人是否提出外国法适用的主张法院都应该依职权适用冲突法并确定外国法的内容。① 反面说，如果承认国际私法应当任意性适用，在诉讼程序中，当事人如果想适用外国法，就必须提出相应的主张，在外国法的查明上，当事人也将起着一个相对更为积极的作用。②

3. 诉讼模式的影响

在外国法的主张责任和查明义务的分配上，诉讼模式的影响也不应忽视。诉讼模式差异会导致诉讼的主导权、证据规则以及诉讼效率上的差别。同样，诉讼模式的差异也会对外国法的查明造成影响。

诉讼模式从大的方面通常可以分为当事人主义（adversarial model）诉讼模式和职权主义（inquisitorial model）诉讼模式两种。一般认为，英美法系国家以当事人主义诉讼模式为主，而大陆法系国家以职权主义诉讼模式为主。③ 在当事人主义诉

---

① Carlos Esplugues, José Luis Lglesias, Guillermo Palao, *Application of Foreign Law*, Sellier European Law Publishers, 2011, p. 19.

② Carlos Esplugues, José Luis Lglesias, Guillermo Palao, *Application of Foreign Law*, Sellier European Law Publishers, 2011, p. 19.

③ [韩] 石光现:《国际民事诉讼法》，博英社2012年版，第259页。当然，实际上绝对的当事人主义诉讼模式和绝对的职权主义模式并不存在。例如，采用当事人主义诉讼模式的英国在近年来随着民事诉讼制度的改革也增加了一些职权主义的要素。Ja Jolowicz, "Adversarial and Inquisitorial Models of Civil Procedure", 52 *Int'l & Comp. L. Q.* 281, 281 (2003).

讼模式下，诉讼的进行由当事人主导，① 法官作为裁判者的中立性、程序上的公平和公正、当事人对诉讼程序的控制等因素得到强调。② 而在职权主义诉讼模式下，诉讼的进行由法官来主导，③ 法官参与到发现事实的全过程中，在诉讼的组织和控制上享有很大的权力，在证据的收集上也起着主导性的作用。④

因此，从法官地位角度看，按照当事人主义诉讼模式的理念，法官是一个消极的裁判者，那么在外国法的调查上，法官也应当保持一个消极裁判者的地位，如果积极介入当事人对外国法的调查和证明则和当事人主义诉讼模式理念相违背，是不适当的。在提交证据方面，当事人主义诉讼模式强调辩论主义，如果不属于例外的情况，那么证据应当由当事人提交，裁判只能以当事人收集并在辩论中提交的诉讼资料为基础。⑤ 英国在诉讼中强调当事人主义的因素，从这一点上也可以理解为什么英国的法官不愿意介入外国法的查明。

---

① ［韩］李时润：《新民事诉讼法（第8版）》，博英社2014年版，第347页。
② 王利明：《司法改革研究（修订版）》，法律出版社2001年版，第420页。
③ ［韩］李时润：《新民事诉讼法（第8版）》，博英社2014年版，第347页。
④ 王利明：《司法改革研究（修订版）》，法律出版社2001年版，第420页。
⑤ 张卫平教授曾对辩论主义和我国现行立法上辩论原则的差别作出过明确的区分，指出辩论主义的基本涵义包括"直接决定法律效果发生或者消灭的必要事实必须在当事人辩论中出现，没有在当事人的辩论中出现的事实不能作为法院裁判的依据……"张卫平：《民事诉讼法（第三版）》，法律出版社2013年版，第38~39页。

与当事人主义诉讼模式不同，如果遵循职权主义诉讼模式理念，法官不仅要解决法律问题，在事实发现的过程中也起着主要作用，因此在主动介入外国法的调查和证明方面没有很大的障碍。此外，在证据的收集上，法官不仅可以独立调查证据，而且在认为当事人提交的证据不足的，也可以要求当事人补充提交证据以弥补证据的不足。[1] 德国实务上由法官主动依职权调查证据的做法与德国民事诉讼法上职权主义因素相对较多有着密切联系。

4. 对诉讼法上价值的考量

公平、公正、迅速、经济等是民事诉讼法上普遍承认的价值。[2] 这些诉讼法上的理念对外国法的调查也有影响。以德国为例，虽然作为一般原则，法官承担外国法查明的义务，甚至在对是否履行该义务上，判断标准也较严苛，但是在保全程序的情况下，法官的调查义务就相对弱化了。这一现象恰可以反映制度设计上对诉讼法上迅速、效率等理念的考量。

---

[1] 王利明：《司法改革研究（修订版）》，法律出版社2001年版，第420页。

[2] 一些国家在民事诉讼法上明确了这一点。例如韩国现行民事诉讼法第1条即在"民事诉讼的理想和诚实信用原则"标题下，规定："法院应努力使诉讼程序公正、迅速、经济地进行……"美国FRCP第1条规定"本规则应当在保证所有诉讼的公平、迅速及经济的处理上进行解释和适用（They shall be construed and administered to secure the just, speedy and inexpensive determination of every action）"。我国民事诉讼法上虽然没有明文的规定，但也承认诉讼的适当、公平、效率等是民事诉讼法的理想。张卫平：《民事诉讼法（第三版）》，法律出版社2013年版，第11页。

三、对外国法查明责任分配方式合理性的研究

通过以上对各国立法和实务的考察可以得知，在外国法查明义务或责任的分配上大体上存在三种主要的方式。但是这三种方式只是对各形态概括性的总结，并不能囊括各种分配方式中的种种细节，从各国的实务看，分配方式也不是一成不变的，而是随着客观、主观因素的变化而变化。那么，这些种种方式中是否存在共同的发展趋势，各自的优势和劣势是什么以及对我国立法实务有无启示等问题是值得探讨的。

（一）发展趋势

在考察的四个国家中，与美国和法国相比，英国和德国的立法和实务从体系整体构建上都保持了逻辑的前后一贯性，从历史发展脉络看也保持了相当的稳定性。如果以英国和德国作为参照系，那么美国和法国相关制度的变迁似乎显得意味深长。

美国虽然继承了英国的法律传统，但是近年来在外国法查明上放弃了英国相对僵化的立场，采取更为灵活的态度，一方面仍然要求当事人承担对外国法的举证责任，另一方面则赋予法官调查的权力，并鼓励法官在外国法查明上采取更为积极的行动。法国过去的司法实务中将权利性质进行区分，并按照性质的不同来判断法官查明义务的有无。但是在近些年却改变了

这种做法，无论涉案权利性质如何，只要法院认定应当适用外国法就要求法官承担查明的义务。这些变化都显示出强化法官在外国法查明中的作用的一种倾向。

(二) 优劣的比较

1. 法官查明外国法的优势和局限性

（1）优势

第一，法官对外国法的认识能力。

法院地法官并不当然了解非本国法的外国法，这是无法否认的事实。但是通常法官作为法律专家可以很好地把握法原理，在法律推理和法律说理方面具有专业性的能力。一般而言，法官通常接受过专门性的法学教育，对法学领域的专业性、基础性知识应当有不同于一般人的把握。此外，法官通常在法律推理方面有与其他普通人不同的能力和思考路径。因此，从一般规律上讲，法官即使对准据外国法没有专门的研究，甚至没有接受过比较法方面的专门教育，他们对外国法的理解通常也优于普通人甚至其他领域的专业人士。从实务中也可以看出，在外国法本身与一般性的法观念相关时，法官通常会表现出某种自信心。例如在英国的一个判例①中，法官就曾

---

① Buerger v. New York Life Assurance Co.，[1927] 96L. J. K. B. 930, 937, 940（C. A.）. 转引自 Sofie Geeroms, *Foreign Law in Civil Litigation- A Comparative and Functional Analysis*, Oxford University Press, 2004, para. 2. 376.

经以外国法专家误解了各国法律专家熟知的概念为理由,拒绝接受一份双方当事人并无争议的专家证言。因此,与其他领域不同,外国法对于法官而言虽然是较为生疏的事物,但是法官仍然有认识该事物的可能性,这一点是应当予以肯定的。

第二,法官认识外国法的客观性。

法官对外国法进行调查的另一个优势是可以保证调查客观公正。在上述美国法院审理的 Bodum 案件当中,审理法官 Posner 曾经指出,受当事人委托的专家从当事人处收取费用,当事人选择某专家原因仅是因为该专家可以提供符合自己期待和立场的专家证言。[①] 与当事人委托的专家的客观性常被质疑不同,法官作为中立的裁判者,其调查外国法并得出的对外国法的认识通常在客观性上并无问题,当事人也容易信赖该结果。

第三,效率性。

法官调查的效率性通常来源于法官的中立性地位。当事人举证的情况下,出于诉讼技巧的考虑,存在着包装或者不揭示不利于己方信息的可能。这一可能性必须通过繁琐的举证和质证程序来防止。而法官由于自身的中立性地位,为了正确地把握相关"事实",会尽可能去了解并掌握有关的全面情况。按照德国的司法实践,法官掌握的外国法信息也需要向当事人揭

---

① 621 F. 3d 633 (7th Cir. 2010).

示并给予当事人质疑的机会，但是这个程序和当事人举证程序相比，效率显然要更高一些。

（2）局限性

虽然法官认识外国法的内容和可能性应当得到承认，但是法官在调查外国法上的不足或曰局限性也应该予以重视。法官虽然可以称作是法律专家，但是能成为是某一外国法专家的情况并不多。因此法官在外国法的调查上通常会存在以下问题。

第一，存在误解外国法的可能。

法官在调查理解外国法时存在误会的可能。其理由在于，首先，法律本身存在自有的语言体系。甚至在某些情况下，即使使用相同的用语，其内涵和外延常常也有不同。不仅是分属于英美法系和大陆法系的国家之间会使用不同的法律用语，即使是有相同或近似法传统的国家之间，其法律用语的内含也常有不同。例如韩国和中国都受到德国、日本等大陆法系传统的深刻影响，韩国的法律用语中存在大量汉字词，这些汉字词与中国毫无二致，其含义大部分情况下近似，但常常并不能一一对等。以监护制度为例，两国均有监护制度，按照中国的规定，有民事行为能力的父母是未成年子女的法定监护人，但是在韩国，这种关系并不由监护制度来规范，而是另外属于亲权的内容。其次，法律是一国历史和现实的反应。处于这个特定社会之外的人因为并不了解该社会的运行，那么在解释该国法律时常常会发生误会。虽然不能说不存在有外国长期生活经历的法官，但是在大部分情况下，法官对外国法的理解可以说是一种局外人的理解。对国家社会的不理解会影响到对外国法本身的理解。

第二，调查外国法的动力不足。

从实务上看，几乎所有国家的法官身上都存在一种所谓的"归家趋势"，意指法官自觉不自觉的都希望适用内国法的趋向。即使规定国际私法是强制性规则，法官应当依职权适用，并在指定外国法为准据法时承担调查义务，但是在实际中仍然存在以各种方法规避外国法适用的例子。如果探查其原因会发现，法官在适用外国法上并不存在一种直接的利益或者好处，反而需要面临种种困难，无论是程序上还是实质内容上对外国法的把握上，法官的负担都会被加重。因此，如果适用外国法的结果会深刻影响到当事人的利益，法官对外国法的调查常常不如当事人更为积极。

2. 当事人调查外国法的优势及局限性

（1）优势——调查的积极性

由当事人承担举证责任的优势在于可以发挥当事人的主观能动性。在外国法的查明和适用上具有现实利益的通常都是当事人。就这一点可以从两个方面考虑。第一，外国法的适用结果可能对一方当事人有利。外国法与内国法不同的规定可能使得一方当事人享有适用内国法时不能享有的权利，又或者使得当事人按照内国法将受到的约束或限制因为外国法的适用而得到解脱。第二，用于查明外国法的时间或者费用的投入可能更有利于一方当事人。查明外国法所需要花费的时间虽然对于双方当事人都是一样的，但是在某些情况下诉讼得以迅速解决对一方当事人而言可能具有更为现实的意义。

如果当事人在外国法的适用上有种种现实的利益存在，通常当事人会积极搜集信息提交证据。从前述实务中看，虽然有些国家法律中规定法院可以发出命令要求当事人提交证据，但是实际上法院很少需要行使这种权力，其原因也正在于当事人的积极主动性，使得法院无需发出命令予以督促。[①]

（2）局限性

当事人举证证明外国法的方式常被人批判的一个问题就是立场的偏向性。当事人积极举证的原因常常是因为外国法适用的结果会深刻影响其实际权利，当事人承担举证责任的情况下，通常会选择对自己有利的外国法信息予以提交，而对自己一方不利的信息可能予以隐匿或者忽略。为了避免取得资料的不完整，当事人举证方式下，通常会强调当事人之间的对抗，通过抗辩体系来消除这种隐患。而这种方式另一方面又造成了当事人诉讼费用的增加和诉讼时间的迟延。另外，为了证明外国法以支持自己的权利主张或者抗辩理由，当事人都可能花费更多的费用用于调查外国法。

[①] Richard Fetiman, *Foreign Law in English Courts: Pleading, Proof and Choice of law*. Oxford University Press, 1998, p.149.

(三) 启示

如上所见，外国法的查明不论是由法官来承担义务还是由当事人来承担责任，都各有其优势和局限性。因此，为了能够尽可能明确地把握外国法，法官或者当事人承担各自义务或责任的同时，通常都需要法官和当事人之间的合作。这也恰恰是当代大部分国家所采用的方式。参考各国实践，在这种合作模式的设计过程中应当对以下几个方面予以关注。

1. 与本国诉讼模式的融合

外国法的查明不仅是一个国际私法问题，在很多情况下还与诉讼法有着紧密不可分的关系。由法官承担查明义务和由当事人承担举证责任，这两种方式，很难说哪一种方式是绝对好或者绝对坏。因为任何一种方式都是基于各自的诉讼法传统和法文化甚至于法律研究的实力而形成。从国际范围上讲，从统一法的角度研究外国法的适用，也不要求各国在程序法上的统一。[1] 因此，在设计本国外国法查明制度时，势必考虑与本国的诉讼法体系以及诉讼法发展的理念相互融合，不宜随意移植国外某一具体的制度，以免因细节上的相互矛盾造成实践中的

---

[1] 例如最近欧盟国际私法学者为统一外国法的适用起草的《马德里原则》也明确规定"外国法的内容按照各国的程序法来确认"。Carlos Esplugues, José Luis Lglesias, Guillermo Palao, *Application of Foreign Law*, Sellier European Law Publishers, 2011, p. 96。对马德里原则的介绍参见本书第四章。

困境。

2. 当事人举证模式下法官调查的权力及法官的释明权

当事人举证模式下，法官的作用大体上有两种。一种是如英国一样，将外国法的查明完全交予当事人，法官持完全消极态度，不仅如此，因为顾虑会打破当事人之间的平衡，法官调查的权力也受到限制。另一种是如美国一样，虽然当事人承担举证责任，法官不承担查明义务，但法官享有裁量权，可以介入到查明程序中，并且不受当事人调查范围的限制。在这两种方式中，后一种方式似更为合理。首先，外国法不是单纯的事实，对其特殊性应当予以考虑，而不是完全、无例外得照搬对事实的证据调查程序来查明外国法。其次，即使以当事人主义诉讼模式为理由，也不应该排除法官的调查权力。以强调当事人主义的英国为例，1990年以后，由于诉讼制度中过分强调当事人之间的对抗，导致诉讼迟延、费用高企，当事人经济能力不同也导致当事人之间实质的不平等。为了消除这些弊端，英国开始进行民事诉讼法改革。[①] 随着改革的进行，民事诉讼法发生了一些变化，其中就包括法官权力的扩大。[②] 例如，作

[①] 对英国民事诉讼法改革的介绍参见齐树洁："接近正义：英国民事司法改革述评"，载《人民法院报》2001年9月12日第3版，齐树洁、冷根源："英国《民事诉讼规则（1998）》述评"，载《法学家》2001年第2期，第112页。

[②] Jolowicz 教授将英国民事诉讼法上的变化归纳为三点，即①事前应让法官对案件有所了解；②法官实质权力的增加；③使可代替性方式解决的纠纷交由诉讼以外方式予以解决的规定。Jolowicz, *Adversarial and Inquisitorial Models of Civil Procedure*, Cambridge University Press, 2000, p. 287.

为改革成果的 1998 年民事诉讼规则明确规定了法官可以给出指示来实现对证据的控制。① 如果以英国为参照系，可以得出结论，即使是采取当事人主义，也并不完全排斥法官在其中采取一些积极的行为来实现对诉讼程序的控制。那么在外国法的查明上，鉴于法官查明模式上的一些优势，没有必要限制法官调查的权力。

如果认定在外国法查明上法官可以享有主动调查的权力，在当事人承担对外国法举证责任的模式下，法官的释明权不应因此而消减而是应当予以强化。按照一般民事诉讼法原理，释明权是法官为了使法律关系更为明确而享有的向当事人发问并督促当事人提供证明的权能，它还具有指出被当事人忽略的法律上的事项以及给予当事人陈述机会的功能。② 释明权是对当事人主义的一种约束，可以避免当事人因为诉讼技术上的生

---

① 英国 1998 年民事诉讼规则第 32 部分（part）的内容如下：
Power of court to control evidence
32.1—（1）The court may control the evidence by giving directions as to—
(a) the issues on which it requires evidence;
(b) the nature of the evidence which it requires to decide those issues; and,
(c) the way in which the evidence is to be placed before the court. .
(2) The court may use its power under this rule to exclude evidence that would otherwise be admissible.
(3) The court may limit cross‐examination.
② ［韩］李时润：《新民事诉讼法（第 8 版）》，博英社 2014 年版，第 324～325 页。我国的教科书中也指出释明权包括三项职权，即使当事人的声明和陈述更充分；促使当事人作适当的声明和陈述；促使当事人提出证据。张卫平：《民事诉讼法（第三版）》，法律出版社 2013 年版，第 74 页。

疏、无知或者错误而没有提交相关资料使得诉讼关系不明确导致本可以胜诉的案件最终败诉。① 外国法是诉讼上非常独特的一个存在,当事人很可能不能对外国法有很好的把握。而法官作为法律专家,在外国法的证明方面可以给予当事人很好的指导以避免不公平结果的发生。对照一般诉讼法理论上释明权的内容,② 在外国法查明的释明上,可以考虑对以下事项进行释明。第一,当事人未主张外国法的适用,而依照法院地的冲突法规则可以适用外国法的,法官应予释明;第二,当事人对外国法承担举证责任;第三,当事人提交的对外国法的证据彼此相互矛盾的,法官应当要求当事人对矛盾的证据进行进一步的解释、举证,并对法院可以自行进行调查这一点向当事人释明。

3. 法官承担查明义务模式下对当事人权的程序性保障

在现代民事诉讼体系下,当事人的权利获得了承认。当事人不再是单纯调查的客体或者仅仅是等待法院恩惠性的处分,而是获得了诉讼主体的地位,在诉讼程序上享有多种权利。③ 按照当事人权利理论,在法律适用上强调法官和当事人的相互

---

① [韩]金英:《法官的释明权》,韩国学术情报(株)2010年版,第23页。
② 关于一般释明权的范围参见张卫平:《民事诉讼法(第三版)》,法律出版社2013年版,第75~76页。
③ [韩]李时润:《新民事诉讼法(第8版)》,博英社2014年版,第126页。

协作，应当给予当事人对法院的法律判断施加影响的机会。[①] 当事人在诉讼程序进行过程中，享有包括证明权、辩论权、意见陈述权在内的多种权利。[②] 在法官精通的内国法的适用上，当事人的权利主体地位都得到了承认，那么在法官并不当然熟知的外国法的适用上，没有理由排除当事人的参与。

证明权是当事人权利中的一项，在外国法的适用过程中，对当事人证明权的保护也应当予以强调。在当事人对外国法承担证明责任的情况下，其证明权通常都能够获得保护。在法官承担对外国法的查明义务的情况下，则有可能忽略给予当事人提交符合自身主张的证据的机会。这一点应当予以注意。换句话说，在外国法的查明义务交给法官一侧承担的情况下，当事人对外国法虽然没有证明责任，但是其证明的权利不应被剥夺。当事人作为受到裁判结果影响的一方，通常十分关心是否适用外国法以及会如何适用外国法，如果适用外国法对己方有利，则证明外国法的意愿会非常强烈。如果以当事人没有证明责任为由剥夺当事人提供证据的权利无疑是一种浪费。此外，当事人的证明权在一定程度上可以督促法官。例如，在当事人

---

① 熊岳敏："民事诉讼中法院的释明：法理、规则与判例"，载《比较法研究》2004年第6期，第73页。

② 韩国民事诉讼理论认为当事人权利的内容包括（1）监督民事程序的进行，获得迅速公正裁判的权利；（2）证明权，阅览、誊抄记录的权利；（3）申请判决以及具有提交诉讼资料的机会的辩论权；（4）针对争点陈述意见的权利；（5）确定诉讼标的并予以处分的权利；（6）不服不利的裁判提出申请的权利等。[韩] 李时润：《新民事诉讼法（第8版）》，博英社2014年版，第126页。

第三章 诉讼程序中外国法适用的实现——比较法的考察

提交有关资料的情况下,法官对此应当有进一步调查确认的义务。再比如,在当事人提出委托专家对外国法进行调查的请求的情况下,如果法官自身并不熟知外国法,法官对当事人的这一请求不应当拒绝。

此外,对当事人权利的保护还包括对当事人辩论权的保护。具体而言就是应当给予当事人机会,使得当事人可以针对提交法庭的外国法信息表达自身的主张或者可以提交与既有证据相反的证据。当事人承担举证责任的情况下,当事人的辩论权通常都会得到尊重,但是在法官承担调查义务的情况下,当事人辩论权有可能被忽视。实务当中,有些国家已经开始注意到这一点。例如,在荷兰曾有判例认定,如果一方当事人基于外国法提起诉讼,而另一方依据内国法提出主张的,假如法院最终判断应当适用外国法,则法院应当给予依据内国法提出主张一方当事人提交外国法相关信息的机会。[1]

此外,法院将适用外国法对案件作出裁判的,应当将这一点告知当事人,当事人在这一点上的意见陈述权也应当得到保护。例如,在法国,当事人对外国法的适用以及外国法的解释都有陈述意见的权利。法国最高法院曾经在判例中认定,外国法的适用和外国法的解释只有在听取当事人意见之后才可以依

---

[1] Sofie Geeroms, *Foreign Law in Civil Litigation- A Comparative and Functional Analysis*, Oxford University Press, 2004, para. 2.163.

职权进行。①

4. 混合模式下当事人义务的性质

正如前文所述,大多数国家在外国法的查明上都采用一种混合模式,查明责任分不同情况在法官和当事人之间进行分配。即使不是一种混合模式,例如德国规定法官承担调查义务,但同时也规定了法官有权要求当事人的协助。可以说在外国法查明上,除了英国绝对由当事人承担举证责任的情况外,在其他模式中当事人都会承担某种责任或义务。那么当事人承担的义务或者责任的法律属性究竟为何是值得加以探讨的问题。

所谓义务或者责任,通常意味着当事人如果没有做出义务性的行为会直接招致不利的后果。证明责任从行为意义上说是提出主张的一方应当提供证据加以证明,从结果上看是要证明的事实真伪不明时,该事实将被认定为不存在,承担证明责任的一方当事人将承担受到不利裁判的后果。② 在适用外国法的

---

① Attouchi, Cass. 1e civ. fr., 4 Apr. 1978, Rev. CRIT. DIP 88 (1979). 转引自 Sofie Geeroms, *Foreign Law in Civil Litigation- A Comparative and Functional Analysis*, Oxford University Press, 2004, para. 2. 184.

② 我国学者在证明责任含义问题上主要有三种观点,其中双重含义说在我国证据学界得到广泛接受,即证明责任包含双重含义,即行为意义上的证明责任和结果意义上的证明责任。关于证明责任的含义参见何家弘、刘品新:《证据法学(第五版)》,法律出版社2013年版,第284页;江伟主编:《民事诉讼法(第六版)》,中国人民大学出版社2013年版,第158页;张卫平:《民事诉讼法(第三版)》,法律出版社2013年版,第213~216页。最高法院在《民事证据规定》第2条也对证明责任作出了明确的规定,显示司法上也接受这一观点。韩国的教科书通常强调结果责任。韩国对证明责任的定义参见[韩]李时润:《新民事诉讼法(第8版)》,博英社2014年版,第524页。

情况下，如果当事人对外国法承担的是证明责任，当事人应当提供证据对外国法进行证明，法官将按照证明标准来评价当事人所提交的对外国法的证明材料。在当事人举证不能的情况下，按照法官是否仍有职权调查义务的不同，会产生以下两种结果。即，第一，在法官仍有职权调查义务的情况下，当事人未能进行充分的举证的，法院应当依据职权进行证据收集，在法院依职权进行证据调查以后仍然无法确认外国法的，承担证明责任的一方将承担外国法查明不能的不利后果。第二，如果认为当事人承担证明责任的同时，法官的职权调查义务因此被免除的话，当事人尽已所能仍未能进行充分的举证的，因为法院已无职权调查义务，法院可以直接确认外国法无法查明。

另一方面，如果当事人承担的不是证明责任而是协助义务，其结果将与证明责任不同。即，因为法院承担对外国法的调查义务，当事人仅承担一种协助义务，当事人按照法院的要求，将自己能力范围内能够收集的外国法信息和资料提交法院后，即可视为当事人已经充分履行了自己的协助义务。法院对当事人所提交的外国法信息和资料不应当按照证明标准来进行评价。该资料即使不能满足证明的标准，法院也不能马上认定外国法查明不能，而是应当自行进行调查。当然，实务当中，当事人如果未能提供协助，法院因为失去了这一重要的调查途径，其结果在很多情况下会是法院作出外国法查明不能的判定，但是其认定的过程显然是和当事人承担证明责任的情况不

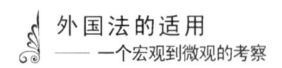

同的，在具体的案件中也很可能会产生完全不同的结果。

从实务上看，区别当事人承担义务或者责任的性质无论是对当事人而言还是法院而言都有重要意义。对当事人而言，尽管客观上，如果外国法的适用对当事人有决定性的意义，无论承担的是证明责任还是协助义务，当事人都会尽已所能提供尽可能充分的证据，但是因为要求的程度不同，当事人预先进行风险评估时，将会有不同的判断，进而可能影响到相关的诉讼策略。对法院而言，确定当事人责任或者义务的性质，一方面可以准确判断当事人是否已经履行了相关义务，是否需要承担相关责任，另一方面也明确了自身义务的边界。这个区分对于中国现行立法的执行有着尤为重要的意义。①

四、小结

外国法适用中外国法查明责任的分配方式大体可以分为三种，即（1）当事人承担外国法的证明责任；（2）法官承担对外国法的调查义务以及（3）按照某种标准将案件分为不同类型，分别由当事人承担证明责任或者法院承担调查义务。随着方式的不同，法官和当事人各自的地位和作用也各有不同。法官调查和当事人举证各有优缺点，加之各国诉讼体系的不同，

---

① 针对中国法的有关讨论参见本书第五章第二节。

说哪一种模式是绝对的优或者绝对的劣未免失之偏颇。但是在采用适合本国诉讼法体系的查明责任分配模式时,有一些共同的问题值得关注。这些问题包括:证明模式与本国诉讼体系的协调;当事人承担证明责任模式下法官释明权的强化;法官承担调查义务模式下对当事人权利的尊重;混合模式下当事人权利性质的区分等。

第二节 外国法的调查方法

在外国法主张责任和查明责任或者义务的分配确定之后,在诉讼进行过程中将遭遇的下一个问题是,外国法应当以何种方法进行调查。前者解决的是调查的主体为谁的问题,后者解决的是调查的方法问题。

从表象上看,外国法的调查方法可以包括专家证人证言、鉴定人鉴定意见、外交途径等,随着科技的发展,还出现了通过互联网进行调查的案例。但是这种方法的罗列不过是对现实中客观现象的描述,对于法学研究似乎并无太大帮助。鉴于外国法的查明方法根本上类似于证据调查,而从诉讼证据的角度看,大部分国家在外国法的调查上都适用自由证明,[①] 并不限于法定证据形式。因此,以下对各国实务的考察将按照一般法

---

① 法定证明模式和自由证明模式的区分及相关说明,参见何家弘、刘品新:《证据法学(第五版)》,法律出版社2013年版,第95~97页。

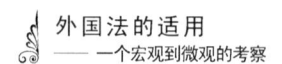

定证据调查方法和其他调查方法两种进行分类，以研究各国对外国法调查的方法在诉讼法上的对待和处理，寻找可资借鉴的因素。

一、各代表性国家外国法调查方法

（一）英国

在英国，通过专家证言对外国法进行证明的方式得到广泛而普遍的使用。[①] 除了专家证言，书面宣誓陈述书等一些相对便利的证据方法也允许使用。此外司法协助的方法也是允许的。但是，实务当中，最频繁使用的方法还是专家证人证言的方法。书面宣誓陈述书以及司法协助等方法虽然是被允许的，但是实际上却很少使用。

1. 一般证据调查方法

（1）作为口头证据的专家证言

第一，专家的选定及地位。

在英国，对外国法的证明一般通过专家以口头方式进

[①] Carlos Esplugues, José Luis Lglesias, Guillermo Palao, *Application of Foreign Law*, Sellier European Law Publishers, 2011, p. 397.

第三章　诉讼程序中外国法适用的实现——比较法的考察

行。① 按照英国的成文法以及判例法，专家可以是由一方当事人委托［称为"当事人委任专家（party - appointed expert)"］，也可以由当事人双方共同指定［称为"单独共同专家（single joint expert)"］，② 还可以是由法院指定（称为"法院委任顾问（court - appoint advisor)"）。③ 但是在这三种方式中，用当事人委托的、相互对立的专家的证言对外国法作出证明被认为是证明外国法最好的方法。④ 因为外国法的解释非常复杂，在外国法的证明上常常会出现相互对立的意见。此外，由法院指定的专家可能与英国的当事人主义诉讼模式存在潜在的冲突，因此实务当中几乎并不使用这种方法。⑤

专家证人要接受询问和交叉询问，这是英国的普通法规

---

① Carlos Esplugues, José Luis Lglesias, Guillermo Palao, *Application of Foreign Law*, Sellier European Law Publishers, 2011, p. 397.

② 按照1998年英国民事诉讼规则第35.7条的规定，当事人双方如果希望针对某一问题提交专家证言，法院可以指示当事人，该证据可以由当事人双方共同指定的专家提交。按照该规则第35.6条的规定，对当事人双方共同指定的专家可以适用质证程序，只是质证的时间频度将受到限制。Sofie Geeroms, *Foreign Law in Civil Litigation- A Comparative and Functional Analysis*, Oxford University Press, 2004, para. 2. 243.

③ 无论当事人的意思如何，英国法院都具有依职权委托专家的固有权力。Richard Fetiman, *Foreign Law in English Courts：Pleading, Proof and Choice of law*. Oxford University Press, 1998, p. 158.

④ Richard Fetiman, *Foreign Law in English Courts：Pleading, Proof and Choice of law*. Oxford University Press, 1998, pp. 175 ~ 176, p. 211.

⑤ Richard Fetiman, *Foreign Law in English Courts：Pleading, Proof and Choice of law*. Oxford University Press, 1998, p. 211.

则。① 但是对当事人委托的专家证人适用交叉询问这一制度本身有可能导致时间和费用的浪费，专家证人的证言也可能存在偏向性。为了消除这些弊端，1998 年民事诉讼规则做了一部分修订，对专家证人的交叉询问制度作出了一些限制性的规定。例如，规定专家证据的运用仅限于为解决诉讼上问题合理必要的事项上（第35.1 条②）；没有法院的许可，当事人不能召唤证人或提交专家报告书（第35.4 条③）。此外，该规则还明确规定，专家承担帮助法院的职责，这一职责优先于其对委托他的当事人所承担的义务（第 35.3 条第 1 款④）。尽管如此，这些成文法上的修订作为专家证言制度的一般性规定在外国法的证明上会产生多大程度的影响，目前并不是很明确。⑤

---

① Tristram Hodgkinson, Mark James, *Expert Evidence: Law and Practice*, Sweet & Maxwell, 2010, para. 8~014.

② 原文为："35.1 Expert evidence shall be restricted to that which is reasonably required to resolve the proceedings." http://www.justice.gov.uk/courts/procedure-rules/civil/rules/part35#IDASLICC.

③ 原文为："35.4 No party may call an expert or put in evidence an expert's report without the court's permission." 参见英国司法部网站 http://www.justice.gov.uk/courts/procedure-rules/civil/rules/part35#IDASLICC.

④ 原文如下："Experts – overriding duty to the court

35.3 (1) It is the duty of experts to help the court on matters within their expertise. (2) This duty overrides any obligation to the person from whom experts have received instructions or by whom they are paid." 参见英国司法部网站 http://www.justice.gov.uk/courts/procedure-rules/civil/rules/part35#IDASLICC.

⑤ Sofie Geeroms, *Foreign Law in Civil Litigation- A Comparative and Functional Analysis*, Oxford University Press, 2004, para. 2.238.

第二，专家的资质。

英国法上并没有对专家的资质作出严格的限定。只要具有一定的知识或者经验就可以作为证明外国法的专家，至于该专家是否是准据外国法所属国的律师，是否执业，是否具有执业资格等都不是决定性的因素。① 关于这一点，1972 年民事证据法（Civil Evidence Act）② 第 4 条第 1 款作出了规定。该条款规定，民事诉讼中，如果具有可以对外国或者英格兰、威尔士以外的英国其他地区的法提交专家证据的知识或者经验，则无论该人是否作为法律从业者（legal practitioner）开业、是否具有作为法律从业者执业的资格，均可以作为适格的专家证人对外国法提供证明。③ 由此可见，可以成为专家证人的人并不限

---

① J. G. Collier, *Conflict of laws*, 3rd, Cambridge University Press, 2001, pp. 34~35.

② 按照该法宣言部分的说明，该法的任务在于规定在英格兰及威尔士进行的民事诉讼过程中阐述意见的证据的可采性（admissible）以及专家证据的认定（reception），以及方便对英格兰、威尔士以外法的举证。

③ 1972 年民事诉讼规则第 4 条第 1 款的规定原文如下："4. Evidence of foreign law.

(1) It is hereby declared that in civil proceedings a person who is suitably qualified to do so on account of his knowledge or experience is competent to give expert evidence as to the law of any country or territory outside the United Kingdom, or of any part of the United Kingdom other than England and Wales, irrespective of whether he has acted or is entitled to act as a legal practitioner there……"参见 http://www.legislation.gov.uk/ukpga/1972/30/section/4.

苏格兰不存在与 1972 年民事证据法第 4 条第 1 款相同或类似的规定。专家证人的适格与否根据普通法来判断。成为专家证人的人必须是适合在法官的知识领域以外可以指导法院的人。专家证人的适格与否由法院在具体案件中分不同情况个别予以确定。Carlos Esplugues, José Luis Lglesias, Guillermo Palao, *Application of Foreign Law*, Sellier European Law Publishers, 2011, p. 397.

于外国的律师，具有相关知识的学者，甚至是商人、外交官等公务人员，只要具有相关外国法的专业知识，具有对外国法提供证言的能力，都可以成为证明外国法的适格的专家证人。①

对1972年民事证据法第4条第1款的含义可以作以下几点解读。第一，可以证明外国法的专家不限于执业中的律师，法学家（jurist）、法官、曾经有过执业经历的律师都可以包括在内。② 但是，从判例③看，仅仅是有过学习外国法的经历还不足以让法院认定其具有证明外国法专家的资格，除学习经历外，还必须向法院显示出在外国法上有更多的知识和能力。如果做不到这一点，则不能被认为是适格的专家证人。执业律师以外的专家证人的证言不仅具有可采性，其证明力也并不当然比执业律师证言的证明力弱。换句话说，法律实务经验的有无不是判断专家证人证言证明力的唯一要素。第二，不是出身于准据外国法体系的法律专家也可以成为适格的专家证人。④ 例如，英国的法律专家或者律师，如果具有相关经验，也可以对非普通法法系的其他国家的法提供证言。第三，法律专家以外的专家也可以作为证人被召唤。通过其他途径取得外国法知识

---

① Sofie Geeroms, *Foreign Law in Civil Litigation- A Comparative and Functional Analysis*, Oxford University Press, 2004, para. 2. 240.
② Sofie Geeroms, *Foreign Law in Civil Litigation- A Comparative and Functional Analysis*, Oxford University Press, 2004, para. 2. 240.
③ Bristow v. Sequeville (1850), 转引自 Richard Fetiman, *Foreign Law in English Courts: Pleading, Proof and Choice of law.* Oxford University Press, 1998, p. 180.
④ Richard Fetiman, *Foreign Law in English Courts: Pleading, Proof and Choice of law.* Oxford University Press, 1998, p. 180.

的人，即使不是律师，也可以成为专家证人。在某些极端的例子里面，甚至仅是有在外国居住的经历，都被认定为是证明该外国法的适格的证人。[1]

总而言之，英国法制度对证明外国法专家的身份没有做出过多的限制，对是否是适格专家证人的判断主要考虑对外国法的经验或者知识的有无，是否有证明外国法的能力。尽管如此，在实务当中，通常情况下担当证明外国法专家证人的人是外国法所属国的学者或者律师。一般认为，理想的专家证人应当是英语流畅、熟悉英国的法律和实务的外国学者或者律师，接受询问时应当能够提供有说服力的证言。[2]

第三，专家证人的任务。

根据判例[3]，专家证人的主要任务包括以下几项。[4] 第一，告知法院相关外国法的内容，确认成文法及其他立法，必要时解释外国法院对成文法的解释方法。第二，查找判决及其他权威性资料，解释该资料作为法律渊源在该外国法秩序中占据何种地位。第三，假如没有权威性的资料，辅助英国法院，寻找、发现同等情况下外国法院处理该问题的规则。

---

[1] Richard Fetiman, *Foreign Law in English Courts: Pleading, Proof and Choice of law*. Oxford University Press, 1998, p. 181.
[2] Richard Fetiman, *Foreign Law in English Courts: Pleading, Proof and Choice of law*. Oxford University Press, 1998, p. 181.
[3] Macmillan v. Bishopsgate [1999] C. l. C. 417, 424.
[4] Carlos Esplugues, José Luis Lglesias, Guillermo Palao, *Application of Foreign Law*, Sellier European Law Publishers, 2011, p. 397.

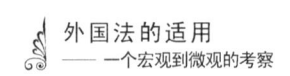

（2）书面证据

在某些例外情况下，当事人可以采用书面证据形式对外国法进行证明。书面证据主要有两种形式，一种是宣誓陈述书（affidavit），一种是在国外询问专家（expert examination abroad）。

第一，宣誓陈述书。

例外的情况下，专家可以在宣誓后通过书面的陈述书对外国法进行证明，该书面证据可被视为是充分的证明。[1] 这种情况下，专家不需要出庭，也不用接受交叉询问。制作宣誓陈述书的专家也不需要具有出庭律师（barrister）或者事务律师（solictor）的实务经验，只要具有相关外国法的知识和经验就可以作为专家作证。宣誓陈述书主要用于对管辖问题的证明或者一般性的程序问题（ex parte）以及其他不复杂的案件当中。通常，如果证据相互矛盾，法院会拒绝根据宣誓陈述书来解决纠纷。[2]

第二，在国外对专家的询问。

英国民事诉讼程序中允许通过对在国外的证人进行询问以取得证据的方式，这一证据调查方法也适用于对外国法的证

---

[1] Richard Fetiman, *Foreign Law in English Courts：Pleading，Proof and Choice of law.* Oxford University Press，1998，p. 204.

[2] Sofie Geeroms, *Foreign Law in Civil Litigation- A Comparative and Functional Analysis*，Oxford University Press，2004，para. 2. 248.

明。① 民事诉讼规则第 34.13 条②对该方式作出了规定。按照该条款规定，该证据调查方法采用如下方式进行。即，一方当事人如果欲对某在国外的专家进行证据调查，可以向法院提出申请。法院向相关国家的司法当局（judicial authority）发出申请书，请求该国司法当局按照当地的程序安排对专家的询问。此后，法院任命前去询问的人，通常为驻该国的领事，由该人对专家证人进行询问，并记录相关证言。记录下来的证言作为证据的一种在之后的审理阶段提交法庭。这种方式下，因为专

---

① Richard Fetiman, *Foreign Law in English Courts: Pleading, Proof and Choice of law*. Oxford University Press, 1998, p. 210.

② 民事诉讼规则第 34.13 条的原文如下：

"Where a person to be examined is out of the jurisdiction – letter of request

34.13 (1) This rule applies where a party wishes to take a deposition from a person who is (a) out of the jurisdiction; and (b) not in a Regulation State within the meaning of Section III of this Part. (1A) The High Court may order the issue of a letter of request to the judicial authorities of the country in which the proposed deponent is. (2) A letter of request is a request to a judicial authority to take the evidence of that person, or arrange for it to be taken. (3) The High Court may make an order under this rule in relation to county court proceedings. (4) If the government of a country allows a person appointed by the High Court to examine a person in that country, the High Court may make an order appointing a special examiner for that purpose. (5) A person may be examined under this rule on oath or affirmation or in accordance withany procedure permitted in the country in which the examination is to takeplace. (6) If the High Court makes an order for the issue of a letter of request, the party who sought the order must file (a) the following documents and, except where paragraph (7) applies, a translation of them (i) a draft letter of request; (ii) a statement of the issues relevant tothe proceedings; (iii) a list of questions or the subject matter of questions to be put to the person to be examined; and (b) anundertaking to beresponsible for the Secretary of State's expenses. (7) There is no need to file a translation if (a) English is one of the official languages of the country where the examination is to take place; or (b) a practice direction has specified that country as a country where no translation is necessary."

家证人身在国外,因此并不强要其出庭。① 使用这种证据调查方式的情况很少见,基本属于例外性情况,只要存在其他的证据方法或途径,就不会使用这种证据调查方法。②

(3) 专家证人以外的证据调查方法

专家证人是英国外国法证明中最常用的证据方法,但在某些情况下,也允许使用其他证据方法。这些证据方法包括对先例的参照以及对政府出版物的参照等。

第一,将先例作为证据提交的方式。

1972 年民事证据法允许在符合条件的情况下,参照先例对外国法作出认定。该法第 4 条第 2 款③规定,在英国高等法院、王座法院或者其他上诉审过程中做出的有关外国法的发现(Finding)或者决定(Decision),如果是以可援引的方式记录的,则在后来的民事诉讼程序中可以作为证据提交。如果没有相反的证据,对外国法的判断应该与先例判决中的判断一致。但是值得注意的是,在司法实务中,英国法院有不重视民事证据法的倾向。法院曾经在一个判例④中解释说,1972 年民事证

---

① Sofie Geeroms, *Foreign Law in Civil Litigation: A Comparative and Functional Analysis*, Oxford University Press, 2004, para. 2. 249.

② Richard Fetiman, *Foreign Law in English Courts: Pleading, Proof and Choice of law*. Oxford University Press, 1998, p. 211.

③ 原文具体内容参见 Richard Fetiman, *Foreign Law in English Courts: Pleading, Proof and Choice of law*. Oxford University Press, 1998, p. 211.

④ Phoenix Marine Inc. v. China Ocean Shiping Co., [1999] 1 Lloyd's. Rep. 682 (C. A.) per Tuckey J.

据法的规定"只是为了避免在不存在纠纷或者几乎不存在纠纷的案例中适用专家证据"。也有学者评论认为，外国法处于不断发展的过程中，通过先例来调查外国法的方法，在将外国法准确适用于具体的争点方面没有太大的用处。①

第二，对政府出版物的参照。

1907年证据（殖民地制定法）法案②规定，英国的殖民地国家或者英联邦国家的制定法，如果是由政府出版，该出版物可以作为证明外国法的证据提交英国法庭。但是，这种情况下通常法院会要求提交进一步的证据。其原因在于，这种出版物虽然具有权威性，但是不能证明该外国法本身的有效性。③ 而外国法本身的有效性可以通过专家证人予以证明。

2. 司法协助

除了一般性的法定证据方法之外，通过司法协助调查外国法在英国也是允许的。这方面的法律根据主要是1859年的英国调查法案（British Ascertainment Act 1859）、1861年的外国法调查法案（Foreign Law Ascertainment Act 1861）以及1968年缔结的伦敦公约。

---

① Kirsty J. Hood, "Drawing Inspiration? Reconsidering the Procedural Treatment of Foreign Law", 2 *J. Priv. Int'l L.* 181, 185 (2006).

② Evidence (Colonial Statutes) Act 1907. 该法案虽经多次修订，但至今为止仍为有效的法案。参见http://www.legislation.gov.uk/ukpga/Edw7/7/16? timeline = true.

③ Richard Fetiman, *Foreign Law in English Courts: Pleading, Proof and Choice of law*. Oxford University Press, 1998, p. 154.

按照1859年英国调查法案的规定,如果涉及的外国法为英国殖民地国家或者英联邦国家、一些前英联邦国家的法的话,英国法院可以自行或者依当事人的申请就外国法问题向该外国的上级法院(superior court)咨询。① 以这种方式取得的资料对英国最高法院(当时为House of Lords,现在为the Supreme Court)之外的所有英国法院均具有约束力。尽管存在这样的规定,但是由于英国法院不愿意适用非对抗式(non-adversarial)的方法来调查外国法,因此这种方法很少被英国法院所采用。②

1861年的外国法调查法案是1859年英国调查法案的扩大适用,它试图通过与其他国家签订国际司法协助的方式,将1859年英国调查法案所规定的方法扩大适用于其他国家。但是实际上,英国并没有与其他国家签订此等内容的司法协助条约,因此1861年外国法调查法案在事实上并没有发生作用。③

英国是1968年伦敦公约的缔约国。④ 但是,因为认为与当事人对立主义下的证据搜集方式存在潜在的冲突,所以英国

---

① Richard Fetiman, *Foreign Law in English Courts: Pleading, Proof and Choice of law*. Oxford University Press, 1998, p. 238; Carlos Esplugues, José Luis Lglesias, Guillermo Palao, *Application of Foreign Law*, Sellier European Law Publishers, 2011, p. 398.

② Sofie Geeroms, *Foreign Law in Civil Litigation- A Comparative and Functional Analysis*, Oxford University Press, 2004, para. 2.253.

③ Sofie Geeroms, *Foreign Law in Civil Litigation- A Comparative and Functional Analysis*, Oxford University Press, 2004, para. 2.254.

④ 关于伦敦公约的内容及适用情况参见本书第五章。

几乎没有通过伦敦公约所规定的途径来查明外国法的案例。①

3. 法官的调查

法官不主动进行外国法的调查是英国普通法的传统。在个别案例②中，法院没有要求当事人提供专家证人证言，同时接受了当事人提供的有关外国法的资料，例如学术著述、法律报告书、官方机构的书面意见等。但这是一种非常例外的情况。这种情况下，之所以免除专家证人证言是因为法院认为当事人之间已经就这一点明示或者默示达成了合意。③

（二）美国

正如前文所述，美国对外国法性质的认识有一个从事实到法律的渐进的过程。现行美国法已经与英国有了一定的差别。在外国法调查的方法上，1966年联邦民事诉讼规则第44.1条的规定有着重要的意义。在外国法的查明上，第44.1条规定法官不受有关证据能力（admissibility）的规定的约束，可以参考包括专家证人证言在内的所有资料，从而将法官从证据规则的约束下解脱出来。这样一来，法官不仅可以参考外国法条文的英语翻译本、专家证人证言等初始资料（primary

---

① Carlos Esplugues, José Luis Lglesias, Guillermo Palao, *Application of Foreign Law*, Sellier European Law Publishers, 2011, p. 398.
② Beatty v. Beatty, [1924] 1 K. B. 807 (C. A.) per Scrutton J.
③ Richard Fetiman, *Foreign Law in English Courts*: *Pleading, Proof and Choice of law*. Oxford University Press, 1998, p. 154.

sources)、教科书、杂志、甚至认为正当的外国法的复印本等第二手来源的资料都可以作为证据调查的对象。[①] 但是实务当中，专家的口头证言或者书面证据仍然是主要的查明方法，此外，外交途径、对先例的参照以及法官的直接调查等在美国也是允许的。

1. 法定证据调查方法

在外国法的调查方法上，美国司法实务中主要使用的方法是专家证人。专家证人可以是由当事人委托，也可以由法院委托。例外的情况下，法院还可以委托特别顾问（special master）或者通过在国外询问专家的方式来查明外国法。

（1）专家证人

第一，当事人委托的专家证人。

美国法院虽然有自行调查外国法的权力，但是这并不意味着当事人对外国法没有证明责任。因此，当事人如果想要自己的主张获得支持，必须提供相应的证据。此外，1966年联邦民事诉讼规则第44.1条虽然规定了美国法院的调查权力，但是由于传统习惯的影响，实务当中法官常常依赖当事人提供的证据而很少主动进行调查，在这一点上，美国法院的做法和英国是非常类似的。因此，当事人委托的证人对外国法提供证人

[①] Arthur R. Miller, "Federal Rule 44.1 and The 'Fact' Approach to Determining Foreign Law: Death Knell for A Die-Hard Doctrine", 65 *Mich. L. Rev.* 613, 657 (1966–1967).

证言的方式在美国外国法查明的实务当中占据着重要的位置。专家证人通常需要对外国法的内容、外国法在其本国如何解释、如何适用等作出详细的说明。

首先，专家证人的资质。

在可以对外国法提供证言的专家的资质上，与英国一样，美国在专家适格与否的判断上没有设置一般化的条件性规定，而是由法官在个案中根据具体情况作出判断。[1] 美国联邦证据规则（Federal Rules of Evidence）[2] 第702条a款规定："如果该专家的科学、技术或者其他专业知识有助于理解证据或者某事实问题，该证人以其知识、技术、经验或者专业训练或教育，可以作为适格的专家，以意见或者其他形式作出证言。"[3] 按照该条款的规定，该专家证人是否具有外国法所属国的律师

---

[1] John R. Schmertz, "The Establishment of Foreign and International Law in American Courts: A Procedural Overview", 18 *Va. J. Int'l L.* 697, 714 (1977–1978).

[2] 美国联邦证据规则适用于包括破产、海事、海商在内的民事案件和刑事案件。美国的区法院（United States District Courts）、关岛（Guam），维京群岛（the Virgin Islands）、北马里亚纳群岛（the NorthernMariana Islands）的区法院、美国上诉法院（United States courts of appeals），联邦法院（the United States Court of Federal Claims）及破产法院、治安法官（magistrate judges）等在审理案件时应当遵从该规则。参见联邦证据规则第1101条。该规则最近一次的修改在2011年12月。参见 http://www.uscourts.gov/uscourts/rules/rules-evidence.pdf.

[3] 相关条款原文内容如下："Rule 702. Testimony by Experts
A witness who is qualified as an expert by knowledge, skill, experience, training, or education may testify in the form of an opinion or otherwise if: (a) the expert's scientific, technical, or other specialized knowledge will help the trier of fact to understand the evidence or to determine a fact in issue; (b) the testimony is based on sufficient facts or data; (c) the testimony is the product of reliable principles and methods; and (d) the expert has reliably applied the principles and methods to the facts of the case."

资格、是否作为律师正在执业或曾经执业等都不是判断专家证人资格的必须的条件。是否有资格作为专家提供证言属于法院裁量事项。只是，在实务当中，法院会考虑该专家证人是否具备协助法院判断外国法的特别的知识。例如，在一个案例①中，当事人曾经委托一个在沙特阿拉伯工作过两年的人作为专家证人，提交宣誓陈述书以证明沙特阿拉伯法，但是这一证据没有被法院所接受。另外，尽管没有一般化的条件，但是专家的背景会影响到法院对该专家证人证言的信任度。通常，法院会考虑该专家证人是否具有在外国的实务经验，是否有在该外国居住的经历以及对该外国法的学习经历等因素。②

其次，专家证人的证据形式。

与英国主要采用专家证人口头证据不同，美国的司法实务并不以专家证人的口头证据为主，而是以书面的宣誓陈述书或者类似方式进行。专家在陈述书上分析准据外国法，并对该外国法可以作为解决纠纷案件的法律根据这一点作出说明。此外，宣誓陈述书还需附上专家意见所主要依赖的法律渊源的翻译副本。提交宣誓陈述书的专家通常不用接受交叉询问。③

美国联邦和大部分的州的法院在外国法的查明上都不受证

---

① Chadwick v. Arabian American oil Co., 656 F. Supp. 857, 861 (D. Del. 1987).
② John G. Sprankling, George R, Lanyi, "Pleading and Proof of Foreign Law in American Courts", 19 *Stan. J. Int'l L.* 3, 46 (1983).
③ John G. Sprankling, George R, Lanyi, "Pleading and Proof of Foreign Law in American Courts", 19 *Stan. J. Int'l L.* 3, 48 (1983).

第三章　诉讼程序中外国法适用的实现——比较法的考察

据规则的约束，因此，除少部分受证据规则约束的州以外，联邦和大部分的州并不要求专家的宣誓陈述书在审理前程序（pre-trial motion）中提交。①

第二，法院指定的专家证人（court-appointed expert wintnesses）。

按照联邦证据规则第706条②的规定，联邦法院体系内，法院可以指定双方都同意的专家或者自行选定的专家为专家证人，就外国法作证。这种专家可以由当事人推荐，由法院委托。州法院体系中，一部分州通过法律或者司法判决赋予了法院委托专家的权力，在允许以司法认知的方式确认外国法的州在有关司法认知的法律中设置相关规定，授权法院可以自行委

---

① John G. Sprankling, George R, Lanyi, "Pleading and Proof of Foreign Law in American Courts", 19 *Stan. J. Int'l L.* 3, 49 (1983).

② 第706条原文内容如下：
"Rule 706. Court - Appointed Expert Witnesses
(a) Appointment Process. On a party's motion or on its own, the court may order the parties to show cause why expert witnesses should not be appointed and may ask the parties to submit nominations. The court may appoint any expert that the parties agree on and any of its own choosing. But the court may only appoint someone who consents to act. (b) Expert's Role. The court must inform the expert of the expert's duties. The court may do so in writing and have a copy filed with the clerk or may do so orally at a conference in which the parties have an opportunity to participate. The expert: (1) must advise the parties of any findings the expert makes; (2) may be deposed by any party; (3) may be called to testify by the court or any party; and (4) may be cross-examined by any party, including the party that called the expert. (c) Compensation. The expert is entitled to a reasonable compensation, as set by the court. The compensation is payable as follows: (1) in a criminal case or in a civil case involving just compensation under the Fifth Amendment, from any funds that are provided by law; and (2) in any other civil case, by the parties in the proportion and at the time that the court direct — and the compensation is then charged like other costs. (d) Disclosing the Appointment to the Jury. The court may authorize disclosure to the jury that the court appointed the expert. (e) Parties' Choice of Their Own Experts. This rule does not limit a party in calling its own experts."

托专家以查明外国法。[1]

与上述当事人委托的专家通常不接受交叉询问不同,法院委托的专家一般要接受交叉询问。[2] 这一规定表现出在法院选任专家证人的情况下应当保护当事人能够干预程序权利的意图。按照第706条的规定,法院指定的专家应当把自己所有的发现都告知当事人,当事人也可以召唤该专家,要求其提供证明,当事人还有权将专家证人解职。

有观点认为,由法院指定的专家证人对外国法进行证明的方式是最好的证明方式。[3] 其理由是,联邦政局规则第706条的精致设计可以保证法院取得正确且无偏向性的外国法信息。但是,实际上,实务当中法院很少使用这种方法。其原因一方面是因为法官的惰性,另一方面则是由于由法院来委托专家证人的方式与强调双方当事人对抗的美国民事诉讼体系不兼容。[4] 在外国法的调查上由当事人推进程序的进行,法官扮演一个消极的角色,这是业已形成的司法习惯。但是,如果法院指定专家证人的话,则在专家的指定以及程序的进行上,法院势必要采取一些积极的行动,而这种做法恰恰与已经形成的司

---

[1] John G. Sprankling, George R, Lanyi, "Pleading and Proof of Foreign Law in American Courts", 19 *Stan. J. Int'l L.* 3, 55 (1983).
[2] 参见联邦证据规则 Rule706(b)(4)(见前注)。
[3] Miner, "The Reception of Foreign Law in the U. S. Federal Courts", 43 *Am. J. Comp. L.* 581, 589 (1995).
[4] John Henry Merryman, "Foreign Law as a Problem", 19 *Stan. J. Int'l L.* 151, 164 (1983).

法习惯不相容。

(2) 特别顾问

所谓特别顾问大体上与英国法上法院委托的顾问相当。美国联邦民事诉讼规则（Federal Rules of Civil Procedure）第53条[①]规定，在非常例外的情况下，法院可以向顾问提出咨询。这种特别顾问与上述所谓法院指定的专家一样承担协助法院解释外国法的任务，但是与法院指定的专家不同的是，这种特别顾问不仅可以协助法官解释外国法，在一定程度上还代行法官判断如何适用外国法的任务。例如，在 Corporacion Salvadorena de Calzado, S. A. v. Injection Footwrar Corp 案件[②]中，在符合第53条规定的所谓"非常例外的情况"的前提下，法院委托了

[①] 第53条原文内容如下：

"Rule 53. Masters

(a) Appointment

(1) Scope. Unless a statute provides otherwise, a court may appoint a master only to: (A) perform duties consented to by the parties; (B) hold trial proceedings and make or recommend findings of fact on issues to be decided without a jury if appointment is warranted by: (i) some exceptional condition; or (ii) the need to perform an accounting or resolve a difficult computation of damages; or (C) address pretrial and posttrial matters that cannot be effectively and timely addressed by an available district judge or magistrate judge of the district.

(2) Disqualification.

A master must not have a relationship to the parties, attorneys, action, or court that would require disqualification of a judge under 28 U. S. C. § 455, unless the parties, with the court's approval, consent to the appointment after the master discloses any potential grounds for disqualification…"

[②] 533 F. Supp. 290 (S. D. Fla. 1982)，这个案件涉及的外国法是萨尔瓦多法 (El Salvador)。

特别顾问，要求其对适用简易判决（summary judgment）① 是否合适作出判断。在这个案件中，双方对与外国法有关的事实不存在争议，特别顾问需要解决的是外国法以及外国法如何适用于纠纷案件的问题。

特别顾问在其他领域得到很好的应用，但是在外国法查明领域并不是经常使用的查明方法。② 究其原因，一方面是因为第53条b款设置了严格的适用条件，因此这种特别顾问并非在任何情况下都可以适用；另一方面是因为特别顾问制度被认为比较适合于对复杂事实问题的判断而不适于对外国法的查明。③ 此外，特别顾问并不接受交叉询问，因此在特别顾问提交书面报告书之后，当事人如果对该报告书的意见有异议，只能提交书面的反对意见。这种模式被认为会限制对抗性证据制度的运行。④

---

① 按照1966年联邦民事诉讼规则第56条的规定，如果一方当事人可以证明在双方当事人争议事实上并不存在真正的争点，则该当事人可以获得作为法律问题的判决，这种判决不经过审理程序，可以由法院直接作出，称为简易判决。
② John G. Sprankling, George R, Lanyi, "Pleading and Proof of Foreign Law in American Courts", 19 *Stan. J. Int'l L.* 3（1983）, pp. 73~74.
③ Sofie Geeroms, *Foreign Law in Civil Litigation- A Comparative and Functional Analysis*, Oxford University Press, 2004, para. 2. 280.
④ John Henry Merryman, "Foreign Law as a Problem", 19 *Stan. J. Int'l L.* 151, 167（1983）.

第三章 诉讼程序中外国法适用的实现——比较法的考察

（3）在国外询问专家

美国联邦民事诉讼规则第 28 条①规定，法院可以选任某人在国外进行证据调查。因此美国联邦法院也可以根据第 28 条的规定在国外询问相关外国法专家以取得外国法的有关信息。②

2. 其他调查方法

第 44.1 条的规定使得法官从证据规则的约束下解脱出来，因此美国法院的法官在外国法的调查上享有较广泛的裁量权，除了专家证人之外，美国还允许一些其他的非法定证据的调查方法，在调查方法利用的自由度上要比英国法院高。

（1）先例的适用

按照联邦民事诉讼规则第 44.1 条的规定，法院可以利用一切可利用的资料，因此参照国内以前作出的先例判决也可以作为一种确认外国法的方法。

---

① 第 28 条原文如下："Rule 28. Persons Before Whom Depositions May Be Taken ……

(b) IN A FOREIGN COUNTRY.

(1) In General. A deposition may be taken in a foreign country：

(B) under a letter of request, whether or not captioned a "letter rogatory"

(C) on notice, before a person authorized to administer oaths either by federal law or by the law in the place of examination; or

(D) before a person commissioned by the court to administer any necessary oath and take testimony."

② Sofie Geeroms, *Foreign Law in Civil Litigation- A Comparative and Functional Analysis*, Oxford University Press, 2004, para. 2.281.

最初，美国和英国一样，涉及外国法的先例判决对后审理的案件没有约束力。[①] 其结果是出现了针对同一外国法却判决相异的案例。[②] 到了 1960 年前后，美国联邦法院出现了以先例来确认外国法内容的判例。1957 年在 Nicholas E. Vernicos Shipping Co. v. United States 案[③]中，法院没有采纳相互矛盾的专家证言，而是根据联邦法院的一个先例判决确认了希腊法的内容。1961 年，在 Re chase Manhattan Bank 案[④]中，法院也没有采纳诉讼中提交的专家证言而是采纳美国联邦第二巡回法院的一个先例判决，确认了巴拿马法。1966 年联邦民事诉讼规则第 44.1 条制定之后，参照先例确认外国法成为被广泛承认的方法。

（2）外交途径

1941 年，在 United States v. Pink 案[⑤]中，美国联邦法院认定可以用由外国的相关部门出具的官方证明书（certificates）或者陈述书（statement）来确认外国法。在这个案件中，美国联邦法院从苏联政府部长（Soviet Commissar）处取得证明书，并根据该证明书确认了相关苏联法。

[①] Sofie Geeroms, *Foreign Law in Civil Litigation- A Comparative and Functional Analysis*, Oxford University Press, 2004, para. 2. 288.

[②] John G. Sprankling, George R, Lanyi, "Pleading and Proof of Foreign Law in American Courts", 19 *Stan. J. Int'l L.* 3, 61 (1983).

[③] 154 F. Supp. 515（E. D. Va 1957）.

[④] 191 F Supp. 206, 210（S. D. N. Y. 1961）.

[⑤] 315 U. S. 203（1941）.

（3）法官的自行调查

按照联邦民事诉讼规则第44.1条的规定，法院可以自行主动对外国法进行调查，即使没有当事人的申请，法官也可以自行了解外国法的立法、判例以及学术著述等以确定外国法。只是，通常法官并不愿意主动进行外国法的调查，因此实务中主要还是依赖当事人的举证。

由于法律上允许法官不受证据规则的约束，参考各种可能的资料以确定外国法，因此当事人也可以不委托专家自行将有关外国法的资料提交法庭。过去，按照普通法上最佳证据规则（best evidence rule）的要求，如果涉及的是外国法的成文规定（written rules），只能提交官方的复印本（office copy）或者宣誓证明书（certification process covered by oath）。现在，上述限制已经放宽，在联邦法院，正式出版物或者经过证明的副本都视为已满足证明的要件。[①] 通常负责证明副本的人是驻在相关外国的大使或者领事。州法院也大体采用类似的立场。例如，纽约州也认定可以向法院提交出版物用来证明外国法。[②]

对于法官自行了解外国法的方法，美国国内是存在争议的。例如在上文中提及的 Bodum USA, Inc. v. La Cafetiere, Inc., 案件[③]中，审理法官就自行查阅了相关法国法的英文著

[①] 参见美国联邦民事诉讼规则第44条。

[②] 参见纽约民事实务法案第391条（New York Civil Practice Act Section 391）。

[③] 判决参见 http://www.ca7.uscourts.gov/tmp/3G1FFG57.pdf.

作,并以此为根据确定了外国法。因为这种案例并不常见,因此引起了学者的关注。美国联邦第七巡回法院负责审理该案件的 Easterbrook 法官和 Posner 法官将当事人委托专家以专家证言证明外国法的方式评价为是一种"坏的做法(bad practice)"。Easterbrook 法官解释说:"以专家意见确定外国法的做法不仅费用高昂,而且会在一定程度上增加有偏向性的陈述。这种有偏向性的陈述很难使法院完全相信。而出版的资料,例如专门的著述,就不具有本案中提交的宣誓陈述书的那种偏向性。取得有关法国法的客观的英文著述是可能的,因此我们认为这样的英文著述要比当事人委托的专家的陈述更好。"然而与这种观点不同,同为该案审理法官的 Wood 法官则表明了一种不同的意见,认为,法官在解释外国法,特别是外语写就的外国法时,很容易犯错误。因为比较法的运用是非常困难的,美国的读者很难注意到外国法与本国法细微的差异之处,也不容易认识外国的某一个领域的法与其他领域是如何结合的,或者还有可能错误地将外国法仅作为是本国法反映在镜子里的另一个影像。

(三)德国

与英美不同,德国根据民事诉讼法第 293 条的规定,由法官来承担职权调查外国法的义务。法官不仅可以用法定证据方法调查外国法,也可以通过自己认为正当的其他任何方法来调

第三章 诉讼程序中外国法适用的实现——比较法的考察

查外国法。① 因此，德国的法官对外国法的调查不限于法定证据调查，而是采用自由证明模式，具有相当的灵活性。法院还可以依赖证据资料以外的资料，并且可以为取得这些资料发出必要的命令。

1. 法官的亲自调查

与英国美国主要使用专家证人方式查明外国法不同，在德国，最主要的查明方法是法官亲自调查外国法。在实务当中，一旦案件显示出应当适用外国法，法官会首先亲自进行外国法的查明。② 这种方式有一个得以实现的前提，那就是法院的图书馆存有大量的外国法资料，并且德国的杂志会登载大量有关外国法的报告书。③ 在法官通过自行学习调查无法取得关于外国法如何实际适用的明确的信息的时候，通常法官会依赖专家意见来判断外国法。④ 在专家意见的使用上，法官可以采用非正式的手段，通过向专家咨询来获得外国法的信息，⑤ 也可以

---

① Carlos Esplugues, José Luis Lglesias, Guillermo Palao, *Application of Foreign Law*, Sellier European Law Publishers, 2011, p. 105.

② Carlos Esplugues, José Luis Lglesias, Guillermo Palao, *Application of Foreign Law*, Sellier European Law Publishers, 2011, p. 106.

③ Carlos Esplugues, José Luis Lglesias, Guillermo Palao, *Application of Foreign Law*, Sellier European Law Publishers, 2011, p. 106.

④ Carlos Esplugues, José Luis Lglesias, Guillermo Palao, *Application of Foreign Law*, Sellier European Law Publishers, 2011, p. 106.

⑤ 实务中曾经有法官向专家打电话咨询，以获得有关外国法的信息。Douglas R. Tueller, "Reaching and Applying Foreign law in West Germany: A Systemic Study", 19 *Stan, J, int' l L.* 99, 120 (1983).

参考以前的法律意见书。① 只是，法院一旦决定以法定证据方法来调查外国法，则法院对专家意见的适用将受到当事人提交证据的情况下所适用的证据规则的限制。②

此外，按照相关规定，当事人可以通过自身的努力来协助法官查明外国法，法官也可以命令当事人提供相关资料。因此法官的调查范围还包括当事人提供的资料。

2. 法定证据方法中的专家意见

（1）专家的选择

法院可以委托专家个人来调查外国法，也可以委托专门学术机构，要求该专门机构提供相关外国法的专家意见。

第一，对专家个人的选择。

在专家个人的选择上，德国法院遵守一定的标准。首先，专家必须处于一个独立的地位，即接受委托的专家不能与案件有利害关系。如果法院在知道专家与案件有利害关系的情况下还委托该专家提供法律意见会被认定为职权行使上的过失。③第二，法院要委托的专家应当具有比较法上的知识，并且要了

---

① Douglas R. Tueller, "Reaching and Applying Foreign law in West Germany: A Systemic Study", 19 *Stan, J, int' l L.* 99, 99 (1983).
② Carlos Esplugues, José Luis Lglesias, Guillermo Palao, *Application of Foreign Law*, Sellier European Law Publishers, 2011, p. 106.
③ 肖芳：《论外国法的查明——中国法视角下的比较法研究》，北京大学出版社2010年版，第104页。

第三章 诉讼程序中外国法适用的实现——比较法的考察

解准据外国法与德国法之间的差异。[1] 实务当中,德国法院偏向于选择即熟悉外国法又熟悉德国法的专家,因为这样的专家很少错误理解法院提出的问题。[2] 此外,法院在专家的选择上,比较重视专家对实务的理解。德国联邦最高法院曾经在判例[3]中认定,不能委托不了解外国法的实务仅仅依靠文献资料的专家来查明外国法。在德国法院的实务中,德国法科大学的教授最常被法院选定为查明外国法的专家。[4]

第二,从专门学术机构获得法律鉴定意见(Rechtsgutachten)。

与英美主要从专家个人处获得证言或宣誓陈述书不同,德国从专门学术机构获得法律鉴定意见的方法在外国法查明方法中占据更为重要的地位。早在 19 世纪,德国法院已经开始从相关比较法和外国法研究机构处获得相关外国法资料。这些比较法或外国法研究机构一般为大学或者科学研究所等。其中最有名的专门机构是位于汉堡的马克思-普朗克比较法及国际私法研究所(The Planck Institute for Comparative and International Private Law)。此外 1961 年由拉贝尔(Ernst Rabel)创设的慕

---

[1] 肖芳:《论外国法的查明——中国法视角下的比较法研究》,北京大学出版社 2010 年版,第 104 页。
[2] Carlos Esplugues, José Luis Lglesias, Guillermo Palao, *Application of Foreign Law*, Sellier European Law Publishers, 2011, p. 106.
[3] BGH 21.01.1991, II ZR 49/90, IPRax 1992, 324.
[4] Carlos Esplugues, José Luis Lglesias, Guillermo Palao, *Application of Foreign Law*, Sellier European Law Publishers, 2011, p. 106.

尼黑国际法及比较法研究所（Munich Institute of International and Comparative Law）也是法院经常委托提供法律鉴定意见的专门性学术机构。①

专门性学术机构通常有自己的运行规则。以马普比较法及国际私法研究所为例，该研究所出具的法律鉴定意见虽然由专家个人署名，但是为了保证法律鉴定意见的质量以及本机构出具意见的前后统一性，专家个人起草的法律鉴定意见要接受机构内部的审查。②

（2）证据规则的约束

德国民事诉讼法第 371 条至第 455 条规定了证人证言、书证、检验、询问当事人和鉴定等五种证据方法。③ 法院如果决定以法定的证据调查方法对外国法展开调查就要受到相关证据规则的约束。

德国民事诉讼法中有多条规定涉及证人证言和专家鉴定

---

① Douglas R. Tueller, "Reaching and Applying Foreign law in West Germany: A Systemic Study", 19 Stan, J, int' l L. 99 (1983), pp. 121~134.
② Douglas R. Tueller, "Reaching and Applying Foreign law in West Germany: A Systemic Study", 19 Stan, J, int' l L. 99, 126 (1983).
③ Othmar Jauernig 著，[韩] 김홍규译，《德国民事诉讼法》，新元文化社 1992 年版，第 302 页。

第三章 诉讼程序中外国法适用的实现——比较法的考察

人。例如，民事诉讼法第 397 条第 1 款[1]规定，当事人为明确证言的内容可以询问证人。第 402 条第 1 款[2]规定，适用于证言的规定也可以适用于专家鉴定。第 411 条第 3 款[3]则涉及对书面意见的规定，规定法院可以命令专家出庭对书面意见作出解释。法院在进行外国法的查明时，如果决定采用法定证据方

---

[1] 第 397 条的英文译文如下：
"Section 397
Right of the parties to ask questions
(1) The parties are entitled to have those questions put to the witness that they believe expedient for clearing up the matter, or for establishing the circumstances of the witness. (2) The presiding judge may permit the parties to directly address questions to the witness, and is to grant this permission to their counsel upon the latter's request. (3) In case of doubt, the court shall rule on whether or not a question is admissible."
载 http://www.gesetze-im-internet.de/englisch_zpo/englisch_zpo.html, 2014 年 1 月 3 日访问。

[2] 第 402 条的英文译文如下：
"Section 402
Applicability of the rules for witnesses
Unless otherwise provided for by the subsections hereinbelow, the rules in place for the evidence provided by witnesses shall apply mutatis mutandis to the evidence provided by experts."
载 http://www.gesetze-im-internet.de/englisch_zpo/englisch_zpo.html, 2014 年 1 月 3 日访问。

[3] 第 411 条第英文译文如下：
"Section 411
Written report
(1) If it is ordered that the report be submitted in writing, the court shall set a period for the expert within which he is to transmit his signed report. (2) Should an expert obligated to submit the report fail to meet the deadline imposed on him, a coercive fine may be levied against him. A warning that a coercive fine may be levied must have been previously issued, with a period of grace being set inthe warning. Should the deadline be missed in repeated instances, the coercive fine may be levied once again in the same manner. Section 409 (2) shall apply mutatis mutandis. (3) The court may order the expert to appear before it for the purpose of explaining the written report. (4) Within a reasonable period of time, the parties are to communicate to the court their objections to the report, any petitions with regard to the preparation of the report, and supplementary questions to the written report. The court may set a deadline within which they are to do so; section 296 (1) and (4) shall apply mutatis mutandis."
载 http://www.gesetze-im-internet.de/englisch_zpo/englisch_zpo.html, 2014 年 1 月 3 日访问。

式进行调查，那么将受到上述有关规定的约束。

在这个问题上，最初的判例[1]出现在1975年。在这个案件中，上诉审法院委托了一名专家，要求其就南斯拉夫法提交专家鉴定意见。该专家根据相关南斯拉夫法的规定，认定原告具有起诉资格。上诉人向法院申请，要求专家亲自出庭接受法官的询问。上诉审法院认为，专家就外国法发表鉴定意见属于民事诉讼法第293条规定规范的事项，并不是以第402条为法律根据，因此拒绝了上诉人的要求。但是德国联邦最高法院（Bundesgerichtshof）表明了与上诉审法院不同的立场，认为，法院为了了解、把握外国法而委托专家时，应当遵守一般证据规则，特别是民事诉讼法第411条第3款、第402条、第397条的规定。该案最终根据民事诉讼法相关规定，认定应当传唤专家到庭接受询问。该案件之后，1994年，德国联邦最高法院再次在判决[2]中表明了相同的立场。

尽管当事人享有这样的权利，但是在实务当中却很少行使。究其原因，一方面是因为如果要推翻原有的专家鉴定意见，当事人必须委托更好的鉴定人来作出鉴定，另一方面还必

---

[1] BGH, NJW 1975, 2142, 2143。以下对案例的介绍转引自Sofie Geeroms, *Foreign Law in Civil Litigation- A Comparative and Functional Analysis*, Oxford University Press, 2004, para. 2.296.

[2] BGH, NJW 1994, 2959, 2960。在这个案件中，审理二审上诉的德国科隆上诉法院拒绝了当事人提出的要求专家出庭接受询问的申请。转引自Sofie Geeroms, *Foreign Law in Civil Litigation-A Comparative and Functional Analysis*, Oxford University Press, 2004, para. 2.296.

须证明原来的鉴定意见是错误的,而这两个条件在现实中都很难满足。①

(3) 专家鉴定意见的制作和运用

通常,法院会将与案件有关的所有资料送交专家,并要求专家在一定时限内就提出的问题提交书面的意见。② 法院也可以传唤专家到庭,要求其就其意见口头进行说明。

专家提交鉴定意见后,法院不是按照专家的结论直接对案件作出判决,而是应当结合事案的具体情节作出判断,并且应当说明以专家鉴定意见作为判断根据的理由。③

3. 司法协助和外交途径

伦敦公约在1975年3月19日对德国生效,因此德国也可以利用伦敦公约中规定的方法查明相关外国法。只是,在由来已久的传统下,德国法院通常使用专家鉴定意见来查明外国法,因此伦敦公约并不是德国法院经常使用的查明方法。④ 另外通过伦敦公约规定的方法取得的外国法信息仅限于书面材

---

① Douglas R. Tueller, "Reaching and Applying Foreign law in West Germany: A Systemic Study", 19 *Stan, J, int' l L.* 99, 114 (1983).

② Carlos Esplugues, José Luis Lglesias, Guillermo Palao, *Application of Foreign Law*, Sellier European Law Publishers, 2011, p. 107.

③ Carlos Esplugues, José Luis Lglesias, Guillermo Palao, *Application of Foreign Law*, Sellier European Law Publishers, 2011, p. 107.

④ Sofie Geeroms, *Foreign Law in Civil Litigation- A Comparative and Functional Analysis*, Oxford University Press, 2004, para. 2.305。伦敦公约在德国的适用情况参见本书第五章相关部分。

料,这与程序法上口头审理、口头证明的要求有潜在的冲突,也构成利用伦敦公约进行查明的障碍。①

德国还借鉴伦敦公约规定的方法与摩洛哥等国家签订了双边条约,用于查明彼此的法律。②

此外,法院和可以通过驻在外国的大使馆的协助取得相关外国法情报,这方面的案例也是有的。③

(四)法国

法国在外国法的查明上也采用自由证明模式,法院可以利用所有可能的方法对外国法进行调查。④换句话说,在外国法的查明上,法院并不限于某种特定的方法,这一点已经为法国最高法院的判例所确认。⑤

---

① Carlos Esplugues, José Luis Lglesias, Guillermo Palao, *Application of Foreign Law*, Sellier European Law Publishers, 2011, p. 107.
② 该条约缔结于1985年,1994年生效。Carlos Esplugues, José Luis Lglesias, Guillermo Palao, *Application of Foreign Law*, Sellier European Law Publishers, 2011, para. 2.306.
③ Sofie Geeroms, *Foreign Law in Civil Litigation- A Comparative and Functional Analysis*, Oxford University Press, 2004, para. 2.307.
④ Carlos Esplugues, José Luis Lglesias, Guillermo Palao, *Application of Foreign Law*, Sellier European Law Publishers, 2011, p. 190.
⑤ 在1950年的一个判例中,印第安纳州法被确认为准据法。第一审法院根据当事人提交的有关印第安纳州法的书确认了相关法的内容。但是上诉审法院撤消了第一审判决,其理由是当事人没有提交相关法律条文,也没有提交习惯证明书。最后,法国最高法院支持了第一审法院的立场,认定在外国法的查明上没有必须强制适用的调查方法。Judgment of Apr. 26, 1950, [19501 D. Jur. 361 note R. Lenoan. 转引自 Bmcrrre Herzog, "Proof of International Law and Foreign Law Before a French Judge", 18 *Va. J. Int'l L.* 651, 661 (1977 - 1978).

1. 一般性的调查方法——习惯证明书

过去,习惯证明书(certificats de coutume)是法国法院唯一接受的外国法证明方法,① 也是现在当事人最常使用的外国法证明方法。② 所谓习惯证明书是就某一具体案件对外国法内容予以证明的文书。③ 过去,习惯证明书通常由律师起草制作,用来证明习惯法。如果相关的外国法是商事习惯法的话,起草人通常为外国的商会或者商人。之后,这种证明方法逐渐开始被用于包括成文法在内的外国法的证明。④

习惯证明书依当事人的申请而出具。当事人可以要求习惯证明书的起草人对自己在法庭要说明的外国法问题作出回答。⑤ 当事人要向习惯证明书的起草人支付费用,因此,习惯证明书常常因为可能具有的偏向性而在其可信赖程度上被人所

---

① 肖芳:《论外国法的查明——中国法视角下的比较法研究》,北京大学出版社2010年版,第113页。
② Carlos Esplugues, José Luis Iglesias, Guillermo Palao, *Application of Foreign Law*, Sellier European Law Publishers, 2011, p. 190.
③ Sofie Geeroms, *Foreign Law in Civil Litigation- A Comparative and Functional Analysis*, Oxford University Press, 2004, para. 2. 343.
④ 肖芳:《论外国法的查明——中国法视角下的比较法研究》,北京大学出版社2010年版,第112页。
⑤ 肖芳:《论外国法的查明——中国法视角下的比较法研究》,北京大学出版社2010年版,第112页。

质疑。①

在大部分情况下，习惯证明书是由某一个人来出具的。②这些个人可能是包括律师、公证人在内的法律专家，也可能是银行等特定领域的专家及学者。③起草人的国籍是不受限制的。外国的律师或者学者、熟知外国法的法国的律师等都可以出具习惯证明书。④少数情况下，某些官方机构，例如外国驻法国的大使馆、领事馆、法国驻外国的大使馆、领事馆、某些国家的宗教机构或者商会等也可以出具习惯证明书，但是这些机构出具的习惯证明书通常仅只是提供一般性的信息，例如时效、自然人年龄等问题，或者提供对法条的翻译。⑤从实务中看，习惯证明书大部分情况下是由公共机关和外交使馆等官方主体或者律师出具。⑥

---

① Carlos Esplugues, José Luis Lglesias, Guillermo Palao, *Application of Foreign Law*, Sellier European Law Publishers, 2011, p.190; Sofie Geeroms, *Foreign Law in Civil Litigation- A Comparative and Functional Analysis*, Oxford University Press, 2004, para. 2.344; Bmcrrre Herzog, "Proof of International Law and Foreign Law Before a French Judge", 18 *Va. J. Int'l L.* 651, 660 (1977–1978).

② Sofie Geeroms, *Foreign Law in Civil Litigation- A Comparative and Functional Analysis*, Oxford University Press, 2004, para. 2.343.

③ Bmcrrre Herzog, "Proof of International Law and Foreign Law Before a French Judge", 18 *Va. J. Int'l L.* 651, 660 (1977–1978).

④ Sofie Geeroms, *Foreign Law in Civil Litigation- A Comparative and Functional Analysis*, Oxford University Press, 2004, para. 2.343.

⑤ 肖芳：《论外国法的查明——中国法视角下的比较法研究》，北京大学出版社2010年版，第112页。

⑥ Carlos Esplugues, José Luis Lglesias, Guillermo Palao, *Application of Foreign Law*, Sellier European Law Publishers, 2011, p.190.

当事人提交的习惯证明书对法院没有约束力，法官可以全部采纳习惯证明书的意见，也可以仅采纳其中一部分，在当事人对习惯证明书的意见存在争议的情况下，法院完全无视习惯证明书的意见也是可以的。[1] 外国法不是单纯的事实，因此当事人即使对外国法达成了一致的认识，法院也可以对这种一致的认识不予认定。[2]

从诉讼上的运用上看，习惯证明书似乎兼具不同的法律性质。在当事人申请下由外交使领馆出具的习惯证明书类似于当事人通过外交途径提交的涉外证据，而由当事人委托专家出具的习惯证明书则类似于英美使用的专家证人证言或者宣誓陈述书。

2. 法院从专家及专门机构处获得外国法信息

法国民事诉讼法第232条[3]规定，法院可以选择、委托专家就事实问题提供相关专业性信息，这一规定同样可以适用于

---

[1] Bmcrrre Herzog, "Proof of International Law and Foreign Law Before a French Judge", 18 *Va. J. Int'l L.* 651, 661 (1977–1978).

[2] Carlos Esplugues, José Luis Lglesias, Guillermo Palao, *Application of Foreign Law*, Sellier European Law Publishers, 2011, p.191.

[3] 第232条的英文译文如下：

"Article 232

The judge may commission any person of his choice to set him straight in the form of findings, consultation or an expertise on a question of fact that requires the insight of an expert." 载 http://www.legifrance.gouv.fr/Traductions/en – English/Legifrance – translations, 2014年2月18日访问。

对外国法的查明。① 法院委托的专家应当向法庭提交报告书，法院也可以要求专家出庭接受法官的询问。②

除专家个人外，法院还可以从专门机构处获得外国法的信息。法国政府下设有国际法信息中心（*Centre d'information et de renseignements juridiques internationaux*），该中心作为专门的机构可以向法院提供外国法和国际法的相关信息。③ 另外法国还可以向法国司法部的欧洲及国际事务局（*service des affaires européennes et internationales*）提出咨询，在这一机构内部设有专门的联络官。但是学者们对这种途径获得的资料是否有用持怀疑态度。④

3. 法官亲自对外国法的调查

法官可以在没有专家协助的情况下直接对外国法进行调查，这一点已为判例⑤所确认。在1950年的这个判例中，第

---

① Sofie Geeroms, *Foreign Law in Civil Litigation- A Comparative and Functional Analysis*, Oxford University Press, 2004, para. 2. 339.

② Bmcrrre Herzog, "Proof of International Law and Foreign Law Before a French Judge", 18 *Va. J. Int'l L.* 651, 661 (1977 – 1978); Sofie Geeroms, *Foreign Law in Civil Litigation- A Comparative and Functional Analysis*, Oxford University Press, 2004, para. 2. 339.

③ Sofie Geeroms, *Foreign Law in Civil Litigation-A Comparative and Functional Analysis*, Oxford University Press, 2004, para. 2. 341 ~ para. 2. 342.

④ Carlos Esplugues, José Luis Lglesias, Guillermo Palao, *Application of Foreign Law*, Sellier European Law Publishers, 2011, p. 192.

⑤ Judgment of Apr. 26, 1950, [1950] D. Jur. 361 note R. Lenoan. 本文中对该判例的介绍转引自 Sofie Geeroms, *Foreign Law in Civil Litigation- A Comparative and Functional Analysis*, Oxford University Press, 2004, para. 2. 348.

一审法院参考两位有名的研究美国法的学者用法语写的著作最终确认了相关美国印第安纳州的法律。第二审过程中，当事人对一审法院的外国法查明方法的合理性提出异议。二审法院没有审理一审法院外国法查明方法的合理性问题，而是以当事人没有提交任何有关外国法的资料为由，放弃了对外国法的适用，转而适用了作为法院地法的法国法。法国最高法院在审理中指出，二审法院不审理当事人的主张也不对一审法院外国法查明的资料作出评价是有问题的。在关于该案的评述中，Lenoan法官解释说，法院可以将两位著名学者的著作中对外国法内容的表述视为是一种习惯证明书。[1]

4. 司法协助和外交途径

伦敦公约在1972年对法国生效。此外法国还与其他31个国家签订有相互提供外国法信息的双边条约。[2] 因此法国可以利用伦敦公约或者双边条约所规定的方法和途径查明相关外国法。

此外，前文提及的习惯证明书如果是由外交使馆提供，其性质上大体与外交途径取得的外国法信息相同。

---

[1] Sofie Geeroms, *Foreign Law in Civil Litigation- A Comparative and Functional Analysis*, Oxford University Press, 2004, para. 2. 348.

[2] 载http：//www. doc. diplomatie. gouv. fr/pacte/index. html，2014年7月4日访问。

二、对各调查方法优劣的探讨及启示

(一) 各国查明方法的共同点和差异

对英国、美国、德国、法国调查方法可做以下大致的梳理。

英国坚守普通法传统,在外国法的查明方法方面,原则上限于口头证据的证据方法。虽然以口头证据方式证明外国法受到不少批判,认为这种方式招致高昂的诉讼费用且缺乏中立性,但是英国的立法和实务上的态度至今为止并没有太大的改变。英国坚持这一立场的原因一方面是因为坚持视外国法为事实的态度,另一方面则与当事人对抗主义(adversarial)诉讼体系下强调法官的中立性有关。英国由于坚持口头证据方式来查明外国法,其他方法大多因为与口头证言方法内在的机制冲突或者无法兼容而不能得到广泛的使用。[①]

美国继承了普通法传统,曾经也非常重视口头证据方式证明外国法。但是随着联邦民事诉讼规则第44.1条的制定,法官被赋予较大的裁量权,可以不受证据规则的约束,采用多种方法自由查明外国法。专家证言也不再要求必须以口头证据方

---

① 例如前文提到的,1861年外国法调查法最初即是为了在当事人不参与也能方便的查明外国法而设计,但实际上根本没有得到有效地利用。

式提交，更多的情况下是以书面方式进行，而且当事人对外国法的证明也不再限于专家证人证言的方式，可以将尽可能充分的信息提交法庭。除专家证人证言以外，宣誓陈述书、参照先例等方法在美国都可以被使用。美国的这种查明方法上的变化来自于对外国法性质认识上的转变，即外国法不再认为是事实而是一个法律问题。因此，仅从立法的角度看，美国已经与英国有了较大的差别，有一些向德国模式靠拢的趋势。但是，即使美国法院已经不再受证据规则的限制，但是从实务上看，美国的法官并没有像德国法官一样频频行使自身的权力，亲自进行调查或者委托专家进行调查。其原因可以从两个方面考虑，即，一方面是传统方式的影响依然存在，另一方面在美国外国法查明制度下，当事人仍然承担着对外国法的证明责任，法官并无太大必要自行委托专家查明或者亲自调查外国法。

从外国法信息资料的出处看，德国和美国一样，并不限于法定证据方法取得的资料，而是将所有可能的资料都纳入到考虑的范围。德国法院承担着对外国法的查明义务，因此，与英美由当事人委托专家提供证言或者书面宣誓陈述书的做法不同，德国法官通常会自己亲自查明外国法，或者主动委托著名法学教授或者有公信力的专门机构作为鉴定人提供有关外国法的法律意见。虽然在外国法的查明上，德国法院可以采用自由证明方式，不受证据规则的限制，但是一旦采用专家鉴定方式来查明外国法，则在鉴定的采纳和运用上要受到证据规则的约束。

与其他大部分国家一样，法国在外国法的查明方法上也不限于法定证据方式。作为一般常用方法的习惯证明书在由当事人委托专家出具并提交法庭的情况下，其性质类似于英美的专家证人，而在由外交使领馆作出的情况下，则类似于一般外交方法。另外法院也可以依靠自身的知识或者借助专家报告书及国家专门机构取得相关外国法信息。

通过上述对英国、美国、德国和法国四个代表性国家立法及司法实务的考察，我们会发现，尽管不同国家间在对一般事实的证明上存在偏向于严格证明模式或者偏向于自由证明模式的区别，在外国法的查明上，自由证明几乎为所有国家所承认，即除法定证据之外，允许法院采用自认为合理的方式对外国法进行查明。[①] 在具体方法上，专家意见（鉴定结论或者证言）、司法协助以及外交方法是各国都允许的外国法查明方法，其中从专家个人或者专门机构处获得相关法律意见是各国普遍主要采用的查明方法，但在诉讼中的具体对待方式上则各有不同。这种差异应当是来源于对外国法性质的不同认识以及诉讼证据制度本身的差异。

从法律角度研究外国法的查明方法，仅靠列举种种方法本身并无太大意义。对外国法查明方法的探讨，一方面是为了通

---

① 英国是一个例外，因为坚持外国法事实说，当事人承担举证责任，因此从实务上看，几乎只认可专家证人证言这种方式，法院不介入外国法的证明。

过合理的查明方法获得外国法准确信息，从而最终实现国际私法的目的，另一方面由于外国法的查明内置于诉讼程序中，外国法查明方法本身应当符合保护当事人合法诉讼程序权利的原则。因此，从实务的角度看，作为查明主体的法官或者当事人在进行查明时会受到哪些法律上的限制以及通过各种查明方法最终取得的资料在诉讼上应该依什么方式予以对待是法官以及律师应该予以关心的问题。

外国法本身兼具法律和事实的双重属性。认可外国法的法律属性，通常意味着法官可以以类似司法认知的方式，认识外国法。与此类似，认可外国法的事实属性，通常意味着可以以类似证据调查的方法来查明外国法。此外，基于外国法本身是一个立法者在其领域内制定的法的规范，查明外国法就有可能通过司法协助或者外交途径从该外国法所属国的有权机关取得相关信息。从上述思路出发，可以对外国法的查明方法做如下分类。第一，法官以自身具有的知识或者自行学习亲自调查了解外国法的方法；第二，以法定证据调查的方式取得外国法的方法；第三，司法协助或者外交途径等其他方式。以下将按照这三种分类对各种查明方法作一探讨。

（二）法官亲自、直接调查外国法

从上述考察的结果看，一般都允许法官在不借助专家的情况下亲自、直接调查外国法，或者即使借助于专家也仅限于非正式的咨询。即使是对法官介入外国法查明持否定性态度的英国也认可在某些及其例外的情况下，法官可以调查外国法。法官直接对外国法进行调查并取得相关的认识本身非常类似于对国内法的司法认知，在诉讼中一般不属于举证程序的一环，并不受法定证据规则的严格限制。

1. 法官自行调查方法的长处

首先法官可以对外国法直接进行调查，并且可能仅通过自己的学习了解知悉外国法，对这一点应当予以肯定。法官应当有权调查外国法这一问题已在前一章阐述，在此不再重复。在某些情况下，法官不借助正式的专家证言或鉴定，仅通过自行学习就可以了解外国法，这种情况是可能的。例如有相同历史传承的英美国家，语言本身也并无障碍，尽管法制不尽相同，但在认识相互法制的时候，在某些并不复杂的问题上，法官有可能直接获得正确的认识。再有，随着国际交流的增多，具有留学他国经历的法官也在增多，这部分法官也具有一些认识相关外国法的能力。此外，随着互联网技术以及数据库产业的发达，查找外国法的工作要比过去更为容易。这些因素都会使得法官能够相对便利的获得外国法的信息。

在承认法官可以且能够直接、亲自调查而获得外国法信息的前提下，法官直接调查的一个主要长处还在于获得信息的无偏向性，因此其可信性强。此外省去专家证人或者鉴定人举证时间，诉讼更为高效。

对法官亲自调查外国法的方法，法官群体本身也表现出相当的自信。例如，在美国的一个调查研究中，作为调查对象的法官中，62%的人认为法官直接调查外国法是最有效的方法，剩下的38%的被调查法官也认为这种方法在一定程度上是有用的。①

2. 法官直接、亲自调查外国法的方法的短处

法官对外国法能够进行有效的调查的前提是法官充分具有这方面的能力并且具有必须的相关知识。换句话说，法官不仅要熟知本国法，还要具有相关外国法以及比较法的知识。要达到这一点，仅靠法官自身的努力有时候是很难实现的。以德国为例，德国法官亲自调查外国法是实践当中首先被采用的方法，在态度上显现出比其他国家都要强的积极主动的意愿。这种现象固然与德国法制度上由法官承担查明外国法的义务有关，但是更重要原因还在于德国在外国法和比较法的研究及积累方面有着他国难以相比的灿烂成果。德国的比较法研究非常活跃，比较法被运用于法律的各个领域。法院本身就拥有自己的图书馆，藏有大量外国法资料。因此，德国法院从有关的比较法著述中可以方便地获取很多有用且充分的信息。实务中，法官作出的对外国法的裁判主要根据的也是德国比较法相关著述。但是，并非所有国家都有德国一样的比较法研究实力，因

---

① Doug M. Keller, "Interpreting Foreign Law Through an Erie Lens: A Critical Look at United States", 40 *Tex. Int'L J.* 157, 171 (2004).

此，在大部分情况下，法官还不得不依靠专家的辅助。

此外，法官在独自进行外国法的调查时不免有站在本国法的立场上来理解看待外国法的倾向。但是在不少的情况下，外国法的表述虽然与本国法类似，但是其内涵和外延都可以不同。因此法官独自进行对外国法的调查存在误解外国法的可能性。前文所提及的美国 Bodum USA, Inc., v. La Cafetiere, Inc., 案件中，Wood 法官就曾经就这一点进行过充分的说明。对单独一个法规定的认识也许不难，但是认识各法之间的关系对外国的法官而言是不小的难题。而且法官在自己单独调查时容易出现的问题就是不自觉的将对本国法的认识带入到对外国法的认识当中去，以为外国法不过是本国法的一个扭曲的镜像。

3. 讨论

法官独自进行外国法的调查，这种方法有其固有的长处，在有些情况下也完全可以实现，因此没有必要否认或者抛弃这种方法。但是这种方法的短处也是很明显，并不适于普遍应用于复杂案件的审理。此外，为了弥补这种方法的短处，尚需考虑相应的救济措施，这种措施至少可以考虑以下两个方面。

第一，保障当事人参与程序的权利从而减少法官对外国法误解的可能。法官独自进行外国法的调查过程中，程序上看，法官主导着程序的进行，当事人并不参与，因此法官很容易忽略对当事人参与权的保障。实务当中，法官也很可能在调查取

第三章　诉讼程序中外国法适用的实现——比较法的考察

得对外国法的认知后，直接将这些认知适用于纠纷案件。特别是法官承担对外国法的查明义务的时候，这种可能性更是显著存在。从对各国的实务的考察看，一些采用当事人主义诉讼模式的国家，对这个问题已经给予了注意。例如在美国，尽管联邦民事诉讼规则第44.1条并没有提及，而且相关咨询委员会的注释（Advisory Committee's Note）中也否认法官有这种义务，但是一般认为，依照常识，法官自行调查取得的外国法资料应当告知当事人，如果是新的资料，还应该给予当事人针对这些资料发表意见的机会。[1] 另外，法国最高法院也曾在一个案例中认定，法官应当与当事人就外国法的适用和解释讨论之后再依职权适用外国法。[2]

法官在适用本国法的时候，并不用特别就本国法的内容和如何适用告知当事人，通常是在查明事实的过程中，与释明权结合在一起，必要时作出一般性的解释。但是笔者认为，在适用外国法的情况下，法官有必要对外国法的适用及适用的结果向当事人作出解释，并给予当事人发表意见的机会。与当事人可以通过不同途径了解本国法不同，外国法可能对当事人双方或者至少一方当事人是陌生的事物，并且不能如本国法一样方便地获得。在当事人对外国法承担证明责任的情况下，法官自

---

[1] Sofie Geeroms, *Foreign Law in Civil Litigation- A Comparative and Functional Analysis*, Oxford University Press, 2004, para. 2. 209.

[2] Attouchi, Cass. le civ. fr., 4 avril. 1978, Rev. Crit. DIP88 (1979).

行调查取得相关信息并径行适用于纠纷案件的做法有可能打破当事人之间的均衡。如要保持这种均衡就应当将有关信息充分告知当事人，并给予其机会提出主张或抗辩。而在法官承担对外国法查明义务的情况下，也应当给予当事人发表意见的机会，如果外国法的适用结果与当事人的核心利益相关，则当事人有可能积极主动的进行调查，争取取得相反的信息以维护自己的权利，一旦取得这种信息也会主动提交法庭，这有助于法官取得全面的信息从而减少法官因获得的信息不足而误解外国法的可能。而且，在现行诉讼体系下，当事人已经不再是诉讼的客体，其作为诉讼主体的权利应当予以保护。与当事人利益密切相关的外国法的适用如果不给予当事人任何参与的机会，仅有法官的调查后就马上适用于当事人，不免有司法专横的嫌疑。

第二，在最后的裁判文书中，法官应当对外国法的内容以及对外国法的理解作出明确说明。大部分国家都通过不同的途径对外国法适用的错误予以上诉审的救济。[①] 裁判文书主文中对外国法的适用作出说明是上诉救济的前提。我国目前诉讼体制中并不存在三审上诉，也不存在事实审和法律审的区别，因此这里有强调的必要。

4. 余论——法官对先例的参照

法官直接调查外国法时，调查范围可以涵盖以前的先例判

---

① 关于外国法适用错误的救济，参见本书第三章第五节。

决。参照先例的查明方法有其自身的特殊性，在此特别予以讨论。

关于有关外国法的先例的适用，理论上存在一个问题，即本国法院审理的先行判例中已经确认的外国法能否直接适用于后来发生的案件？如果从外国法具有法律的性质这一视角出发，似乎可以得出结论，即先例中确认的外国法可以直接适用于后来发生的案件。但是有关外国法的先例的适用有其自身的复杂性，很难这样简单得得出结论。

第一，认为外国法具有法律的特性，因此本国法院已经审理确认的外国法可以直接适用于后来发生的案件的观点忽视了外国法适用的特殊性。外国法查明的目的在于使外国法能够像本国法一样适用于复杂的纠纷案件。因此，虽然实务中确实存在查明外国法相关条款就可解决争议事项的例子，但是一般来讲，对外国法的查明应当不限于对相关条款的查明，还应当包括对相关判例、解释甚至司法习惯的查明，并在这种查明的基础上，综合取得的各种信息对具体的纠纷事实作出法的判断。以这种目的对外国法进行的查明，获得的对外国法的认识并不是外国法法制的全部，而是非常个案性的认识。因此很难说，某一个具体的个案中确认的个案化的对外国法的认识可以直接适用于之后的案件。

第二，一般而言，并不属于判例法国家的大陆法系国家通常并不承认先例的普遍约束力。逻辑上讲，本国的先例尚不能直接约束之后的案件审理的情况下，为什么涉及外国法的先例判决就能约束后来的案件审理？唯一的解释是，后发生的案件中要适用的不是先例判决而是先例中已经确认的与本国法类似的外国法。那么，法律本身会随着社会以及某一社会中群体认识的发展而不断修订。在审理案件中，如果要参照先例中所确认的外国法的内容，就需要进一步查明外国法是否还处于有效的状态以及该外国法是否在现实中还在实际适用，其适用状况如何。

第三，判例法国家的情况下，也很难绝对肯定说，先例判决中的外国法可以直接适用于后发生的案件。因为，先例判决中确认的外国法是否正确可能存在疑问。以英国为例，外国法的查明义务全部交予当事人承担，双方当事人如果对某一外国法达成一致认识，则法院即使知道双方的这种认识是错误的也不会拒绝按照当事人的这种认识作出判决。因此，先例中所确认的外国法有可能是错误的。这种情况下，将先例中确认的外国法适用于后发生的案件无疑是过于草率了。与之相反，德国在诉讼程序中由法官承担查明义务，通常会选择权威性的专家或专门机构就外国法作出鉴定。这种情况下作出对外国法的确认的正确性比较值得信赖。但是德国并非判例法国家，这种国家中先例的适用应当考虑上述第二点所提及的问题。

总之，本国法院先例中确认的外国法通常不应当直接适用于后发生的案件，法官应当结合后来发生案件的具体纠纷事实，对外国法作出进一步的查明。但是，这一观点并不意味着彻底否认先例的价值。诉讼效率是诉讼法追求的理念之一。完全无视先例中已经确认的外国法，对该准据外国法从头开始调查的做法无疑是和诉讼效率的理念相违背的。充分利用先例中已经确认的外国法，在其基础上针对正在审理的案件作出判决的做法无疑更为合理高效。这方面德国将案件中的鉴定意见编辑成册公开发行的做法[①]可资借鉴。在对先例中确认外国法的适用过程中，应当重视比较先例判决的事实和审理中案件事实的差异以及这些差异带来的法律适用上的不同，并应着重确认该外国法的有效性以及在该外国实际适用状况。

（三）法定证据方法调查外国法

外国法虽然具有法律的特性，但是作为一种不为法官所当然熟知的事物，又具有事实一样的性质，在诉讼中是可以以证据调查的方法进行调查的。英美法国家传统上把外国法作为事实，主要是以证据方式，特别是专家证人的方式对外国法进行调查。德国等国家虽然不以外国法为事实，但同样允许以法定证据方式对外国法进行调查，而且专家在其中也扮演一个重要的角色，只是专家不以证人身份出现，而是接受法院委托以鉴定人身份对外国法出具鉴定意见。

---

① ［韩］石光现：《国际私法解说》，博英社2013年版，第129页。

评价或比较专家证人方式和鉴定人鉴定方式，与其说是从外国法适用角度出发，不如说是从两种证据制度本身的差异[①]出发进行探讨更为合适。只是由于外国法的特殊性，这种证据方法的运用上反映出一些与调查一般专业性事实不同的特点。英美法系国家以私人性的鉴定制度为原则，虽然在规定上法院也可以选任专家对专业性问题发表意见，但在实际中这种做法非常少见，诉讼中涉及专业性问题时，大都是由当事人选择并委托专家，就专业性问题发表意见。这种专家称为专家证人，证据法上的属性属于证人的一种，只是在具有专业性知识这一点上与一般证人不同。因此，只要具有在相关领域的专业性知识，无论是谁都可以成为专家证人。[②] 专家证人作为证人的一种，属于口头证据（oral evidence），原则上应当出庭并接受交叉询问。与英美法上专家证人制度不同，大陆法系诉讼中，在涉及专业性知识时，出场的不是专家证人，而是鉴定人。鉴定

[①] 在涉及对专业性事实问题的认知时，我国学者一般将其分为专家证人模式和鉴定人模式来分类研究。本书中也采用了这种分类方法。以下关于两种模式特点的说明在没有特别标注的情况下，均参考了汪建成："专家证人模式和司法鉴定模式之比较"，载《证据科学》2010 年第 1 期，第 18~29 页。

[②] 专家证人的资格由法官在审理案件中根据个案的具体情况分别认定。Hodgkinson. T., Jame, M, *Expert evidence*, Sweet & Maxwell Thomson Reuters, 2010, para. 8－009. 只是这种传统最近有松动的迹象。英国为了提高出庭专家的水平和可信度在 1999 年设立了专门性的出庭鉴定人登记委员会（Council for the Registration of Forensic Practitioners），并制作了专家名录。齐树洁，洪秀娟："英国专家证人制度改革的启示与借鉴"，载《中国司法》2006 年第 5 期，第 86 页。但是这个委员会由于种种原因在 2009 年被废弃。载 http://www.publications.parliament.uk/pa/cm200405/cmselect/cmsctech/96/9610.htm，2013 年 9 月 4 日访问。

人的任务是补充法官专业知识上的不足,为了帮助法官作出判断,接受法庭的委托,就法官不知道的法规定或者经验法则向法官作出说明或者基于自身所拥有的专业性知识从已经确定的事实关系中得出专业性的结论。① 一般大陆法系中的鉴定人与证人是相互区别的,分别作为独立的法定证据方法来作出规定。② 鉴定人一般由法院委托,作为辅助、协助法官的人就涉及专业性知识的争点问题发表专业性意见。对鉴定人一般都有资质性的要求,例如设定一定的标准,并将符合标准的鉴定人登记于法院的鉴定人名单中。③

1. 对专家证人查明外国法方式的评价

(1) 专家证人的偏向性

对专家证人方式的批判主要集中于专家证人证言的偏向性问题上。因为专家证人通常由当事人选定,发表对委托其出庭一方当事人有利的证言,因此其证言在客观中立性上存疑。此外,为了选择专家证人,当事人需要花费一定的费用,针对专家证人进行的交叉询问也会带来诉讼的迟延。

针对专家证人可能存在的偏向性问题,也有观点认为,没

---

① [韩] 郑仙珠:"民事诉讼程序中鉴定人的地位和义务",载韩国民事诉讼法学会《民事诉讼》2002年第6卷,第85页。
② 鉴定人和证人的区别参见[韩] 李时润:《新民事诉讼法(第8版)》,博英社2014年版,第486页。
③ 这是韩国法院的做法。我国适格的鉴定人通常要么是官方鉴定机构中的从业人员,要么是司法行政部门批准设立的非官方鉴定机构中的从业人员。何家弘、刘品新:《证据法学(第五版)》,法律出版社2013年版,第179页。

有必要过多地担忧这一点。这种观点①认为，专家证人的偏向性并不像想象的那么严重。实务当中，当事人的律师一般会劝告专家尽可能进行客观性的表述，并会向其说明有偏向性的意见并不会带来更好的结果。此外，专家证人证言必须采取一个立场，在此立场上发表自己的见解。对外国法的查明实际上是一个法律论证的过程，对于法律的论证和说明必然会有它的偏向性。相关的法律上总是会存在不同的见解，考虑到这一点，实务中由于专家证人证言的偏向性过于显著以至于被法庭拒绝接受的情况是非常少见的。英国法官拒绝接受专家证人发表的对外国法的意见的理由通常并不是"不正确"，而是"不能接受（unacceptable）"。② 因此，针对外国法专家证人证言偏向性的批评不过是对法律论证本身的误解。

上述对专家证人偏向性不用过度忧虑的观点，笔者是同意的。但是现实当中的实际情况是，专家主观上并没有偏向性，只是彼此之间观点对立的情况下，当事人会仅选择持有利于自己一方观点的专家作为自己一方的专家证人发表相关法律意见。这个时候，对法官来说，获取的信息就是片面不完整的。从这个角度看，在法庭上出现的专家证人证言是有偏向性的。避免这种情况发生的诉讼上的对策通常是程序的对抗性。

---

① Richard Fetiman, *Foreign Law in English Courts: Pleading, Proof and Choice of law*. Oxford University Press, 1998, p. 301.

② Richard Fetiman, *Foreign Law in English Courts: Pleading, Proof and Choice of law*. Oxford University Press, 1998, p. 301.

(2) 程序的对抗性

以专家证言证明外国法的方式通过对彼此相异、相互矛盾的意见进行交叉询问，最终使得法官可以获得有关外国法的全面的信息。因此英美国家的学者认为专家证人证言是外国法查明最有效的手段。[1] 按照这种观点，专家证人在举证过程中，其观点和立场通过交叉询问不断接受对方的质疑，争点在这个过程中逐渐明确化。一方面，法官在审理阶段听取专家证人证言，与仅是从书面的宣誓陈述书中获得信息相比，更容易对争点作出结论性的判断。专家证人的方式是符合法律论证的实质的。而且，法官在听取双方专家证人发表的意见时，可以从不同的视角看待同一个问题，从而取得对问题的全方位认识。另一方面，当事人也接受程序的对抗性。[2] 程序的对抗性使得当事人尽可能对有利于己方的事实进行充分举证，经过一个充分的论证过程，当事人也更容易接受这样的审理结果。当事人作为受判决结果影响的一方，会尽己所能提出可支持自己主张的证据，这种动机可以驱动举证程序有效进行。而举证过程中，当事人被给予充分地、平等地阐述自己一方主张、意见的机会，程序的平等性得到保障。另外，在这种对抗性的程序中，当事人在一定程度上可以控制程序的进行。上述种种因素最终

---

[1] F. Vischer, "General Course on Private International Law", 232 *Recueil des Cours* (1992), p. 84.

[2] Richard Fetiman, *Foreign Law in English Courts: Pleading, Proof and Choice of law.* Oxford University Press, 1998, p. 300.

会使得当事人易于接受相关的审判结果，达到解决纠纷的最终目的。

上述强调程序的对抗性以保障外国法顺利查明的观点有其合理的一面，但是其伴随的弊端也是很明显的。在一方当事人委托专家证人发表对外国法的证言的情况下，另一方当事人不委托专家，而仅通过询问该专家证人就能获得支持己方主张的根据的情况是不太可能发生的。其结果常常是法官被该专家证人说服，接受该专家的证言。因此，一旦一方委托了专家证人，另一方当事人也势必要委托专家证人发表反驳性的证言。这样一来，费用的增加就不可避免。交叉询问程序的进行也会带来诉讼的迟延，而且当事人为了强化自己一方的证据还会不断补充相关证据，结果双方当事人都要付出更多的时间、费用的花费。

2. 法官选任鉴定人制度

与英美国家不同，德国等大陆法系国家的诉讼体系中职权主义的因素相对较强，法官在诉讼程序中承担更为积极的任务，在外国法的调查上采用的法定证据方法主要是鉴定人提交鉴定意见的方法。①

与专家证人证言制度相比，鉴定人制度下，一般对鉴定人

---

① 为了说明的方便，本书中采用了相对典型化的描述。实际上并不是所有大陆法系国家都与德国一样采用相同的鉴定人制度来查明外国法。这一点在前面部分已经予以说明。

第三章 诉讼程序中外国法适用的实现——比较法的考察

的资格会有一个较为严格的限制。① 案件中的鉴定人由法院选任②，回避事由对鉴定人也得适用，鉴定人是处于一个中立的地位。因此，以鉴定方式查明外国法的方法与英美的专家证人证言方式相比，在客观性、中立性以及效率性方面具有优势。

以鉴定人提交鉴定意见的方式查明外国法的方法存在两方面的问题。第一，当事人不能参与，因此难以有效得对鉴定人的鉴定意见提出质疑，只能被动地接受鉴定意见，对依据鉴定意见得出的裁判结果的接受程度上比经过频繁相互质证的专家证言相对要低。第二，鉴定人是为了补充法官在专门性知识上的不足而被引入到诉讼当中来，又是针对本属于法官认知裁判范围的法律本身发表意见，在某些情况下会引发裁判权旁落的担忧。换句话说，外国法本身具有不同于事实的特性，如果说在其他领域，有关事实的专业性知识与法律有相对较大的距离的话，外国法则是直接作为裁判案件的法律根据，对法律的判断本属于法官的职权，在委托专家鉴定的情况下在很大程度上交给专家来分析判断，结果变成裁判案件的人不是法官反而是

---

① 汪建成："专家证人模式和司法鉴定模式之比较"，载《证据科学》2010年第1期，第23页。

② 是否允许当事人直接委托专家就专门性问题发表意见并提交法院，各国有不同的规定。例如我国在过去不承认这种所谓"私鉴定"的证据效力（现行制度下有专家辅助人制度，具体参见本书第五章第一节中国法部分）。韩国也认为，对"私鉴定"应采用与通常鉴定不同的对待方式，因此不能将其视为是证据法上的鉴定。[韩] 李时润：《新民事诉讼法（第8版）》，博英社2014年版，第477页。

鉴定人。

3. 讨论

英美法上的专家证人制度和大陆法系的鉴定人制度各自植根于自己的诉讼法传统中，也各自具有各自的合理性，很难绝对地说某一种制度是好的，可以直接移植到本国的诉讼制度当中去。时至今日，英美法和大陆法的融合以及一方向另一方的借鉴都不再鲜见。即使是继承英美法传统的国家也有可能借鉴大陆法中某些制度。同样大陆法传承的国家也可能借鉴英美法的某些做法以改善本身制度上的一些弊端。[①] 但是与所有制度移植过程中的问题一样，在借鉴其他法系国家的经验时，必须注意这一制度在整个体系中与其他制度是如何结合的，并以此为参照考虑要移植的制度如何和本国已有的制度如何融合的问题。

（四）作为查明外国法特殊方法的外交途径的运用

前文中已经说明，在外国法查明上适用自由证明模式。由于外国法的独特的特性，在各种调查方法中，外交途径以及司

[①] 实际上，专家证人制度或者鉴定人制度本身也在逐渐改善的过程中。以英国的专家证人制度为例，为了克服专家证人制度的弊端，英国尝试以制定法的方式来修正某些司法习惯。1998年的民事诉讼规则增加了法官介入诉讼的一些规定，试图控制程序中时间和费用的过度花费。该规则限制当事人任意传唤自己一方的专家证人，甚至对专家证人的口头证据原则，规定法官允许的情况下，可以以书面方式提交专家证人证言。Hodgkinson. T., Jame, M, *Expert evidence*, Sweet & Maxwell Thomson Reuters, 2010, para. 8-007, 9-003.

第三章 诉讼程序中外国法适用的实现——比较法的考察

法协助方式的运用会引起特别的关注。司法协助的问题可以放在更广的国际性的范围中来考虑，因此本书在另行章节中特别予以讨论，这里仅就外交途径查明外国法的方法进行讨论。

无论是英美法系还是大陆法系，外交途径查明外国法都是允许的。理论上从大使馆、领事馆获得的外国法信息在真实性和权威性上是可以得到保证的。但是，通过对实务的考察会发现，外交途径在各国都不是诉讼过程中常用的外国法查明方法。其原因大体上有以下几点。第一，通过外交途径查明外国法需要一定的时间，有可能会造成诉讼过分迟延。第二，理论上，对外国法作出说明的相关文书应当由外国大使馆的法律专家起草并提交，但是事实上大使馆内部并不一定都有相应的法律专家，结果实际起草人是其他身份的专家，例如为大使馆提供法律服务的律师等最终承担了分析说明外国法的任务。实际上，这种情况曾经在德国的实务中出现过。在这个案件[①]中，法院向外交部提出申请，要求提供外国法有关的报告书。外交部委托驻在外国的外交代表机构提供，并取得了相关的报告书。但是这个报告书实际的起草人是为该外交代表机构提供法律服务的当地的律师。这种情况下取得的有关外国法的信息与专家证言等相比并不当然具有更高的权威性。第三，外国法的

[①] Ulrich Drobnig, "The Use of Foreign Law by German Courts", Erik Jayme (ed.), *German National Reports in Civil Law Matters for the XIVth Congress of Comparative Law in Athens* 1994, Heidelberg, 1994, p. 21.

适用本身是一个复杂的过程，很多情况下，仅靠了解简单的法条文是不能解决争点问题的。外交途径获得的外国法信息如果不足以解决具体问题，法官不可能再反复提出多次咨询，也不可能直接询问提供外国法信息的专门机构或者专家，结果是有可能花费了时间，却未能解决问题。反过来，有些简单问题只要获知相关外国法规定就可解决的情况下，尽管可以以外交途径来了解，但是其他方法会更为快捷。

基于上述原因，笔者认为，外交途径不宜作为外国法查明的主要或首要方法。它只能作为辅助或者补充性的方法，在涉及简单法条款时或者在需要确认法律的有效与否上，作为已经查明内容的补充时使用。

三、小结

在诉讼过程中，法官和当事人可以运用多种手段进行外国法的查明。从各国的立法及司法实务看，尽管在使用法定证据方法对外国法进行查明时，法官和当事人要受到证据规则的限制，但是查明方法并不限于法定证据方法，自由证明是大部分国家采用的模式。在种种查明方法中，专家证人证言或者鉴定人鉴定的方式在各国都是主要的方法。这两种方法的运行都深深植根于各自的诉讼体系中，有其自身的运行规则。尽管如此，外国法毕竟具有其他领域专业性问题所不同的属性，在外国法的审查上，法官针对专家的意见在证据的运用、证据的提交等活动中应该扮演一个更为积极的角色。

法定证据方法以外，其他查明方法虽然也各有长处，但是通常并不能代替专家的证明。通过外交途径调查外国法的方法虽然看起来是比较好的办法，但是实际可操作性并不高。因此外交途径不宜作为首要的调查方法予以考虑，它只能作为一种补充性的方法使用。

第三节 外国法无法查明的处理

经过调查，法官对准据外国法中有无相关规定、相关规定内容如何有了充分的了解后，方可将该规定适用于纠纷案件。在理想状态下，外国法是一个客观的存在，经过充分的调查，法官都可以查明外国法。但是，在实际上，由于各国语言、法律传统乃至政治、经济、文化、历史的不同，外国法的查明并非想象的那么容易。实务当中，虽然动员了所有合理的手段对外国法进行了调查，但最终对外国法是否存在、其内容如何也未能获得一个清楚明确的认识的情况也是存在的。其原因在于，对外国法的调查是诉讼程序中的一个环节，要受到各种各样诉讼规则的限制。例如，在某一个具有涉外因素的案件中，如果某外国法被指定为准据法，法院地法官并不能为了适用该外国法而直接委托该外国法所属国的法官就法律适用发表意见。再有，诉讼是在有限的时间内解决纠纷的一种手段，考虑到外国法查明需要花费的时间和费用，在具体的案件中，法院或者当事人并不能动用所有可能的手段对外国法进行查明。因此，外国法无法查明是现实中一个不可回避的问题。那么一旦外国法无法查明应当如何处理就成为一个需要考虑的问题。本节将首先从抽象的原理出发，就与外国法无法查明有关的用语的含义、认定标准、法官的权限及制约等问题阐述笔者的观点，其后对各国的实务作出考察，最终对各种处理方式作出评析。

一、外国法无法查明的认定

（一）外国法无法查明的含义

外国法无法查明通常是指虽然确定某外国法为准据法，但经过法院的调查或者当事人的举证，被指定为准据法的外国法的存在与否以及内容如何等不能被法院清楚把握的情况。从其状态上讲，是外国法不明，从调查者的视角看，则为外国法无法查明或不能查明。[①]

理论上，外国法无法查明和外国法的漏洞或欠缺是有区别的。后者的情况是指作为准据法的外国法没有为相关纠纷事项

[①] 韩国国际私法上通常使用"外国法不分明"和"外国法确认不能"两种用语来表述这种情况。

提供法律上的解决方案。换句话说，作出外国法漏洞的判断是外国法已经查明的结果，即法院或者当事人经过对外国法的调查，已经了解了外国法是否存在以及实际适用状况，并最终作出该准据外国法上没有相关规定的结论。而外国法无法查明与外国法的漏洞不同，意味着虽经法院或当事人的努力，但最终未能充分了解外国法上是否存在相关规定或者虽有相关规定但对具体内容及实际实施状况未能把握的状态。从下面对各国实务的考察看，对这两种情况应当如何救济，存在两种不同的做法或观点。一种观点认为，在救济方式上不用严格区分两种情况，可以采用相同的方式解决。另有一种观点认为，应当将两者进行区别，外国法的漏洞可以作为国际私法上法的漏洞的一般性问题予以解决或者以不支持当事人援引外国法提出的主张的方式解决。[1] 在内国法的适用上，通常对法律的漏洞会以法解释的方法予以弥补，基于这种考虑，对外国法的漏洞的救济方法主要将在下一节外国法的解释中予以讨论。本节中将主要围绕外国法无法查明的情况作出分析和判断。

（二）外国法无法查明的认定标准

设定外国法无法查明的认定标准在实务当中具有重要意义。首先它决定了诉讼下一步将如何进行。在具体个案中，法

---

[1] ［韩］崔公雄：《国际诉讼》，有法社1994年版，第367~373页。

官取得的外国法信息如果足以让其对相关纠纷事项作出法律判断，则对外国法的查明程序应当停止，法官可以根据已有的信息及时作出裁判。假如法官和当事人经过努力调查但仍然未能查明外国法，法官应当考虑是否应当继续进行外国法的查明，如果综合案件的各种情况认为没有必要进行进一步的调查，法官要作出外国法无法查明的最终结论，其结果是法官要按照国际私法的相关规定以补充性方案来解决纠纷。其次，这个判断标准是对法官诉讼行为的制约。一旦设定一个标准，法官就不能轻率地认定外国法无法查明，进而以此为理由适用法院地法以回避外国法的适用。此外，法官作出的外国法无法查明的结论可以成为上诉审的审查对象，设定外国法无法查明的认定标准有助于上级法院对下级法院法官是否已经履行了查明义务（法官承担义务的情况下）进行监督。

虽然外国法无法查明标准的设定有这样重要的意义，但是对这个标准的讨论并不太多，大体上都是按照与证明事实类似的标准进行判断。英国等将外国法视为事实的国家在外国法的证明标准上通常适用一般事实的证明标准，例如将事实证明上的自认适用于外国法的证明，在当事人对外国法的适用表明了相同的观点的情况下，法官可以以此作为适用外国法的充分的理由。[1] 而采取外国法法律说典型国家的德国因为并不把外国

---

[1] Carlos Esplugues, José Luis Lglesias, Guillermo Palao, *Application of Foreign Law*, Sellier European Law Publishers, 2011, p. 399.

法看作为是事实,所以在外国法的适用上并不适用对事实的证明制度,但是在外国法无法查明的判断标准上同样适用一般事实证明标准,即"充分地确信(fully convinced)"。[1]

尽管如此,鉴于外国法并非单纯的事实,在理论上仍应考虑外国法无法查明的标准与事实证明标准是否应有所不同。此外,在具体操作层面,外国法无法查明的判断标准还存在一些具体的疑问尚未解决。例如,在查明的程度上是否有限制?是否是时限性的限制?是否有必要动用全部可能的手段?为了回答这些疑问,下面尝试就设定外国法无法查明的标准的方式以及外国法查明与事实证明不同的特殊问题作出探讨。

1. 判断标准的设定方式——合理原则的引入

尽管设定外国法查明标准具有重要意义,但是设定统一的判断标准是一件困难的事。有观点认为,应当从时限和调查方法的角度作出相关的限制。从时限角度予以限制的观点认为针对外国法的查明可以参考审理时限的做法设定统一的外国法查明的时限。[2] 从查明方法的角度设定外国法不能查明的判断基准的观点认为,只有在动用了法律上规定的所有手段或者方法

---

[1] Carlos Esplugues, José Luis Lglesias, Guillermo Palao, *Application of Foreign Law*, Sellier European Law Publishers, 2011, p. 107.
[2] 刘来平:《外国法的查明》,法律出版社,2007年版,第132页;郑新俭、张磊:"中国内地域外法查明制度之研究",载中国涉外商事海事审判网http://www.ccmt.org.cn/showexplore.php?id=811,2012年4月2日访问。

都未能查明外国法的情况下才可以认定外国法无法查明。①

通过限制调查的时间或者要求用尽查明方法来设定外国法不能查明的判断标准，这种方式看起来符合诉讼经济的原则，加之标准明确，便于法官操作。但是这种僵化的、统一的标准在现实中会遭遇困难或者招致不合理的结果。第一，具有涉外因素的国际私法性的案件本身多种多样，针对这些不同性质不同情况的案件设定统一的时限本身不太现实。事实上基于这种考虑，我国民事诉讼法对涉外民事案件本身就没有做出审限上的规定。② 第二，前面章节中已经说明，外国法的查明上适用自由证明模式，并不限于法定证据方式。随着技术的发展，新的查明方式也可能出现。在法律规定中不可能列举出所有的查明方法。第三，这种过分形式主义的标准在具体的案件中有可能带来诉讼迟延和诉讼资源浪费的恶果，其结果是当事人的利益并没有因为这种严格的标准而得到更好的保护反而可能遭受更多的损害。

由于在外国法无法查明上很难设定一个绝对统一的标准，结果只能依靠一个抽象的、弹性的标准。这个抽象的、弹性的

---

① 例如前面曾经提及的德国1991年的判例中，德国联邦最高法院曾经以没有用尽可能的资料来查明外国法为由撤消了关于埃塞俄比亚法的原审判决。BGH, NJW 1991, 1418, 1419. 我国由于在法律规定中列举了六种查明途径，也曾有观点认为应当在用尽法定的查明途径之后才可以认定外国法无法查明。

② 我国《民事诉讼法》中规定："人民法院审理涉外民事案件的期间，不受本法第一百四十九条、第一百七十六规定的限制。"（2012年《民事诉讼法》第270条）。

标准一般会表述为"合理的期间"或者"合理的手段"等。这个标准本身具有一定的弹性，根据具体争点的不同会有所不同。那么这个合理性又该如何判断？如果在外国法无法查明的判断上设定一个非常低的判断标准，强行要求法官在尚存疑虑的状态下对案件作出判断无疑会损害诉讼法上的公平。反之，如果设定了一个过高的标准，那么实务中就会由于很难达到这个标准最终导致法官不得不想方设法回避外国法的适用，结果是国际私法的目标很难被达成。因此，尽管不能设定一个绝对统一的标准，在合理性标准的把握上还是应当有一定的指导性原则。

2. 对证明标准的参照及对外国法查明特殊性的考量

（1）对证明标准的参照

无论外国法的性质是法律还是事实，从实际情况看，对外国法的查明与对案件事实的调查非常相似。因此外国法无法查明的判断标准可以考虑参照事实证明标准来判断。民事诉讼法上一般性事实的证明标准大体上有两种表述方法。英美法上将其表述为"高度的盖然性"，大陆法系通常将其表述为法官的"内心确信"。这两种表述被认为是一个标准，即客观上要符合高度的盖然性，主观上要达到使法官确信的程度。[1]

---

[1] 关于民事诉讼中一般事实证明标准，参见张卫平：《民事诉讼法（第三版）》，法律出版社2013年版，第223页；[韩]李时润：《新民事诉讼法（第8版）》，博英社2014年版，第517页。

外国法查明制度的功能在于实现本国的国际私法规则,以这种认识为基础,参照一般性事实的证明标准,对外国法无法查明的判断标准可以做如下表述。即从主观上,取得的外国法信息能够达到使法官确信的程度时,法官可以作出外国法查明的结论。从客观上,经过相当一段时间内,尽管法官或当事人付出了合理的努力,但是取得的外国法信息不能达到极大可能或者非常可能如此的程度,则法官可以作出外国法无法查明的结论。

(2) 对外国法查明特殊性的考量

外国法带有不同于一般事实的特性,因此在作出外国法无法查明的判断时,应当对其特殊性给予必要的注意。

第一,法官对外国法的理解无法达到对内国法的理解程度,因此不能以对内国法的理解程度为标准,作出是否达到内心确信的判断。实际上外国法的查明上存在一个潜在的前提,即通常法官对外国法的理解是不能达到对内国法一样的理解程度的。通过外国法调查程序,法官当然可以取得有关外国法的信息。但是一个国家的法秩序的运行不仅包括法律条文和相关判例,还和一国的政治制度、文化传统以及法律传承有着密切的关系。这些因素并不是都能明示表现在相关法律条文或者相关判例中。本国的法官在运用本国法时自觉或不自觉得基于已有的对本国的认识对相关法律进行理解,而外国的法官即使经过充分的努力,上述信息无法通过外国法查明程序而获得,因

第三章 诉讼程序中外国法适用的实现——比较法的考察

此从整体而言也无法达到本国法官相同的理解程度。那么如果以自己理解本国法时的内心确信程度来判断是否查明了外国法，意味着在很多情况下，法官无法作出外国法已经查明的判断。换句话说，如果以这样苛刻的条件来要求法官，那么对法官或者当事人而言，只能是抛弃对外国法的查明。

第二，外国法适用结果的合理与否不应成为外国法是否查明的判断标准。按照外国法适用上的"同一性原则"，外国法的解释和适用应当按照外国法所属国法院适用时的认识和解释加以适用。[1] 同样，外国法适用结果是否合理也应当站在外国法所属国法官的立场上进行判断。法院地法官不应站在本国法立场上判断外国法适用结果不合理，进而仅以此为由认为不能达成内心确信，从而作出外国法无法查明的论断。这种情况下，应当进行进一步的查明，如果其结果的确与原来的结论一样，则应当作出外国法已经查明的结论。当然，这个时候如果适用外国法的结果不符合法院地国家的公序良俗或者违反强制性规定，在符合相关条件的前提下，可以排除外国法的适用。这一结果虽然与外国法无法查明的结果可能是一样的，但是其逻辑推理的过程是迥然相异的。

第三，从理论上，外国法作为一个客观的存在是可以查明的，但是放置在诉讼程序当中时，是否作出外国法无法查明的

---

[1] 李双元主编：《国际私法（第三版）》，北京大学出版社2011年版，第129页。外国法解释的详细内容参见本书第三章第四节。

判断要考虑到诉讼法上的因素。例如，为查明外国法所需要的时间和费用应当成为法官考虑的因素。假如，为了查明外国法将花费过度高昂的费用或者会造成诉讼的过分迟延，尽管客观上有可能查明外国法，法官也可以作出外国法无法查明的判断。最极端的例子比如，外国法所属国处于战争状态给外国法查明带来极度的困难，此时作出外国法无法查明的判断也是合理的。

3. 对法官随意作出外国法无法查明判断的制约机制

即使是在由当事人承担查明责任的国家，外国法无法查明的判断也是由法官来作出。那么对法官的这一权力如何进行监督或者制约则值得考虑。这种考虑不仅可以从一般性的视角出发还应当从制度层面来设计。

前者的典型例子比如，在德国，在专家鉴定意见的运用上，通常专家鉴定意见如果不存在明显矛盾之处，当事人没有相反的意见，法官可以依赖该专家鉴定意见，作出自己的判断，但是如果当事人对专家鉴定意见提出异议或者提供了进一步的相关信息，法官为了取得完全的内心确信，应当作进一步的调查。[①] 这基本上是一个逻辑上的推断，因为当事人的异议或者当事人提供了进一步的信息，法官基于专家鉴定意见产生的对外国法的确信发生了动摇，因此从逻辑上应当作进一步的

[①] Carlos Esplugues, José Luis Lglesias, Guillermo Palao, *Application of Foreign Law*, Sellier European Law Publishers, 2011, p. 107.

调查，如果不作进一步的调查，径行作出外国法查明或者无法查明的判断，则显然可以视为未履行查明义务的行为。

后者的情况，即制度建设层面，可以考虑一下两个路径。第一，要求法官在裁判文书当中阐述判断外国法无法查明的理由或者说明已经采用的调查方法等可以表明为调查外国法已经付出过努力。德国司法实践中正是采用了这种做法。第二，对外国法的查明可以得到上诉审的救济。[①] 即，上级法院可以对下级法院的查明外国法的活动进行司法上的监督。第二点的实现以第一点的实现为前提。

二、外国法无法查明的处理

在具体个案中，如果外国法无法查明，法官应当采用何种补充方案来解决纠纷案件，这是讨论外国法查明不能回避的问题。在这个问题上，各国的学说和判例都不尽一致。

（一）各代表性国家的立法和实务

无论是英美法系国家还是大陆法系国家，大部分情况下都没有将外国法无法查明的补充方案明示规定在立法中，而是交给司法来解决。因此在下面的考察中会发现，即使是一个国家

---

① 参见本书第三章第五节中外国法适用错误的救济部分的讨论。

内部，也可能存在不同的处理方式，有时候很难说哪一种方式是一个国家的一般性或者普遍性做法。

1. 英国

（1）英国法的推定适用——传统上的态度

英国在传统上，如果当事人对外国法没能进行充分的证明，法院通常会推定外国法的内容与英国法一致，并以此为根据适用英国法。①

这种方式从逻辑上是很难理解的。如果外国法没有得到充分的证明，意味着法官没有获得对外国法的清楚认识。那么法官又如何知道外国法的内容和英国法一致？即使是英国的学者也对这种方式提出了批评，认为这种做法不过是一种"伪饰（artificial）"，法院应当抛弃这种技术上的假定，在外国法无法证明时直接适用作为法院地法的英国法。②

（2）Shake 案件及之后判例的态度

外国法无法证明时推定适用英国法的做法由于逻辑上的混乱招致了很多质疑，此后在这种情况下应当直接适用法院地法的观点逐渐被主流所接受。③ 2003 年，在 Shake v. Monhanmmer

---

① Dicey and Morris, *The Conflict of Laws*, 13th ed. Sweet & Maxwell, 2000, para. 6.99.
② J. H. C. Morris, *The Conflict of Laws*, Sweet & Maxwell, 1993, p. 40.
③ Fentiman, *International Commercial Litigation*, Oxford University Press, 2010, para. 6.103.

第三章 诉讼程序中外国法适用的实现——比较法的考察

Al-Bedrawi 案件①中，上诉审法院抛弃了传统立场，认定在外国法无法证明的情况下，直接适用作为法院地法的英国法。在这个案件中，准据法为美国宾夕法尼亚州法，但诉讼中没有证据证明该准据法。第一审法院按照传统方式推定宾夕法尼亚州州法与英国法一致，最终适用了英国法。一审判决后，当事人针对一审法院作出的宾夕法尼亚州法与英国法一致的推定向上诉审法院提出了异议。上诉审法院把要审理的争点归纳为没有证据时是否应当适用英国法的问题，并且没有按照传统推定本应适用的准据法与英国法一致，而是直接作出了把英国法作为准据法适用的结论。该案最终因为英国法上没有相关具体规定，法院适用了作为英国法一部分的普通法原则和一般承认的公司法原则。

Shake 案的上诉审法院的判决对传统立场有两个方面的修正。② 一是法官判断的对象不是外国法和英国法一致的推定是否合适的问题，而是这种情况下适用英国法是否合适的问题。二是英国法的补充性适用要受到一定的限制。这种应当受到限制的例外究竟应当包括哪些情况，目前还没有经过系统化的整理，但是通常在下列情况下，不能补充适用英国法或者英国法

---

① §42（C. A. 2002）[2003] Ch. 350.
② Fentiman, *International Commercial Litigation*, Oxford University Press, 2010, pp. 318~319.

中的某些具体规定。① 第一，补充适用的英国法的相关规定在性质上不应当被适用。例如，要适用的具体英国法相关规定仅限于特定范围的人或者案件的情况。在 Shake 案件中，作为外国法不能查明的补充性方案适用的英国公司法案（HK Company Act）的适用对象仅限于英国的公司，不能适用于与纠纷案件有关的外国公司。再比如，某些制定法的适用范围仅限于一定的地域，这些制定法也不能作为补充性方案予以适用。第二，外国法被指定为准据法必须予以适用的，不能通过假定该法和英国法一致而适用英国法。第三，没有经过严格的证明外国法的程序的，不能直接适用英国法。

尽管 Shake 案件对传统立场作出了修正，但是 Shake 案件之后，仍然有坚持传统立场的案件出现。②

2. 美国

美国在外国法无法查明的处理上并不都是采取一样的做法，但是比较普遍的处理方式是补充适用作为法院地法的美国法，权威性观点也认为，在外国法无法查明的情况下，除非一些特殊情况，法院地法是唯一应当被适用的准据法。③

---

① Fentiman, *International Commercial Litigation*, Oxford University Press, 2010, pp. 320~324.
② Fentiman, *International Commercial Litigation*, Oxford University Press, 2010, para. 6.113.
③ Hay, P., Borchers, P. J., and Symeonides, S. C., *Conflict of Laws*, West, 2010, p.612. 在这个问题上，州法院的做法与联邦法院的做法大体上一致，因此在此对州法院的实务不再另行说明。

第三章 诉讼程序中外国法适用的实现——比较法的考察

美国法院适用法院地法的理由大体上有以下几种。[①]（1）外国法以普通法为根据，美国法也是以普通法为基础，因此外国法与美国法一致；（2）外国法和法院地法一致；（3）外国法以文明国家均承认的原则为根据，所以与法院地法一致；（4）当事人默示同意以法院地法代替准据外国法适用。

上述（1）、（2）、（3）的解释大体上与英国的思路和解释方法一样，但是和英国一样，如果被指定为准据法的外国法与美国法有明显的不同，那么就很难说通过推定准据外国法与美国法一致以适用美国法的做法是合理的。20 世纪初，美国联邦法院在 Cuba v. Crosby[②] 这一指导性的判例中，明确认定，在准据外国法与美国法明显不同时，特别是属于大陆法系的情况下，不允许假定双方是相同的。从此以后，外国法无法查明的情况下，假定准据外国法与美国法相同从而适用作为法院地法的美国法的做法被抛弃，同等情况下，法院或者驳回当事人的诉讼请求，或者直接将法院地法作为补充性的准据法予以适用。

例如，在 Walton v. Arabian American Oil Co. 一案[③]中，美国联邦法院没有补充性适用美国法（纽约州法）而是驳回了当事人的诉讼请求。在该案中，位于阿肯色州的原告以某特拉

[①] Hay, P., Borchers, P. J., and Symeonides, S. C., *Conflict of Laws*, West, 2010, pp. 610~611.
[②] 222 U. S. 473 (1912).
[③] 233 F. 2d 541 (2d Cir. 1956).

华州公司为被告在美国纽约联邦法院提起侵权之诉。案件的起因是被告的一个雇员在沙特阿拉伯驾驶被告所有的机动车在行驶途中与原告驾驶的车辆发生碰撞。原告因该交通事故受重伤。在诉讼中,原告没有提出适用沙特阿拉伯法的主张,也没有对该法进行举证,不仅如此,原告还坚持要求适用美国法。审理法官认为,美国法上的原则在非普通法国家或者不存在或者很可能与之不同,最终以此为由拒绝接受当事人适用美国法上侵权行为有关原则裁判的主张。此外,在该案中,原告要求适用法院地法的另一个理由是,沙特阿拉伯不存在法制体系,因此不属于文明国家。这一主张也因为缺乏证据而未被法院所接受。考虑到当事人对外国法拒绝举证这一点,审理法院没有对沙特阿拉伯法进行司法认知而是驳回了他的诉讼请求。第二审法院最终也支持了第一审法院的立场。[1]

与 Walton 案件的判断推理不同,在 Leary v. Gledhill 案件[2]当中,新泽西最高法院通过假定当事人已经默示达成一致从而适用了作为法院地法的美国法。在这个案件中,本应适用的准据法为法国法。新泽西州最高法院没有假定法国法与美国法相同,而是认定当事人就适用法院地法默示达成了一致,从而最终适用了美国法。

---

[1] 这个案件中存在一些特殊的情节值得注意。例如,在诉讼过程中,法官曾明确告知当事人要对外国法进行证明,而且法官也并不熟知沙特阿拉伯法。
[2] 8 N. J. 260, 84 A. 2d 725 (1951).

第三章 诉讼程序中外国法适用的实现——比较法的考察

在准据外国法与美国法显然不同的情况下，作为补充性方案是应当驳回当事人的诉讼请求还是适用作为法院地法的美国法，在这一点上，美国的司法实务做法不尽一致。针对Walton案件，有批判性的意见认为，该案件作为一种令人遗憾的结果在以后审理的案件中应该予以避免。[①] 实务中也出现了与之相反的判例。例如，在Twohy v. First National Bank[②]案件中，主审法官Cummings认为，当事人未对作为准据法的西班牙法进行举证的情况下，法院拒绝仅以此为由驳回当事人诉讼请求的做法是正确的。但是，也不能说在这一案件之后再也没有坚持原来的立场的案例出现。例如，1998年由联邦第二巡回法院审理的Curley v. AMR corp. 案件[③]中，被告请求法院作出支持自己一方的简易判决，但是法院以被告未能就其作为依据的墨西哥法进行充分举证为由拒绝了被告的请求。

除了适用法院地法和驳回当事人诉讼请求的做法以外，一些美国的联邦法院还在外国法无法查明的情况下，适用所谓

[①] Hay, P., Borchers, P. J., and Symeonides, S. C., *Conflict of Laws*, West, 2010, p. 612.

[②] 758 F. 2d 1185 (7th Cir. 1985).

[③] 153 F. 3d 5 (2d Cir. 1998).

"一般性原则（general principles）"来解决具体问题。① 这种情况下，国际统一私法协会国际商事合同通则（Unidroit Principles of International Commercial Contracts）② 等国际性的规范被认为是属于这种一般性原则，可以在原来指定的准据外国法无法查明时作为补充性方案予以适用。③

3. 德国

德国对外国法无法查明下应当如何适用法律的问题没有在成文法上作出明文的规定，而是交给司法来解决。

（1）拒绝驳回诉讼请求

尽管有观点认为，在外国法无法查明④时，应当驳回当事

---

① 例如 Tidewater Oil Co. v. Waller, 302 F. 2d 638（10th Cir. 1962）；E. Gerli & Co. v. Cunard S. S. Co., 48 F. 2d 115（2d Cir. 1931）；Compagnie Gdncrale Transatlantique v. Rivers, 211 Fed. 294（2d Cir.），cert. denied, 232 U. S. 727（1914）；Rosenthal v Compagnie GAnrale Transatlantique, 14 F. R. D. 33（S. D. N. Y. 1953）。转引自 Arthur R. Miller, "Federal Rule 44. 1 and The 'Fact' Approach to Determining Foreign Law: Death Knell for A Die – Hard Doctrine", 65 *Mich. L. Rev.* 613, 693（1966 – 1967）.

② 国际私法统一协会的国际商事合同通则在序言里宣称，在准据法无法确定时，可以以该通则作为解决方案。国际商事合同通则的法律性质上，存在多种观点，包括商事习惯法、示范法、国际合同法的重述等等。左海聪："试析《国际私法协会国际商事合同通则》的性质和功能"，载《现代法学》2005年第9期，第174~181页。

③ Sofie Geeroms, *Foreign Law in Civil Litigation- A Comparative and Functional Analysis*, Oxford University Press, 2004, para. 2. 484.

④ 从下面的分析看，在具体的案件中，德国法院并没有明确区分外国法无法查明和外国法的欠缺这两种情况，而是将其作为同样的问题予以处理。因此下面对外国法无法查明问题处理方式的考察实际上还包含外国法上无相关规定的情况。

第三章 诉讼程序中外国法适用的实现——比较法的考察

人的诉讼请求，但是在实务当中几乎不存在这样的判决。①

德国联邦最高法院在 1977 年的一个判例②中，明确拒绝了这一做法，认为外国法无法查明的情况下驳回诉讼请求的做法不应当作为一般性的处理方法。它的理由是，按照德国法，对外国法的调查义务并不是放在当事人身上，而是由法官承担，因此不能拒绝审判。

（2）法院地法的补充性适用及其他可能的处理方法

作为一般性的处理办法，德国法院通常通过援引民事诉讼法（ZPO）第 293 条，在外国法无法查明时补充性适用德国法。③只是，法院地法的适用并不是绝对无例外的。德国联邦最高法院也曾经提及，在德国法的补充性适用可能招致"过分令人不满意的结果"时，可以适用与原来指定为准据法的外国法有"密切联系"的外国法或者适用相信可能是准据法内容的规定。④

---

① Sofie Geeroms, *Foreign Law in Civil Litigation- A Comparative and Functional Analysis*, Oxford University Press, 2004, para. 2.449.

② BGHZ 69, 387。在这个案件中，非婚生子的父亲曾经对该非婚生子进行过不充分的认知，后该非婚生子的生父母结婚，法院需要判断，非婚生子生父母的结婚能否使得之前并不充分的认知合法化。最终法院查明的结果是，作为准据法的突尼斯法上对这种情况并无相关规定。转引自 Sofie Geeroms, *Foreign Law in Civil Litigation- A Comparative and Functional Analysis*, Oxford University Press, 2004, para. 2.450.

③ Carlos Esplugues, José Luis Lglesias, Guillermo Palao, *Application of Foreign Law*, Sellier European Law Publishers, 2011, p.109.

④ Carlos Esplugues, José Luis Lglesias, Guillermo Palao, *Application of Foreign Law*, Sellier European Law Publishers, 2011, p.109.

在上述 1977 年的案例中，法院最终适用了法院地法，但是法院并不是认为在外国法无法查明的情况下均应补充性适用作为法院地法的德国法，而是在认定纠纷案件与德国有关联性的基础上，补充适用了德国法。此后，法院在 1981 年的一个判例①中再次阐明了与此相同的立场。

如果纠纷案件与德国不存在任何关联性，德国联邦最高法院曾在判例②中认定，这种情况下，可以适用其他与之有联系的其他外国法，例如适用原来曾被指定为准据法的外国法的母国法等。③

除了上述实务中的处理方法之外，在学说上也有人主张，这种情况下可以适用冲突法规则上规定的补充性连接点所指定的其他国家的法或者适用信用证统一规则等统一法（uniform law）。④

---

① BGH, NJW 1982, 1215。在这个案例中，作为准据法的突尼斯民法典上并无相关规定，司法中也没有相关的判例。突尼斯的学术资料中主张可以参照瑞士，在一定条件下支持相关权利。但是上诉审法院认为相关的纠纷案件并不符合突尼斯学说中的那些条件，结果法院援引 1977 年的判例，最终补充性的适用了德国法。转引自 Sofie Geeroms, *Foreign Law in Civil Litigation- A Comparative and Functional Analysis*, Oxford University Press, 2004, para. 2.451.

② BGHZ 69, 387; BGH, NJW 1982, 1215, 1216. 转引自 Sofie Geeroms, *Foreign Law in Civil Litigation- A Comparative and Functional Analysis*, Oxford University Press, 2004, para. 2.483.

③ Sofie Geeroms, *Foreign Law in Civil Litigation- A Comparative and Functional Analysis*, Oxford University Press, 2004, para. 2.483.

④ Carlos Esplugues, José Luis Lglesias, Guillermo Palao, *Application of Foreign Law*, Sellier European Law Publishers, 2011, p. 109.

尽管可选择的解决方法有多种，但是在实务当中，大部分情况下会补充性适用法院地法。①

4. 法国

过去，法国判例上认为，在外国法无法查明时可以驳回当事人基于外国法提出的诉讼请求。② 此后，最高法院的立场逐渐发生了变化。

1980年代，法院尝试着将外国法的证明进行了区分，将其分为对外国法基本内容的证明和对外国法特别规定的证明，并针对不同情况以不同的方式进行处理。即，对外国法基本内容无法证明的，法院补充性适用法国法，但在作为当事人诉讼请求基础的外国法的特别规定上，当事人无法证明的，法院可以驳回其诉讼请求。③

但是20世纪90年代以后，主流观点认为，外国法无法查明时，不应当驳回诉讼请求。1991年，法国最高法院接受了这样的主流观点，认为即使外国法无法查明，也不能马上驳回

---

① Carlos Esplugues, José Luis Lglesias, Guillermo Palao, *Application of Foreign Law*, Sellier European Law Publishers, 2011, p. 110.
② 24 Jan. 1984, 1984 Bull. Civ. I, No. I, No. 33, 26, 转引自 Sofie Geeroms, *Foreign Law in Civil Litigation- A Comparative and Functional Analysis*, Oxford University Press, 2004, para. 2.447.
③ Sofie Geeroms, *Foreign Law in Civil Litigation- A Comparative and Functional Analysis*, Oxford University Press, 2004, para. 2.467.

当事人的诉讼请求。① 到了1993年，法院在判例年报中就可以驳回当事人诉讼请求的限制性条件作出了解释。这些限制性条件包括（1）涉案的权利不属于可自由处分的权利；（2）当事人无理由或者恶意地对法院进行的外国法查明不予协助。② 按照这个判例，法院仅限于在以下两个条件均具备的情况下才可以驳回当事人的诉讼请求。第一，涉案的权利属于不可处分的权利；第二，当事人无正当理由或者出于恶意不提供协助。一般认为，这种情况下驳回诉讼请求的法律依据是民事诉讼法第11条。③ 按照该条的规定，当事人不遵守法院要求提供协助的命令的，法院可对此予以制裁。

1993年，在Amerford案件中，法院明确认定，在涉案权利属于可处分的权利时，如果外国法无法查明，则补充性适用

---

① UAP, Cass. 1 civ. fr., 8 jan. 1991, REV. crit. dip. 569 (1991)，转引自 Sofie Geeroms, *Foreign Law in Civil Litigation- A Comparative and Functional Analysis*, Oxford University Press, 2004, para. 2. 445.

② Sofie Geeroms, *Foreign Law in Civil Litigation- A Comparative and Functional Analysis*, Oxford University Press, 2004, para. 2. 448.

③ 第11条的英文本内容如下：

"The parties are held to cooperate for the implementation of the investigation measures, even if the judge notes the consequences of abstention or refusal to do so.

Where a party holds evidence material, the judge may, upon the petition of the other party, order him to produce it, where necessary under aperiodic penalty payment. He may, upon the petition by one of the parties, request ororder, where necessary under the same penalty, the production of all documents held by third parties where there is no legitimate impediment to doing so."

载http://www.legifrance.gouv.fr/Traductions/en – English/Legifrance – translations.

法院地法。①

最近，法国最高法院再次阐明外国法无法查明时适用法院地法的立场。② 即"法国的法官在认定某一外国法可以适用却无法确认该外国法的内容时，可以补充适用法国法"。③ 因此，在法国，外国法无法查明时可以补充适用法院地法应无疑问。④

（二）对各种处理方式的探讨

从上述各国的立法和实务看，在外国法无法查明时，可以作为补充性方案的办法有以下几种，即（1）适用法院地法；（2）驳回当事人的诉讼请求；（3）适用近似的法（或其他有密切联系的法）或者一般性原则；（4）适用补充性连接点所指定的其他法。下面对这些处理方式分别作出探讨。

1. 法院地法的适用

通过上面对各国立法和实务的考察可以发现，不仅各国在

---

① Amerford, Cass. com. fr., 16 Nov. 1993, 1993 Bull. Civ. IV, No. 405, 294, 转引自 Sofie Geeroms, *Foreign Law in Civil Litigation- A Comparative and Functional Analysis*, Oxford University Press, 2004, para. 2. 465.

② Carlos Esplugues, José Luis Lglesias, Guillermo Palao, *Application of Foreign Law*, Sellier European Law Publishers, 2011, p. 192.

③ C. Cass., first civil chamber, 21.11.2006, Bull. Civ., no 500, Rev. crit. dr. int. priv. 2007, p. 575, 转引自 Carlos Esplugues, José Luis Lglesias, Guillermo Palao, *Application of Foreign Law*, Sellier European Law Publishers, 2011, p. 192.

④ Carlos Esplugues, José Luis Lglesias, Guillermo Palao, *Application of Foreign Law*, Sellier European Law Publishers, 2011, p. 192.

外国法无法查明的补充性处理方案上各自不同,而且即使在一个国家内部也常常存在不同的处理方式。尽管如此,这种情况下补充适用法院地法的方式几乎在所有国家都得到了承认。只是,有的国家是通过立法来予以明文规定,① 而有的国家则不是通过立法来明文规定而是通过司法判决来予以确立。此外,有的国家将法院地法的适用作为唯一可选择的方式,在外国法无法查明时,法官只可以适用法院地法,而有的国家是将其作为几种选择项中的一个,允许法官根据个案的具体情况适用其他更合理的法作为准据法。

(1) 法院地法被广泛运用的理由及优势

从逻辑上看,为什么外国法无法查明时适用法院地法是一个令人困惑的问题。

以英国为例,英国虽然是采用外国法事实说的代表性国家,但是在当事人无法对准据外国法提供充分证明时,英国并没有采用事实说的立场。如果坚持事实说的立场,在当事人无法证明时,作为当事人对主要事实无法举证的结果,法官应当拒绝接受以外国法为依据的一方当事人的主张或者驳回当事人的诉讼请求。但是事实上,英国法院在这种情况下采用了类似

---

① 例如1987年瑞士国际私法第16条第2款规定:"外国法内容不能查明时,适用瑞士法律。"刘颖、吕国民编:《国际私法资料选编》,中信出版社2004年版,第6、7页。1978年奥地利国际私法第4条规定:"虽经充分努力,在相当期限内无法查明外国法的,适用奥地利法。"参照〔韩〕法务部,《各国的国际私法》,第71页,韩文译本。

第三章 诉讼程序中外国法适用的实现——比较法的考察

法律说的立场，通过假定准据外国法与英国法一致而适用英国法。换句话说，在外国法查明时，外国法是事实，在无法查明时，外国法又具有了英国法一样法律的性质。[1] 外国法与英国法一样的假定明显具有逻辑上的矛盾，对这种做法很难作出合理的解释。英国学者都建议抛弃这种推定，在外国法无法查明时，直接适用法院地法。[2] 这种建议也得到了司法上的呼应。但是在英国，法院地法的适用无论是从理论上还是从传统上都找不到逻辑清晰、合理的理由。

作为采用外国法法律说的典型国家，德国虽然在实务中也普遍采用法院地法作为外国法无法查明时的补充性方案，但是也并没有充分的理论根据。从法律说出发并不能自然得出外国法查明时应当适用法院地法的结论。从上面的例子看，德国法院也曾经尝试着以法院地与纠纷事案有关联性作为根据，但是也并没有将其作为强制性要件，只是在法院地与纠纷事案毫无关联时赋予法官一定的裁量权，允许其适用其他更合理的准据法，以避免过分荒谬的结果发生。德国的学者曾经分析过实务中法官偏好法院地法作为补充性方案的原因，认为如果不适用法院地法而适用其他的法的话，从程序上不仅需要对其他法的适用作出有

---

[1] Jänterä‑Jareborg, M., "Foreign Law in National Courts: a Comparative Perspective", 304 *Recueil des Cours* (2003), p. 179, 330.

[2] Dicey and Morris, *The Conflict of Laws*, 13th ed. Sweet & Maxwell, 2000, pp. 232~235.

深度的推理分析，还很有可能遭遇到当事人的反对。①

可见，外国法无法查明时适用法院地法的做法，与其说是具有坚实的理论基础，不如说是基于实用主义的考虑，与传统或者理论并不具有那么大的关联性。

法院地法的补充性适用，在实践当中的好处是显而易见的。一方面，从法官的立场上看，法官熟悉并了解本国法，错误适用本国法的可能性小。另一方面，从当事人角度看，如果存在相关规定或者判例，表明在外国法无法查明时法院地法将会被适用，法选择的确定性即得到保障，当事人便可以对法的适用具有充分的预见。此外，这种高度的确定性在某种程度上避免了诉讼过分迟延的弊害，因为法官无需对是否还存在其他更为合理的准据法作出判断，也不用对其他准据法的适用作出说明，当事人也无需就这一问题进行进一步的资料收集和举证。

（2）适用法院地法方式的弊端

外国法无法查明时适用法院地法的做法可能存在的弊端至少要包括以下几个方面。

第一，当事人或者法官可以利用这一规定回避外国法的适用，达到适用法院地法的目的。在当事人承担证明外国法责任的模式下，当事人只要不对外国法提供证明，或者不提供充分的证明，就可以排除冲突法的适用，从而达到适用本国法的目

---

① Carlos Esplugues, José Luis Lglesias, Guillermo Palao, *Application of Foreign Law*, Sellier European Law Publishers, 2011, pp. 109~110.

的。尽管采取当事人证明模式的国家大多任意性适用冲突规则，当事人回避外国法适用的行为似乎并不违反强制性规定，但是正如前文曾经提及的，即使是在英美，也并不认为冲突规则的所有领域都是可以任意性适用的。在法官承担查明外国法责任的模式下，法官普遍偏好适用本国法，如果规定外国法无法查明时马上无例外地适用法院地法，将可能助长法官回避适用外国法的倾向，在一定程度上促使法官更为轻率地作出外国法无法查明的判断。

第二，无例外的适用法院地法，在某些情况下可能是不合适的。特别是如果争点与法院地毫无联系，本来要适用的外国准据法与法院地法有着显著不同的情况①下，法院地法的适用缺乏合理的根据。再比如当事人某些权利的获得带有一定国家授权的意味②时，很难想象，这种情况下可以依据法院地法来进行判断。

2. 驳回当事人诉讼请求或不接受当事人的主张

驳回当事人诉讼请求也是外国法无法查明时的一种可选择的补充性方案。美国和法国都出现过以这种方式处理外国法无法查明的例子。③

---

① 例如在家族法领域的诸多问题上，中韩等亚洲国家和欧美国家有显著不同。
② 例如知识产权中专利权、商标权的取得。
③ 除此之外，荷兰也有以这种方式处理外国法无法查明情况的案例。Sofie Geeroms, *Foreign Law in Civil Litigation- A Comparative and Functional Analysis*, Oxford University Press, 2004, para. 2.452.

(1) 理由及优势

驳回当事人诉讼请求的方式可以以外国法事实说作为根据。按照这种观点，外国法无法查明时，诉讼上作为当事人诉因的事实或者抗辩事实没有得到充分证明，应当与其他一般事实未被充分被证明一样，驳回当事人的诉讼请求或者不接受当事人的抗辩主张。[1]

也有的国家从冲突规则的强制性出发，对这种做法作出解释。例如西班牙[2]法院认为，冲突规则具有强制性规则的特性，按照冲突规则指定外国法为准据法的情况下，如果适用其他的法意味着违反了作为强制性规则的冲突法规则。另外，这种方式还可以防止当事人通过不举证证明外国法来达到回避适用外国法从而适用法院地法的目的。[3] 西班牙法院还认为，驳回诉讼请求的做法可以保障司法的可预见性，理由是，这么做无论在什么情况下，都不会适用原来被冲突规则指定为准据法

---

[1] [韩] 朴基甲，《国际私法总论——以法律冲突理论为中心》，三木社1996年版，第218页。

[2] 西班牙在外国法无法查明的处理上并无成文法的规定，司法实践中存在适用法院地法和驳回当事人的诉讼请求两种做法，两种做法均有相应的案例。Carlos Esplugues, José Luis Lglesias, Guillermo Palao, *Application of Foreign Law*, Sellier European Law Publishers, 2011, p. 363.

[3] 肖芳：《论外国法的查明——中国法视角下的比较法研究》，北京大学出版社2010年版，第145页；Marta Requejo, "Foreign Law before the Spanish Courts: the Need for a Reform", 载 http://conflictoflaws. net/2009/foreign-law-before-the--spanish-courts-the-need-for-a-reform/，2013年10月12日访问。

第三章 诉讼程序中外国法适用的实现——比较法的考察

之外的法。[1]

从法国的实务看,驳回当事人诉讼请求或拒绝接受其抗辩主张的做法通常带有惩罚的性质,是对当事人无理由或恶意不提供协助的一种惩罚。

除上述理由外,这种做法还有一些现实性的考虑。美国学者 Sass 支持这一做法,认为在外国法的内容已获一定程度的证明的情况下再返回头来适用法院地法的做法在诉讼中并不是一件容易的事,另外当事人如果是以违反外国法为理由提起诉讼的,法院在这种情况下适用法院地法显然是不合适的。[2]

(2) 弊端

诉讼最重要的功能是定纷止争。那么如果仅仅以外国法无法确认为由就驳回当事人诉讼的话,实际的纠纷仍然存在,诉讼的功能没有得到充分的发挥,构成诉讼资源的浪费。不仅如此,已经经过的诉讼已经带来了时间和费用的花费,对当事人而言也不够经济。此外,对这种做法持批判性意见的学者还认为,驳回当事人诉讼请求的做法是不符合宪法的,因为这会侵犯公民获得公正的宪法性权利。[3]

---

[1] Marta Requejo, Carlos Esplugues, José Luis Lglesias, Guillermo Palao, *Application of Foreign Law*, Sellier European Law Publishers, 2011, p. 363.

[2] Stephen L. Sass, "Foreign law in Federal Court", 29 *Am. J. Comp. L.* 97, 112 (1981).

[3] Carlos Esplugues, José Luis Lglesias, Guillermo Palao, *Application of Foreign Law*, Sellier European Law Publishers, 2011, p. 364.

3. 适用近似法或者一般法原则

(1) 近似法及一般法原则的判断

正如前文中曾经提及的，美国和德国的实务中，有案例判定，在外国法不能查明时，可以适用与原来被指定为准据法的外国法有密切联系的法或者一般性法原则。由于前者的意图在于适用与本应适用的准据法相近似或者类似的法，因此韩国学说上将其称为近似法说；后者通常被称为法理①说。韩国学说还认为广义的法理包含了近似法，加之近似法和一般性法原则（法理）之间类似之处颇多，因此在这里将两者结合起来一起讨论。

适用近似法必然面临一个如何判断是近似法的问题。从司法实务看，通常与原被指定为准据法的外国法有一定承继关系的法或者具有相同法传统的法会被视为是近似法。例如，原来应适用的准据外国法的母国法在德国的司法实践中曾被视为是近似法而被适用。② 日本也曾经有从之前适用的法令推定准据

---

① 韩语原文为"条理"，在法学上使用时，是指基于事物的本性、事物自然的属性、事物的本质性的规律、事物的道理或者人的理性等的规范。李英俊：《民法总则（改正增补版）》，博英社2007年版，第29页。

② 德国早期的一个判例中曾这样认定近似法。在该案例中，一个厄瓜多尔人根据其父亲的遗言被剥夺了继承权，当时正处于第一次世界大战期间，厄瓜多尔的法因此很难取得。德国法院了解到厄瓜多尔民法是以智利民法为蓝本而制定，法院认为适用智利民法比适用德国法更为适当，最终适用了智利法。马丁·沃尔夫著：《国际私法》，李浩培、汤宗舜译，法律出版社1988年版，第323~324页。

第三章 诉讼程序中外国法适用的实现——比较法的考察

法内容的判例。①

适用一般法原则（法理）的观点，从其意图上说，是在难以找到合适的补充性准据法的时候，按照事物内在、本来的规律来作出判断。但是在何为一般法原则或者何为法理的问题上，各国的观点不尽一致。比如，前文曾提及的，美国和德国认为可以适用一般法原则，并认为国际统一法或者示范法甚至商事习惯法可以当做一般法原则的内容来予以适用。那么除了这些国际性的统一规范之外，是否还存在其他的一般法原则？如果承认各国的法理并不完全一致的话，在外国法适用上作为外国法无法查明的补充方案的法理是指法院地法中的法理还是指原准据法的法理？在这个问题上，各国的观点不尽一致。②

（2）优势

近似法及一般法原则的适用在逻辑说理上的优势是很明显的。理论上，原来被指定为准据法的外国法如果无法被查明，那么适用与其最近似的法或者普遍承认的法原则（法理），其结果应当最接近适用原来准据法的结果。而且近似法或者一般法原则的适用防止了法官轻率地以外国法无法查明为由适用法院地法的可能性。

---

① ［韩］피정원，"民事诉讼中外国法的适用"，载韩国比较私法学会《比较私法》2000 年第 7 卷第 2 号，第 827 页。
② 郭玉军："论外国法的查明与适用"，《珞珈法学论坛》第 6 卷，武汉大学出版社 2007 年版，第 247 页。

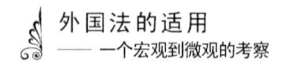

（3）弊端

尽管具有上述合理的一面，但是在适用近似法或者法理时，存在一些现实性的困难。

第一，近似法的判断问题。

在近似法的判断上很难设定一个客观的标准。从现在的实务上看，一般是将具有一定承继关系的法视为是近似法。但是，现在是否存在承继单一法传统的法制体系是存疑的。以中国的法制为例，中国作为继受大陆法传统的国家，在整体法体系上表现出明显的大陆法的印记。但是除了大陆法的影响，中国的法制还受到传统中华法系、英美法系以及前苏联所谓社会主义法律体系的影响。不仅是法制体系整体如是，在某一个具体的部门法乃至具体制度层面，受到两个甚至两个以上法制体系影响的情况也是有的，甚至还有一些制度根本就是基于中国的现实自行创设的。以物权法为例，从整体上而言受到德国等大陆法的影响，但是由于中国独特的土地制度，物权中还存在土地承包经营权和宅基地使用权等新种类的物权。在这种情况下，如何判断其近似法显然是比较困难的一件事。

当然，实务中还有以旧法作为近似法来适用的案例。但是，旧法通常是因为与现实状况不相符合或者与其他新的立法矛盾而被废止或者被修订，那么这种情况下很难说适用旧法要比适用法院地法更为合理。

第二,一般法原则(法理)认定的困难。

一般法原则(法理)的适用起因于原来被指定为准据法的外国法无法查明。那么如果将一般法原则理解为本应适用的准据法法体系下的一般法原则(法理)的话,既然该外国法本身已无法查明,获得作为该法体系基础的价值体系、法理、一般法原则也应该不那么容易。如果将一般法原则理解为法院地国家承认的一般法原则(法理),那么它的适用和法院地法的适用又有何差别?

第三,当事人对准据法的适用无法预测。

近似法或者一般法原则(法理)的认定并没有一个客观的标准,因此当事人很难预测到最终哪一个法将被适用,这显然有悖于保障法律适用确定性的理念。

4. 适用补充性连接点指定的其他法

正如前文所述,德国等国曾有在外国法无法查明的时候适用根据冲突规则中补充性连接点指定的其他法的案例。除此之外也有国家在立法中明示了这种方法。[1]

适用补充性连接点所指定的其他外国法的做法表现出一种贯彻国际私法理念的意图。但是在实务中,这种做法将面临一

---

[1] 例如,1995年意大利国际私法第14条第2款规定:"虽经当事人协助,法院也无法确认所主张的外国法的,根据情况,以对同一事实规定的其他连接点而指定的法得以适用。该法不存在的,适用意大利法。"参照[韩]法务部:《各国的国际私法》,2001年版,第234页,韩文译本。

个问题就是,如果补充性连接点指定的准据法是另一个外国法,那么为了了解该外国法,法官势必需要再次启动外国法查明程序,从头开始展开调查。诉讼本身要求在一定的时限内解决纠纷,考虑到这一点,适用补充性连接点指定的其他法的做法很难作为一般性的方案予以适用。

三、小结

外国法无法查明一般是指虽经法官或者当事人在一定期间内付出合理的努力,但法官对外国法是否存在或者外国法的内容如何未能取得明确认识的情况。外国法无法查明本身与外国法的漏洞或欠缺有区别,理论上也可以区别对待。外国法无法查明的判断标准是非常重要的问题,但是为其设定一个绝对化的标准是不可能的。因此,在外国法无法查明的判断上,只能使用"合理的"这样弹性的表述。在把握合理性这一标准上,一方面可以参照对一般事实的证明标准来判断,另一方面还应考虑到外国法查明本身的特殊性。此外,由于合理性这一标准本身是一个弹性的表述,因此应当考虑引入制约法官恣意行使权力的机制。

法官一旦认定外国法无法查明,将不得不适用其他补充性方案。从各国的立法和实务看,大体上有适用法院地法、类推适用法院地法、驳回当事人诉讼请求或者不接受当事人抗辩主张、适用近似法或一般法原则以及适用补充性连接点指定的其他准据法等方法。这种种补充性方案都各有其优势和弊端。

笔者认为,与其他国际私法规则一样,在补充性方案的设计上会存在不同的价值冲突。基于外国法查明的特性,需要考虑的是诉讼上的可操作性以及法律适用上的确定性。在具体做法上有两种可能的选择,一是确定某一种补充性方案是法官唯一的选择,另一种做法是确定一种原则性的做法,在这种做法可能招致不当结果时,允许以其他方法予以调整。前者的好处是保障了法律适用上的确定性,后一种做法的好处是在保障一定法律适用确定性的同时兼顾了灵活性,避免极端结果的出现。因此,后一种做法应当是比较适当的。

在原则性补充方案的选择上,英国实务中存在的通过推定外国法与英国法一致从而最终适用英国法的做法是不足取的。因为这种做法不仅在逻辑上存在致命缺陷,而且也与直接适用法院地法在结果上并无差别。驳回当事人诉讼请求的方式,在当事人承担或主要承担外国法证明义务的模式下,作为对当事人不履行相应义务一种惩罚性措施,站在防止当事人回避外国法适用的立场上,具有一定的合理性。但是如果是法官承担查明义务的模式下,又或者当事人虽有证明或者协助义务但因自身能力所限未能查明外国法的,也一律采用驳回其诉讼请求的做法未免过于武断。加之,外国法并不是一种单纯的事实,直接将无法证明一般事实的后果套用在外国法的查明上,很可能会产生不适当的结果。不仅如此，驳回当事人诉讼请求的做法对纠纷的解决毫无帮助，反而是浪费了诉讼资源。因此驳回当事人诉讼请求的做法是不值得推荐的。适用补充性连接点指定的其他准据法的做法在实务中可能造成诉讼的过分迟延，因此也很难作为一种普遍性的补充方案。

适用法院地法是被各国广泛采用的一种做法。笔者认为，原则上，在外国法无法查明的情况下，适用法院地法是一种相对较好的选择。它极大保障了法律适用上的确定性，在实践当中也便于法官操作。但是正如前文所提及的，法院地法的适用与国际私法的理念和法理并不相吻合，更多是出于一种实用主义的态度作出的选择，在极端情况下，可能得出极其荒唐的结论。为了避免这种情形的产生，应当赋予法官一定的裁量权，以便于在这种极端情况可能出现时，可以做出适当的调整。作为适用法院地法的补充性方案，一般法原则（法理）可以发挥相应的作用。换句话说，外国法无法查明的，对照纠纷案件的全部具体情况，如果补充适用法院地法可能会得出过分不当的结果时，法官有权参照一般法原则对纠纷事案作出判断。在一般法原则（法理）的判断上，与适用作为某一个国家法秩序一部分的抽象原理或者原则相比，更宜适用国际上普遍承认的原则，例如统一法或者示范法等。这样做有利于在一定程度上缓解适用一般法原则带来的法适用上的不确定性。

第三章 诉讼程序中外国法适用的实现——比较法的考察

第四节 外国法的解释

准据外国法的存在及相应的内容经过查明程序被确认之后，法官将开启下一个司法程序，即，将确认的外国法内容适用于具体争议事项，并依据查明的外国法来解决纷争。在法的适用过程中，成文法的适用和判例法的适用显示出不同的样态。成文法的适用过程一般被分为三个阶段。[①] 第一阶段是通过法律解释确定法律条文含义所涵盖的范围。第二阶段是确定该法律在诉讼程序中所适用的事实。第三阶段是将法律适用于该被确定的事实。与大陆法系国家成文法的适用过程不同，英美国家受到先例拘束原则的限制，并不适用上述三段论法。按照先例拘束原则，法院欲就某一事实作出裁判时，法官首先要将后发生的事实与先例中的事实进行比较和讨论，在认定两者相同的情况下，适用先例判决对后发生的事实作出裁判。[②] 因此，判例法的适用将经历以下过程。（1）寻找同一管辖范围内相同或者类似事实内容的判例；（2）考察从该判决中得出的法原则；（3）将该法原则适用于争议事项。[③] 尽管成文法和判例法在法律适用的过程上存在这样的差别，但两者都需要通

---

① ［韩］이상돈，《基础法学（第2版）》，法文社2010年版，第399页。
② ［韩］李相润：《英美法（改正版）》，博英社2009年版，第32页。
③ Edward H. Levi, "An Introduction to Legal Reasoning", 15 *U. Chi. L. Rev.* 501, 501 (1947–1948).

过对法的解释①才能将确定的法原则或者法规定适用于具体纠纷事项，在这一点上，两者是没有差别的。在准据法为外国法的案件中，由于法官要适用的并非法院地法，而是可能与法院地法迥然不同的外国法，那么在法解释这个阶段是否会出现特别的问题，这是一个值得思考的问题。基于这种考虑，下面将先对法解释的一般理论做一简单梳理，② 之后探讨外国法解释和适用上出现的特殊问题，最后就现在针对外国法解释的一般性观点进行考察并探讨。

一、法的解释

（一）对法解释概念的梳理

对法解释可以用多种方法进行分类。仅就有权解释而言就可以分为立法解释、司法解释、行政解释等。③ 本书仅讨论诉讼程序中外国法的适用问题，因此本节论述的法解释仅限于司法解释。或者，更确切的说，法官针对具体案件中的争议事项

---

① 适用判例法的情况下，虽然也有使用"解释判例法"这种说法，但是其内含的意思和成文法的解释有所不同。具体参照以下"一"部分。
② 关于法解释的学说有多种，各国的观点也不尽相同。本节意在对外国法适用中的问题进行探讨，因此仅就作为笔者立论基础的一般法解释立论进行了梳理。
③ ［韩］陆钟洙、金孝振：《法学基础论》，博英社2010年版，第50、51页。

进行的法解释活动,其解释的主体是法官。

大陆法系的法解释通常是围绕成文法来展开。习惯法由于大部分起源于民族生活的因袭,具有浓厚的个案性的色彩,因此一般认为习惯法的解释并不存在太大的困难,不用特别进行讨论。① 但是,适用习惯法时仍然需要对习惯的内容进行确认,并判断是否存在对该习惯具有法的效力的普遍性的确信,这个过程也可以称为习惯法的解释。② 在英美法系国家,对法的解释通常区分为制定法的解释和判例法的解释。前者通常被称为"interpretation of statue"③,后者则被称为"interpretation of case law"。但是在判例法的解释上,因为判例法的适用是从判例中得出法原则再适用于具体纠纷案件,因此也有人将其表述为"规则的解释(interpretation of rule)"④。不过,在更普遍意义上,与"规则的解释"一词所包含的意义相比,判例

---

① [韩]陆钟洙、金孝振:《法学基础论》,博英社2010年版,第48页。
② [韩]郭润直、金载亨:《民法总则(民法讲义Ⅰ)》(第9版),博英社2013年版,第47页。
③ 法解释的英美式表述通常有两种。一种是"interpretation of statue",另一种是"construction"。两种用语通常被看做是同义词,但从更严谨意义上说,反映了不同的法解释方法。前者意味着从字面表述中确认其含义,后者的意思是"解释的过程(process of contruing)",意味着发现法中不明确的地方,然后对其进行解释。Bryan A. Garner, A Dictionary of Modern Legal Usage (2nd Edition),法律出版社(中国)2003年版,p. 209, p. 462.
④ 韩国将"判例法的解释"定义为"将各个判决中包含的合理性进行抽象化,将其组织成一般性的法规范"。[韩]郭润直、金载亨:《民法总则(民法讲义Ⅰ)》(第9版)》,博英社2013年版,第47页。

法的适用更看重"法推论（legal reasoning）"的过程。①

上述各种用语的含义都存在一定的差异，本节以法院为了解决具体的纠纷事项将包括判例法在内的准据外国法适用于案件这一过程为讨论的中心，为了表述的便利，将这种法官将判例法适用于具体案件的过程一并称之为"法解释"。

（二）法解释的功能

法解释的必要性或者第一个层面的功能是把握作为裁判前提的法规的含义并将其适用于具体纠纷事项。通常在这个过程中，并不会遭遇太大的困难。但是在解释成文法时，在出现以下情况的时候，法解释会遭遇困难。第一，由于成文法内在的不完整性带来的法的欠缺需要法解释来予以补充。② 第二，法规本身属于弹性的规定，需要通过法解释使其具体化，以适用

---

① 从英语文献上看，通常在不同语境下使用不同的用语。这一点可参见 Edward H. Levi, "An Introduction to Legal Reasoning", 15 *U. Chi. L. Rev.* 501（1947－1948）, pp. 501～503。

② 法学方法论上常常将法解释和法漏洞的弥补分开来讨论。法官作出的对法的解释，是在法律文字表述可能的含义范围内做出，从法律中寻找适用于纠纷事项的法的活动，属于"法发现"。而弥补法漏洞的活动，是法官超过了法律文字表述可能的含义，采用推论等方法来弥补法的漏洞。［韩］金永焕：《法哲学的根本问题》，弘文社2008年版，第240页。但是，如果将法解释理解为在法律中寻找其内在的规范性意义，然后将其归属于具体事项的过程，补充法律漏洞的行为就是将本应当有的法规范的法律效果归属于具体事项的过程，那么从广义上而言，这种补充法律漏洞的行为也属于法解释。［韩］김형배，"法律解释和漏洞的弥补——以民事法为中心"，载高丽大学法学研究院《法律行政集》1977年第15卷，第30页。基于此，本书在讨论外国法解释时，将外国法的欠缺，即外国法上有漏洞的情况涵盖在内，一并予以讨论。

于纠纷事项。除了这两种情况外，在法律本身存在漏洞，法官以法解释来弥补该漏洞时，法官的法解释行为在一定程度上带有创设新法的意味，[①] 并且由于这种新的创设发展了法律本身。[②] 可见，法解释的功能至少包括以下三个方面。即，将抽象的、有弹性的法规定适用于具体纠纷事项；弥补法的漏洞；通过法解释发展法本身。

（三）法解释的方法

制定法的解释方法可以有多种分类方法。传统上，萨维尼将法解释分为文法解释、逻辑解释、历史解释和体系解释四种标准。这种分类方法作为传统的法解释方法被韩国广泛接受，成为主流性观点，但是近年来目的论性的解释开始代替逻辑解释，被认为是一种适当的方法。[③] 中国学者也以这四种方法为基础提出了各种分类方法，[④] 但是从整体上而言，很难说这些

[①] ［韩］金赫基："以法解释去除模糊性的不可能性"，载首尔大学《法学》2009年第50卷第1号，第125页。也有观点认为，大陆法系中法律漏洞的弥补不是一种真正的立法行为，而是一种造法的尝试。按照这种观点，弥补法律漏洞的行为属于司法权的行使，依据针对具体案件作出的法律价值，采纳某种法律见解，并以此作为裁判的根据来裁决案件，这种行为不具有一般性法律的效力。梁慧星：《民法解释学》，中国政法大学出版社1995年版，第265页。

[②] 拉伦茨（Karl Larenz）著、米山隆译：《法学方法论》，劲草书房1991年版，第558页。

[③] ［韩］石光现：《国际货物销售合同的法理》，博英社2010年版，第65页。

[④] 例如，中国台湾地区有学者将法解释方法分为文法解释及社会学解释。杨仁寿：《法学方法论》，三民书局1987年版，第123～166页。

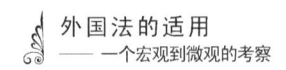

分类方法在多大程度上超越了萨维尼传统法解释方法的范畴。

（四）法解释的目的

法解释的目的和法解释的方法有着密切的联系。比如有的学者是按照法解释的目的对法解释方法进行分类的。按照这种观点，按照法解释的目的可以将法解释的方法分为为探明立法者意思乃至意图为目的的方法、探究法的理性乃至目的为目的的方法、通过按照语言关系来把握法条文的意义的方法等。[①] 尽管如此，应该说法解释的目的和法解释的方法并不是一一对应关系。

按照一般法解释的理论，关于法解释的目的大体有三种学说，即主观说、客观说和折中说。[②] 主观说或者主观的解释论认为，法解释的目的在于探求法律制定当时立法者的意思。客观说或者客观的解释论认为，法律一旦被制定出来，它就已经从立法者处脱离出来，成为一个客观的存在，立法者立法当时赋予法律的意义、观念和期待并不具有当然的约束力，具有约束力的是独立存在的、法律内部的合理的含义，因此法解释的目的是探求符合法律内部的合理性的各种目的，并予以阐明。

[①] [韩] 崔奉哲：“文言中心的法解释论批判”，韩国法哲学学会《法哲学研究》，1999年第2卷，第272页。[韩] 崔奉哲：《现代法哲学》，法文社2007年版，第261页。

[②] [韩] 金永焕：《法哲学的根本问题》，弘文社2008年版，第284~287页。

主观解释论和客观解释论各自有不足,[①] 因此现在的主流学说是采取能够弥补两者不足的折中说。[②] 按照这种学说,主观说和客观说都具有部分真理的特点,因此应当将两种统合起来考虑,解释的出发点是法条文本身日常性的含义范围,进而按照立法者的意思和法的目的来确定法解释的范围边界。[③]

二、外国法解释中的特殊问题

与内国法适用一样,适用外国法时也需要对外国法进行解释。判断经过调查和证明而取得的外国法资料应当如何理解、解释后,外国法才可以适用于纠纷事案。外国法的解释可以适用内国法解释的一般理论,但是,作为解释者的法官面对的解释对象是一个陌生的事物,那么在这个过程中就可能产生一些特殊的问题。首先,各国的法解释方法并不相同,那么在对外国法进行解释时,法院应当站在哪一个国家的立场上,对外国法进行解释?其次,法院地法官是否可以通过法解释来弥补外国法的漏洞?下面针对这两个问题,先考察各国关于外国法解释的理论和实务,在进行比较之后,提出笔者自己对相关问题

---

① 主观说的不足在于法条文的含义不能跟从不断变化的社会生活关系而发生变化。客观说的不足在于总是存在超越法条文本身的含义而创造法的危险。[韩] 金永焕:《法哲学的根本问题》,弘文社2008年版,第285~286页。
② [韩] 金永焕:《法哲学的根本问题》,弘文社2008年版,第286页。
③ [韩] 金永焕:《法哲学的根本问题》,弘文社2008年版,第286页。

应该采用何种思路的基本观点。

(一) 各国的立法和实务

1. 英国

(1) 解释者的立场

英国的 Feniman 教授曾经说,对提交法庭的外国法有关资料,"法院的任务是预测该外国的法官在相同情况下会如何做"。① 从这个观点看,英国的基本立场是,从外国法所属国的法院的立场出发,对外国法进行解释。

为了预测外国法所属国法院所采用的解释方法,法院还应当了解和把握该外国法的解释规则。前文曾经说过,英国在外国法资料的取得方法上基本上限于证据方法,所以外国法院的解释规则也是需要当事人进行证明的对象之一。② 在 Harley v. Smith 一案③中,上诉审法院就曾经认定,在当事人没有以证据对伊斯兰教教法进行举证的情况下,法院自行对伊斯兰教教法进行解释的行为超越了自身的权限。

但是,英国一直以来将外国法作为事实对待,法官对外国法的解释限于通过当事人举证而获得的证据资料,因此法官对

---

① Feniman, *International Commercial Litigation*, Oxford University Press, 2010, para. 6.51.
② Carlos Esplugues, José Luis Lglesias, Guillermo Palao, *Application of Foreign Law*, Sellier European Law Publishers, 2011, pp. 395~396.
③ [2010] E. W. C. A. Civ 78.

第三章 诉讼程序中外国法适用的实现——比较法的考察

外国法的解释有可能与外国法所属国实际上对该法的解释和适用存在一定的差异。英国 Kirby 法官在 Neilson v. Overseas Projects Corporation of Victoria Ltd. 一案①中曾经对这一点作出过明确的阐述。他说:"法院地法官的义务并不是站在外国法官的立场上（step into the shoes of a foreign judge），如同坐在外国法法官的位子上一样来行使法官的权力，而是根据证据或者其他可以利用的资料来明确判断应当如何对待该纠纷案件在审理阶段的当事人的实际权利。"Kirby 法官的论述说明法院地法官因为受到所取得的资料的限制，实际上不能如同该外国法所属国的法官一样适用外国法。

同样，在外国法解释规则的了解和掌握上同样存在这样的差别。理论上法院地的法官应当遵循外国法所属国的解释规则，但是，如果专家的证言相互冲突，同时也没有证据证明外国法院解释规则与英国不同，而且从外国法的上下文上看，法规的用语也不存在特别的含义的，法官可以按照英国的解释规则对外国法进行解释。②

从上可知，英国在原则上主张法官应当按照外国法所属国法官的解释方法对外国法进行解释，但是，由于英国外国法查明制度的设计，法官没有自行主动进行调查的权力且外国法的

---

① [2005] HCA 54, at [191].
② Sofie Geeroms, *Foreign Law in Civil Litigation- A Comparative and Functional Analysis*, Oxford University Press, 2004, para. 2.405.

解释规则也需要当事人证明，一旦没有提供证明，法官可以依据英国解释规则解释。其结果是，英国法官实际上在很多情况下无法遵照外国法所属国的解释方法进行解释，最终按照英国的解释规则解释了外国法。

（2）外国法漏洞的弥补

英国是任意适用冲突法的国家，因此当事人可以主动采取措施回避外国法欠缺的情况的发生。在审理前阶段，当事人如果发现作为自己诉因或者权利所适用的准据法上相关规定并不存在时，可以尽可能修改自己的诉讼主张，并说服法院以其他法为准据法。[①]

但是，一些冲突法规则作为政策性问题，不可以任意适用，这种情况下，当事人是不能通过自己的行为来回避冲突法规则指定的准据法的适用的。那么这种情况下，如果该准据法上存在欠缺，法院地法官应当如何处理则存在争议。有的观点认为，应当把外国法的欠缺与外国法无法查明进行严格的区分。[②] 即，外国法无法查明的，法院地法官可以补充性地适用作为法院地法的英国法，但是外国法欠缺的情况下，以法院地法代替原来准据法适用的做法缺乏正当理由。因为，如果这样做，则必须适用的冲突法规则实际上将不能被适用。从判例上

[①] Carlos Esplugues, José Luis Lglesias, Guillermo Palao, *Application of Foreign Law*, Sellier European Law Publishers, 2011, p. 403.

[②] Carlos Esplugues, José Luis Lglesias, Guillermo Palao, *Application of Foreign Law*, Sellier European Law Publishers, 2011, p. 403.

看,英国的最高法院(上议院)主张,这种情况下法院要尽可能推测外国法所属国法院的立场。①

2. 美国

(1) 解释者的立场

美国的法院和学者似乎都没有对外国法的解释给予特别的关注。② 只是,从实务上看,无论是联邦法院还是州法院,原则上需要遵照外国法所属国的法院适用外国法的做法来适用该外国法。③

(2) 外国法漏洞的弥补

美国的判例主张,在外国法上如果没有相关的先例判决的,法院不应当假想外国法所属国法院将如何处理,而是可以按照成文法的规定对外国法进行解释。例如,在 Bamberger v. Clark④ 案件中,美国法院需要适用德国民法第242条,但是德国法院并不存在适用该条的先例判决。这种情况下,美国法院并没有去推测在相同情况下德国法院将如何适用该条款,而是认定应当按照该法的意图(intention)来进行解释。法院作

---

① Evera S. A. Commercial v. Bank Line, Ltd., (The Glenbank) 1961,转引自 Sofie Geeroms, *Foreign Law in Civil Litigation- A Comparative and Functional Analysis*, Oxford University Press, 2004, para. 2. 404.

② Sofie Geeroms, *Foreign Law in Civil Litigation- A Comparative and Functional Analysis*, Oxford University Press, 2004, para. 2. 406.

③ Andrew N. Adler, "Translating & Interpreting Foreign statutes", 19 *Mich. J. Int'l L.* 37, 87 (1997–1998).

④ 390 F. 2d 485 (D. C. Cir. 1986).

出这种认定的理由是，外国法所属国的法院也有可能会错误适用本国法。

此外，因为美国的法官有自行调查的权力，因此，如果没有相关的判例，法官还可以求助于学术著述来对外国法进行解释。

尽管如此，因为外国法解释的困难，法官常常会回避外国法的适用，在很多案例中，审理法官都通过各种各样的理由回避外国法的适用并代之以适用法院地法。[①] 这种情况下，公共秩序或者内国法利益等常常被法院作为不适用外国法的根据。例如在 Wyatt v. Fulrath[②] 案件中，法院需要对一对西班牙人夫妇在纽约州的财产应当适用西班牙法还是纽约州法作出判断。如果适用西班牙法，则在丈夫死亡后，妻子可以取得一半的财产。而如果适用纽约州法，则在丈夫死亡后，夫妻共同财产的全部归妻子所有。按照美国的冲突法规则，这种情况下应当适用西班牙法，然而作为审理法院的纽约州法院的多数意见认为，对将财产投资、保管在纽约州的外国人是否适用纽约州规则以及是否存在财产所有人希望适用纽约州法的明示或者默示的协议等属于公共秩序问题，而公共秩序问题不能适用外国法而是应当适用法院地法。该案件中，持少数意见的 Desmond 法

---

① Jacob Dolinger, "Application, Proof, and Interpretation of Foreign Law: a Comparative Study in Private International Law", 12 *Ariz. J. Int'l & Comp. Law* 225, 266 (1995).

② 211 N. E. 2d. 637 (1965).

官认为，按照冲突法规则，应当适用西班牙法。他对多数意见提出了批判，认为多数意见至少在以下三点上无视了冲突法规则。第一，个人财产的让渡应当受财产所有人住所地法的支配；第二，夫妇间的财产和合同权利应当受婚姻住所地（matrimonial domicile）的支配；第三，相关财产是属于夫妻共同财产还是属于个人财产的问题应当适用婚姻住所地法。

3. 德国

（1）解释者的立场

德国法院认为，应当按照外国法在该外国适用的实际情况来适用外国法。[1] 不仅如此，依照判例，外国法的适用还包括对外国法上解释规则的适用。[2]

（2）外国法漏洞的弥补

德国主流学说认为，可以以法解释来弥补外国法的漏洞，对外国法的解释应当遵循准据法的文理或者外国法所属国的一般法解释规则。[3] 实务上也有以这种方法来适用外国法的案

---

[1] Sofie Geeroms, *Foreign Law in Civil Litigation- A Comparative and Functional Analysis*, Oxford University Press, 2004, para. 2. 410.

[2] Sofie Geeroms, *Foreign Law in Civil Litigation- A Comparative and Functional Analysis*, Oxford University Press, 2004, para. 2. 411; Carlos Esplugues, José Luis Lglesias, Guillermo Palao, *Application of Foreign Law*, Sellier European Law Publishers, 2011, p. 104.

[3] Carlos Esplugues, José Luis Lglesias, Guillermo Palao, *Application of Foreign Law*, Sellier European Law Publishers, 2011, p. 104.

例。例如，在1955年的一个案件[①]中，德国不莱梅州高等法院（Oberlandesgericht）就曾经在调查外国法过程中，通过专家意见查明，准据外国法的法院在实务中会引用其他外国法来解释本国成文法。德国法院遂采用相同的方法，对准据外国法进行了解释和适用。在该案中，德国法院需要依据卢森堡法律来判断是否应当认定当事人离婚。按照专家鉴定意见，卢森堡法院在司法实务中曾经存在参照法国法或者比利时法来解释该问题的先例。德国不来梅州高等法院最终也参照了法国和比利时法对卢森堡法进行了解释和适用。

如果准据外国法本身对争议问题没有提供任何解决方案，这种情况下，德国法院曾经有用影响准据法的母国法来弥补外国法漏洞的案例。[②] 在这个案例中，法院需要判断的问题是，夫妇的一方是否有为另一方先行支付诉讼费用的义务。按照德国的冲突法规则，该问题应当适用的准据法为土耳其法。但是土耳其法上对这个问题既无相关成文法也无相关判例。因为土耳其民法典是模仿瑞士民法典而制定的，最终德国法院按照瑞士的判例对土耳其法做出了解释。

[①] OLG Bremen, MDR 1955, 427, 427。本文中对案件的介绍转引自 Sofie Geeroms, *Foreign Law in Civil Litigation- A Comparative and Functional Analysis*, Oxford University Press, 2004, para. 2.414.

[②] AG Berlin – Charlottenburg, IPRax 1983, p.128, 本文中对案件的介绍转引自 Sofie Geeroms, *Foreign Law in Civil Litigation- A Comparative and Functional Analysis*, Oxford University Press, 2004, para. 2.413.

除了上述方法之外，正如上文曾经提及的，也有一些案例并没有区分外国法的漏洞和外国法无法查明。在外国法漏洞的情况下，审理法院也将其认定为外国法无法查明，进而适用了作为法院地法的德国法。

4. 法国

法国学者认为，应当按照准据法所属国的解释规则和该法在其自己国家实际适用状况来对该法进行解释。他们认为，在相关规定的字面意思与外国法院作出的解释之间存在矛盾的情况下，法院在适用相关外国法时，应当尽可能准确地反映外国法院的做法而不是自行按照字面意思来作出解释。① 但是，如果外国法院未对相关事宜作出过判断，又或者存在相互矛盾的规定，法国的判例倾向于让法官将之认定为外国法无法查明进而补充性适用法国法。②

（二）比较及探讨

1. 解释者的立场

（1）解释者立场上各国观点的一致性

各国在外国法解释者的立场问题上态度非常地一致。即，

---

① Carlos Esplugues, José Luis Lglesias, Guillermo Palao, *Application of Foreign Law*, Sellier European Law Publishers, 2011, p.192.
② Carlos Esplugues, José Luis Lglesias, Guillermo Palao, *Application of Foreign Law*, Sellier European Law Publishers, 2011, p.192.

外国法应当按照它在其所属国的实际适用状况来进行解释。实际上，不仅上文中曾经考察的英美德法四国持这一立场，整个欧洲大陆都基本上持相同的观点。一些国家甚至在自己的国际私法法典或者相关法律中明确了这一点。例如，1978 年的奥地利国际私法第 3 条规定："以外国法为准据法时，应当依职权，且与其本来的施行领域一样予以适用。"① 2004 年的比利时国际私法第 15 条规定："外国法应当按照该外国对该外国法的解释来予以适用"。② 2005 年的保加利亚国际私法第 44 条规定："外国法的解释和适用应当依照该法律所属国的解释和适用方式来进行。"③ 葡萄牙 1966 年民法典第 23 条第（1）款规定，对外国法的解释应当按照该外国法所属国的法律制度进行，且应当符合该外国法律制度中的解释规则。④

（2）差别

与欧洲大陆的很多国家不同，英国的法官在查明外国法上的权力受到限制，结果导致英国虽然理论上主张应当按照准据外国法所属国的解释规则和实际适用状况来对该准据外国法进

---

① ［韩］法务部：《各国的国际私法》，2001 年版，第 199 页。
② Carlos Esplugues, José Luis Lglesias, Guillermo Palao, *Application of Foreign Law*, Sellier European Law Publishers, 2011, p. 135.
③ 邹国勇：《外国国际私法立法精选》，中国政法大学出版社 2011 年版，第 216 页；Carlos Esplugues, José Luis Lglesias, Guillermo Palao, *Application of Foreign Law*, Sellier European Law Publishers, 2011, p. 135.
④ Carlos Esplugues, José Luis Lglesias, Guillermo Palao, *Application of Foreign Law*, Sellier European Law Publishers, 2011, p. 306.

行解释和适用，但实践当中，由于作为根据的资料受到限制，法院实际作出的解释和适用可能和外国法在其本国的真正适用状况存在差异。[①] 加之当事人需对包括外国法解释规则在内的外国法进行举证，因此在当事人未举证或举证不能的情况下，实际上英国法院将适用法院地法来对外国法进行解释。

（3）讨论

上述各国关于解释者立场方面的一致性可以从多个层面找到根据。首先从逻辑上可以认为，这种主张派生于法官应当忠实适用法律的义务。冲突法是一国的法律，法官有忠实适用该法律的义务。为了冲突法的实现，法官也应忠实适用冲突法所指定的准据法。法官所适用的对象不仅是一个具体的法规，而是冲突法指定作为准据法的外国整体法律秩序，那么法官当然应当按照该国的法解释规则以及对具体法律规范的实际适用状况来解释适用该外国法。其次如果以传统国际私法理论为根据，外国法解释的这一立场也可以上溯至萨维尼的传统理论。按照萨维尼的理论，外国人和内国人应当得到平等对待，在具有国际性因素的法律关系上，无论是由哪个法院审理，都应该适用同一准据法，在发生法律冲突时，无论案件在哪一国审

[①] Sofie Geeroms, *Foreign Law in Civil Litigation- A Comparative and Functional Analysis*, Oxford University Press, 2004, para. 2.405.

理，都能达到相同的判决结果。① 为了达成国际上判决一致的国际私法的理想，不仅应当适用相同的准据法，还应当对指定的准据法作出相同的解释和适用。由于国际上并不存在一个可以统一适用相关法的国际性法院，各国的法院只能抛弃依据本国法来对准据外国法作出解释的做法，转而按照外国法所属国的解释规则和方法对外国法进行解释和适用。

由此可见，在对外国法进行解释时，按照外国法在其本国的实际适用状况对该外国法进行解释和适用，这一点上应当不存疑问。

2. 外国法漏洞的弥补

按照一般法解释理论，法解释具有弥补法律漏洞的功能。但是与弥补内国法上的漏洞不同，外国法上存在漏洞时，很难说可以一律按照内国法解释的方法来弥补漏洞。从上面对各国的实务考察看，外国法漏洞的弥补表现出相对复杂的样态。既有坚持理论的一贯性，以法解释来弥补漏洞的做法，也有在外国法存在漏洞时，直接适用法院地法的做法，还有的国家以各种理由回避外国法的适用，进而适用法院地法。那么为什么针对外国法的漏洞会存在这样多种的处理方式？这个问题似乎可以从外国法解释与内国法解释的差异上出发来考虑。

---

① 杜涛：《德国国际私法：理论、方法和立法的变迁》，法律出版社 2005 年版，第 156 页；［韩］申昌善、尹南顺：《新国际私法》，Fides 图书出版 2014 年版，第 37 页。

第三章 诉讼程序中外国法适用的实现——比较法的考察

（1）外国法解释的目的

正如前文所述，关于内国法的解释目的，存在着客观说、主观说和折中说等多种学说，或者意在探明立法者的意图，或在探明法的理性和目的。但是，在外国法的解释上，很少如内国法一样去探讨解释目的，而是大致都停留在对外国法适用状况的把握上，似乎将这一点视为解释的最终目标。在这种观点看来，外国法解释的目标是，作为中立的外部观察者，根据取得的外国成文法、判例或学说等，把握外国法在其本国的实际适用状况，尽可能如同外国法所属国的法官一样，将该外国法适用于具体的纠纷案件。[1] 法国学者也曾经提到说，"解释"这个词用到外国法的适用上时具有一定的模糊性，因为一个法国的法官在解释本国法时，为了找到可适用于具体纠纷事项的规则，可以超出相关规定的某些含义，但是同一个法官在解释外国法时，其目的仅在于理解该外国法在其本源国的含义。[2] 曾有学者以一个生动的比喻对内国法的解释和外国法的解释的不同进行了描述，他说："适用本国法时，人们是建筑师。但是适用外国法时，不过是一个摄影师。"[3]

---

[1] Jänterä–Jareborg, M., "Foreign Law in National Courts: a Comparative Perspective", 304 *Recueil des Cours* (2003), p. 230~231.

[2] Carlos Esplugues, José Luis Lglesias, Guillermo Palao, *Application of Foreign Law*, Sellier European Law Publishers, 2011, p. 192.

[3] Werner Goldschmidt 如此表述。转引自［韩］李好铤，"最近国际私法理论的动向研究——Kegel 和 Juenger 的论争为中心"，载首尔大学《法学》1979 年特别号，第 146 页。

（2）外国法解释的特殊困难

在对外国法进行解释时，法官将遭遇一些特殊的困难，这一点是显而易见的。

首先，在外国法背景的把握上，法官会遭遇困难。在法解释的过程中，势必会带有一点创制新法的意味，特别是运用法解释来弥补法律漏洞时，这种意味会变得更强。但是通常都承认，法官要遵照一定的标准来解释法律，并不能以自己的价值判断对法进行任意解释以弥补法律的漏洞。[1] 时代性的伦理观的变化和社会构造的变化通常可以作为判断这个客观标准的根据。[2] 因此，法官在确定这个客观的解释标准时，需要对整个社会的伦理观念及社会构造的变化有相当的了解。那么在需要对外国法作出解释时，法官也将需要对外国法所根植的社会的伦理观念及社会构造有相当的了解。然而，诉讼本身是一个有时间限制的过程。因为诉讼的这个特点，尽管除英国以外的大部分国家都不仅仅依赖于证据方法查明外国法，但是从整体而言，取得的外国法资料仍然是有限的。而基于这些有限的资料，强求法院地的法官不仅要对外国法中具体的法律规定和适用状况作出判断，而且要对外国法所属国的整体社会构造作出判断，这显然是一个很难完成的任务。在这一点上，英国可以

---

[1] ［韩］김형배："法律的欠缺和欠缺的补充——以民事法为中心"，载高丽大学法学研究院《法律行政论集》1977年第15卷，第37页。
[2] ［韩］김형배："法律的欠缺和欠缺的补充——以民事法为中心"，载高丽大学法学研究院《法律行政论集》1977年第15卷，第37页。

第三章　诉讼程序中外国法适用的实现——比较法的考察

说是一个极端典型的例子，即虽然理论上主张按照外国法所属国的解释适用一样适用外国法，但是由于取得材料的有限性，实际上最终常常按照英国法的解释规则和习惯来解释外国法。

其次，法官在解释规则的把握上会存在一定的困难。在法的解释规则上，各国不尽相同。① 因此，为了如外国法所属国实际适用状况一样适用外国法，法院地的法官必须对该外国的法解释规则进行查明并遵照实行。这是德国等国家认定的原则，但是实务当中严格遵守该原则是相当困难的。法解释方法上存在文理解释、逻辑解释、历史解释、体系解释、目的论解释等多种解释方法。一国的司法实务中通常也不是固定就采用某一种或者某几种解释方法。② 因此，在某一特定案件上，法官会采用哪一种解释方法是很难预测的。当然，理论上也存在

---

① 例如，英国和美国尽管在法传统上非常类似，但是在法解释的规则上却不尽相同。在解释制定法时，除了制定法本身不明确的情况外，英国法院通常会采用文理解释的方法，并不考虑立法的目的或者政策原则等。而美国法院在认为制定法表述不明确时，会考虑制定法的立法目的。为此，联邦法院和州法院的大多数法官会考察立法的历史以图把握立法的意图和目的。P. S 阿蒂斯（P. S Atiyah），R. S 萨默斯（Robert S. Summers），金敏、陈林林、王笑红译：《英美法中的形式与实质——法律推理、法律理论和法律制度的比较研究》（Form and Substance in Anglo – American Law: A Comparative Study in Legal Reasoning, Legal Theory, and Legal Institutions），中国政法大学出版社2005年版，第84页以下。

② 例如，如前注中所言，在制定法的解释上，英国法院通常采取文理解释的方法，美国法院通常倾向于从立法目的出发来解释法律。但是实务中，英国法官会采用文理解释、黄金解释规则（golden rules）、逻辑解释等多种解释方法来解释制定法。陈弘毅："当代西方法律解释学初探"，载《中国法学》1997年第3期，第105~106页。美国法院中也有重视以文理为中心进行法解释的法官。[韩] 김종구："美国联邦最高法院的法解释和文本主义"，载韩国宪法学会《美国宪法研究》，2010年第21卷第3卷，第285~311页。

一种观点，认为各种解释方法之间具有一定的顺序关系。这种观点认为，一般法解释应当首先采用文理解释方法，只有在按照文理解释会产生多个解释结果的时候，才可以采用逻辑解释的方法。① 上文中提及的美国的判例也体现出这种倾向性。如果按照这种观点的话，那么在解释外国法时，解释者需要首先就相关法的用语、语句在相关外国法体系下是否存在不同的解释作出判断。为了对这一点作出判断，法院地的法官需要完全抛弃自身的知识背景，从一个中立的、客观的观察者的角度决定法律用语——实际上大部分情况下是翻译以后的法律用语——是否存在不同解释的可能。即使是从常识的角度来考虑也可以想见，这种判断是非常困难的。

（3）对不同法系法律的解释

外国法解释中的一个特殊问题还包括对属于不同法系的法律的解释。与法院地法属不同法系的外国法如果存在漏洞，法院地法官如果打算以解释来弥补漏洞会面临特别的困难。

---

① 梁治平：《法律解释问题》，法律出版社1998年版，第92页。韩国大法院也曾在有关判例中表明过与此类似的立场。例如在大法院2009.4.23宣告2006다81035判决中，韩国大法院曾做如下表述："（法解释过程中）原则上应当尽可能按照法律上使用语句的通常意义忠实地进行解释，进一步可以运用体系性、逻辑性解释方法，考虑法律的立法宗旨和目的、其制定和修订的沿革、与整体法秩序的协调、与其他法令之间的关系等因素，以作出符合上述要求的妥当的解释。一方面，法律的语句本身构成相对明确的概念的，原则上没有必要进一步运用其他法解释方法或者只能限制其他解释方法的运用。即使，对某一法律中使用的语句，重视与其相关的立法宗旨和目的，而欲作出与其通常意义不同的解释时，也不能无视该语句与该法律内其他规定及与其他法律的关联性以及该语句与整体法体系的协调，因此这里必须存在一定的限制。"

第三章 诉讼程序中外国法适用的实现——比较法的考察

大陆法系国家的法官适用判例法的困难是显而易见的。大陆法系的成文法在制定当时一定程度上具有确定的含义，法律本身处于一个相对稳定的状态。而判例法尽管也具有相对明确的含义，但是法官通过对判例的个别性的解释不断发展判例法本身，与大陆法系的成文法相比，处于一个相对动态的过程。结合当时的文化、社会背景确认判例法在某一个时间点的确定含义对于大陆法系的法官而言不是一件容易的事。此外，判例法需要先行确定有无类似先例判决，在浩如烟海的判例中，比对寻找与审判案件相同或相类似的案件，并对该案件中得出的法原则是否可适用于当前审理案件作出解释和判断，这对于熟悉从法规出发进行解释且通常未曾接受过判例法训练的大陆法系法官而言，其困难不言而喻。[1]

反过来，判例法系国家的法官在适用大陆法系国家的法制时，也并不是那么容易。美国的 Holmes 法官就曾经将大陆法体系比喻为"一堵石墙（wall of stone）"。[2] 即使是熟知大陆法的美国学者也承认，适用语言和构造都是异质性（alien）的

---

[1] 我国学者肖永平教授曾经在论文中对发现、适用判例内的法规则（Ratio decidendi）的方法进行过具体的说明。肖永平："论英美法系国家判例法的查明和适用"，载《中国法学》2006 年第 5 期，第 118~121 页。但这也恰恰说明，判例法的解释和适用并不是我国法学院学生一般性的教育内容。

[2] Rudolf B. Schlesinger, *Comparative Law, Cases - Text - materials*, 5th ed. (1988), p.55, 转引自 Dolinger, J., "Application, Proof, and Interpretation of Foreign law: a Comparative Study in Private International Law", 12 *Ariz. J. Int'l & Comp. Law* 225, 261 (1995).

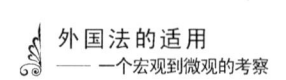

外国法是很困难的。

3. 探讨

从上面对各国立法和实务的考察可以发现，尽管在内国法的适用上，如果存在法律的漏洞，法官通常会通过对现有法的解释来尝试弥补漏洞，而在外国法的适用上，如果发现存在漏洞，法官会更多倾向于采用其他解决方式。

（1）采用其他解决方法的原因

按照一般对外国法解释目的的理解，法院地法官应当站在中立、客观的立场上，按照外国法所属国法官的解释和适用方式，复制外国法的法官的做法，对外国法作出解释。如果按照这种观点，在外国法存在漏洞时，法院地的法官就不能自行作出解释，而只能选择其他替代性的方案。因为在外国法存在漏洞时，法院地法官要复制的样本不存在了，也就无法通过拷贝外国法所属国法官的做法来适用外国法。

（2）对各代替性方案的评价

美国的很多判例中因为外国法解释的困难而以各种理由回避外国法的适用。这种做法违背了国际私法的理念，也歪曲了国际私法的适用，很难说是一种好的办法。

法国则不区分外国法的漏洞和外国法的无法查明，一律补充性适用法院地法。这种做法当然保障了法适用的可预见性，但是也存在一定的缺陷。第一，可能导致诉讼效率的低下。正如前文所言，外国法的漏洞是外国法已经查明的结果。诉讼程序过程中，当事人或者法官经过对外国法的调查、证据搜集和辩论，已经取得了很多外国法有关信息的情况下才可以确认外国法上存在漏洞。这时马上又回过头去适用法院地法，那么前面已经进行的所有程序都变得毫无意义，从诉讼效率上讲是不经济的。第二，可能助长法官轻率适用法院地法的倾向。法律体系不可能在任何方面都有完善的法规范或者先例判决，因此认定外国法的漏洞并不是一件非常困难的事。而且在所有国家法官的内在心理上都存在一种适用法院地法的冲动。因此，很难避免法官在通过合理的解释也可以弥补法的漏洞的情况下也拒绝作出解释，以法院地法来代替适用。因此可以说，以法院地法来代替本应适用准据外国法是一种不得已的选择，而不是最先应该考虑的方案。

（3）思考

少有文献对外国法的漏洞究竟应该怎样理解作出系统性的讨论。以中国为例，如果成文法上没有相应的规定，但是曾经有法院就相关问题作出过判决，这是否属于法的漏洞？特别是，假如该判决作为最高法院指导性案例被收录、公布的，是否还属于法的漏洞？考察已有的文献会发现，在围绕外国法漏洞应该如何处理这一问题泛泛展开讨论时，各国学者并不是在统一背景下进行。例如英美学者会将相关外国法中不存在先例判决的情况放在这一议题下进行讨论。但是我国法官会首先关注相关外国法是否有成文法的规定，从理论上似乎并不认为没有先例判决的情况构成一个外国法的漏洞。这实际上都是本国法体系以及司法实务的习惯在这一问题上的投射。

如果对外国法的漏洞作出笼统的一个定义，可以认为外国法漏洞的情况意味着作为准据法的外国法对相关争议事项没有提供解决方案。对照一般法漏洞理论，实务当中，外国法的漏洞至少可能有两种情况。[①] 一是由于法制的不完备，可以适用于纠纷事案的，包括制定法、先例判决在内的可以作为法律渊源的法规范不存在的情况。法制不完备既可能是相关法规范完全不存在，也可能是已有的法规范相互冲突矛盾，难以适用。二是外国法上虽然存在相关规定，但是由于与实际社会生活不相符合，如果适用于实际纠纷案件将引致不适当的结果，因此实际上已经不再适用的。这两种情况都以外国法已经查明为前提，是经过调查，确认了外国法的内容和状态。对外国法经过充分的调查，可以取得对外国法的基本认识，以这种认识为基础对外国法作出解释以弥补外国法的漏洞应该说并不是一件绝对不可能的事。而且，在取得的对外国法认识的基础上，通过文理解释、历史解释、逻辑解释、体系性解释等一般性的法解释方法进行的对外国法的解释，与法院地法相比，应当说更接

[①] 一般法解释立论上，有观点将法的漏洞区分为"明示的漏洞"和"隐匿的漏洞"。前者是指法条文上对该案例没有明文性规定的情况。后者是指该规定虽然存在，但是就此遵照执行的话，并不是适当的解决方式的情况。[韩] 金永焕：《法哲学的根本问题》，弘文社2008年版，第288页。

近准据外国法本身。因此,通过法解释来弥补外国法漏洞的做法,至少从理论上而言,是比直接补充性适用法院地法的做法更为合理。

如果承认法官在上述情况下通过解释以弥补漏洞具有现实可行性,那么在立法或者实务中就应当赋予法官权力,使其能够在外国法漏洞时通过合理的解释弥补该漏洞。这种做法比绝对无例外的规定法官应当直接适用法院地法的做法更为合理。

但是与上文中对外国法解释目的的一般认识相比较,以法解释来弥补法律漏洞的做法似乎走得更远,已经超出了对外国法解释目的的一般性认识所划定的范围。因此有必要进一步认识外国法解释的目的。

三、对外国法解释目的的再认识

(一) 对外国法解释目的一般性观点的批判

现在关于外国法解释目的一般性观点主要的问题在于目的的单一化,或者说过于拘泥于外国法查明本身,没有对其进行进一步的考察和思考。在内国法的解释上,作为法解释者的法官作为一个能动的行为者,在受到一定解释规则限制的范畴内,可以通过解释,丰富法律规定的内涵,作出适合于当时社会状态的解释,从这个意义上讲,法解释多少都带有发展法制

外国法的适用
—— 一个宏观到微观的考察

的意味。可是,外国法的解释上,法官被定义成一个类似于摄影师的角色,其能动性被否认,法官只可以描摹、复制该外国法在其本国的适用状况,而不能有任何主动作为。这种认识实际上背离了法解释法适用过程的规律。因为这种认识暗含着一个潜在的前提,即某一国的法制处于一种相对静止的状态,只具有一种唯一的含义,只待法官获得对其的全面认识即可成功将其适用于纠纷事项,解决实际的法律争议。但是,一国的法制尽管都要求确定性,具有一定的稳定性,但是它与一幅油画还是存在本质的区别。法理学上通常都承认对某一法律问题并不存在唯一的正确答案,[①] 因此在某一法律产生之时,该法律就处在一个动态发展过程中,法律人共同体结合不断产生的社会现实问题,在不断解读、分析、批判,推动该法律含义的明确化、确定化,不断发展该法律的同时,逐渐形成较为一致的认识。

那么在谈及外国法的适用时就会发现,在准据外国法在其本国得到良好应用的情况下,法院地法官按照本国的外国法查明机制,通过合理的努力,在查明外国法后大部分情况下可以参照其本源国的做法对其予以适用。但是一旦该外国法在其本国并不是一个反复被应用的法律,则问题就会产生。法适用的状态可能比较复杂,有可能存在种种可能,比如存在成文法规

[①] 韩国学者将其称为"法的不确定性"。[韩] 金赫基:"消除法解释上模糊性的不可能性",载首尔大学《法学》,2009 年第 50 卷第 1 号,第 128 页。

定，但并无判例或者类似案例判决支持，或者成文法规定虽不明确但是曾有司法实务中针对类似案例作出过判决，又或者既无成文法的明确规定也无先例判决及类似案例，只有大量学说予以讨论，又或者连学说讨论都没有，凡此种种都妨碍法院地法官对外国法在其本国应该的适用状态做出判断。如果坚持法院地法官在解释外国法时都只能如一个摄像师一样在审理的案件中忠实地再现外国法在其本国的适用状况，那么在上面的这些情况下，法院地法官都可以认定为外国法漏洞，进而适用法院地法作为替代性方案。但是正如前文所提及的，绝对适用法院地法并不是一个最善的选择。这个矛盾的解决需要对外国法解释目的进行进一步的认识。

（二）国际私法框架内对外国法解释目的的再认识

国际私法在产生之初是为了解决法律冲突问题。尽管国际私法的发展史上一直存在冲突法的正义和实质法的正义两种理论的冲突，但是其终极目的都是为了实现正义。具体到国际私法性的案件中，选择适当的法制体系，公平解决当事人之间的纠纷，这是国际私法的目的。在民商事纠纷获得公平解决上，外国法的适用和内国法的适用并没有差别。适用外国法的意义在于提供适用法院地法之外的又一个选择，"外国的私法仅是代表另一个对正义问题的答案"。① 虽然传统国际私法理论认为国际私法并不指向实质法的正义，而是以实现国际私法的正义为目标，但是这种观念是在法选择过程中的支配性理念，在法选择的过程已经结束，开始适用被指定为准据法的具体法律时，很难说完全无视实质法的正义就是正确的。换句话说，外国法的适用，特别是对外国法的解释不仅要实现冲突法规则，而且还应当认识到解决不同利益主体的当事人之间的利益冲突是其终极目标。

如果承认外国法解释和适用的这一终极目标，那么法院地的法官就可以从摄影师的角色中挣脱出来，获得一定程度的自由，而这也暗合了法解释理论发展路径。正如前文曾经提及的，现在大部分的法解释理论都从绝对的主观说或者绝对的客观说转向将两者相互补充的折中说，那么在外国法的解释上，也没有必要固执于一种绝对的做法。

需要考虑的是，如果认定法官不受绝对的法解释主观说的束缚，可以独立探寻外国法内部存在的合理性来对外国法作出解释，这是否会与国际私法上判决一致的理想相冲突。而其答案应当是否定的。

第一，法院地法官对外国法的解释并非毫无限制。前文曾经明确说明过，对外国法的解释是在已经对外国法在其本国的

---

① Kegel, "The Crisis of Conflict of Laws", 112 *Recueil des cours*, 1964, p. 183.

适用状态取得明确认识的基础上进行的。即使是在外国法有漏洞的情况下，法官对外国法也不是恣意解释，而是基于已经取得的信息资料，在遵守一般法解释规则的前提下，运用类推或目的论性的缩小解释等等方法[①]来对外国法作出解释以弥补漏洞。因此，法院地法官如果能够基于已经取得的资料作出合理的解释，通常并不会背离外国法法秩序的宗旨和精神。

第二，法院地法官对外国法的解释有助于对法形成一致的认识。通常外国法的漏洞可能意味着外国法所属国的法官没有遇到过相同的问题或者外国法所属国的法律共同体对该问题尚未形成一致的认识。在这种情况下，即使是外国法所属国的法官也有可能作出彼此不同的解释。这种差异可能来源于解释方法的不同，也可能来源于法官不同的价值判断。在外国法所属国法官都可能作出不同解释的情况下，强求法院地法官要作出与外国法所属国法官一样的解释是过于严苛了。各国的法秩序并不是一个封闭的体系，而是不断呼应社会的变化，彼此借鉴不断发展的一个系统。法院地法官根据已经取得的外国法信息，针对外国法上的漏洞作出自己的解释，提供合理的解决方案，实际上是一种对法的发展。如果假设处于理想状态下，那么全世界的法律人共同体可以不断就各种解决方案进行研究、

[①] ［韩］金永焕：《法哲学的根本问题》，弘文社2008年版，第290~293页。同时，法律漏洞的类型不同，其弥补方法也不同。有关详细论述，韩文资料参见［韩］崔俸京："法律的欠"，载《延世法学研究》2003年第10辑第1卷，第42~52页。

讨论和批判，其最终会较为接近一种相对一致的认识。这个过程是符合国际私法上的制度利益的。①

总之，了解外国法在其所属国的适用状况仅是一个阶段性的目标，并不是其最终目标。通过了解外国法的适用状况，进而合理适用于当前纠纷事案，这是外国法适用的完整过程。在此过程中，法官对外国法的解释和适用不是一个机械复制的过程，而是一个能动的逻辑分析和说理的过程，在这一点上，内国法的适用和外国法的适用并无太大的区别。当然法院地法官在对外国法作出解释的时候要受到一定的限制。

四、小结

从目前的学术资料看，围绕外国法的解释进行详细阐述或

---

① 按照传统国际私法代表人物 Kegel 的观点，国际私法上的公正包括当事人的利益、交往利益和制度利益三种。当事人利益是指社会一般人应当受与其有密切联系的法秩序支配；交往利益则指向交易的安全性和便利性，而制度利益则包括判决的外在一致性和内在一致性。关于这一观点，中文文献参见杜涛：《德国国际私法：理论、方法和立法的变迁》，法律出版社 2006 年版，第 394~395 页。韩文文献参见［韩］申昌善："国际私法的目的和理念——以国际私法的争议和实质法正义的关系为中心"，载韩国国际私法学会《国际私法研究》第 5 卷，第 90~91 页。当然，应当承认这是一个非常理想主义的设想，但是，在全球化时代，信息的流通和传送非常顺畅，尽管现在很少有人想到去了解外国法院是如何适用本国法的，但是如果想要了解这方面的信息，并不象想象的那么难。现实中也有不少介绍外国法院判例的著述。例如就韩国的情况而言，我曾出版有韩国大法院的判例选编。吴日焕编译：《韩国大法院判例选编》第一卷，法律出版社 2009年版。因此，尽管现实当中的困难还有很多，但是作为一种理念，似仍有予以揭示的必要。

论述的资料并不常见。似乎有一种认识，认为只要确认了外国法的内容，就可以将该内容当然的适用于诉讼案件并成功解决纠纷事项。但是，在事实上外国法的适用不仅需要了解外国法的内容，还需要对外国法作出适当的解释。外国法的解释上固然存在种种的困难，但是因其困难而否认外国法的适用并不可取。

针对外国法的解释问题，有两种可能的思路。一种是从国际私法的角度对外国法的解释作出理论的阐述。另一种是从法解释学的角度对外国法的解释作出理论的阐述。前者的意义在于确认外国法解释的合理性，而后者的意义则在于对外国法解释划出边界，确认法院地的法官在多大范围内可以对外国法作出解释以及解释方法的合理性等问题。

与外国法解释紧密相关的一个问题是外国法漏洞的弥补问题。笔者认为，在这个问题上，一概地说外国法漏洞的应当适用法院地法作为补充方案或者通过法解释来进行弥补等都不是一种非常严谨的态度。首先应当结合对各国国内法的研究，特别是各国不同法律渊源形式的了解，对外国法漏洞本身的样态进行考量，定义何种情形可以算是构成了外国法漏洞，然后才能判断什么方法是最善的处理方法。在此之前，可行的办法是赋予法官一定的裁量权，使其可以根据已经取得的资料来判断，能否通过符合一般法解释规则的解释来弥补外国法的不充分或者漏洞，而不是将外国法漏洞直接和外国法无法查明直接划等号,绝对采取相同的补充性方案来解决问题。

第五节 外国法适用错误的救济

对法律适用的错误通常以上诉作为诉讼中的一般性救济方式。就外国法适用错误的救济,我国通常仅在教科书中简单提及,一般不做过多的探讨。其理由通常是,我国对民事案件实行两审终审制且无法律审和事实审的区分,因此外国法的适用无论发生什么错误,理论上都可以以上诉审予以纠正。① 但是近年来民事诉讼法中多有修改现行审级制度实行三审终审制的呼声,② 也已有国际私法学者提出,外国法的适用应当接受最高法院的审查。③ 基于此,本节中将对外国法适用错误的救济方式做一简单梳理,并就基本方向提出自己的见解,以图为将来理论的发展提供一定有价值的资料。

---

① 李双元主编:《国际私法(第三版)》,北京大学出版社2011年版,第130页。
② 近年关于审级制度改革的有关讨论课参见杨荣新、乔欣:"重构我国民事诉讼审级制度的探讨",载《中国法学》2001年第5期;山东省高级人民法院研究室:"审判监督制度改革与有条件三审终审的构建——关于审判监督制度改革情况的调查报告",载《人民司法》2003年第2期;杨永波、张悦:"建立一审终审与三审终审相结合的审级制度",载《法律适用》2003年第6期。
③ 宋晓:"最高法院对外国法适用的上诉审查",载《法律科学》2013年第3期,第129~139页。

一、概念的梳理

（一）外国法适用错误

外国法适用错误一般存在两类情况。一是错误适用国际私法规则的情况。即法院按照本国的国际私法规则应当适用 A 国法，但是法院错误适用了该规则，结果适用了 B 国法的情况。第二种情况是错误适用国际私法所指定的外国准据法的情况，即错误适用外国准据法本身的情况。后者还可能包括两种可能。一是错误适用了准据外国法的内容。二是本应适用准据外国法的 A 法，但结果却错误适用了准据外国法的 B 法的情况。

上述第一种情况，即错误适用国际私法规则的情况下，根据本应适用的国际私法规则是否为强制性适用的法律，其结果会有所不同。如果该本应适用的国际私法规则属于强制适用的规则，那么错误适用国际私法规则因为构成法律适用的错误当然可以成为上诉的理由。如果本应适用的国际私法规则被认为是任意性适用的规范，那么由于该规则的适用要看当事人是否提出主张，因此一般争议的焦点不会被归纳为国际私法规则本身的错误适用问题。第二种情况，即错误适用指定为准据法的外国法本身的情况，其处理方案不仅在理论上存在争议，在实务上的处理方式也有差异。

(二) 上诉制度的差异与审查外国法适用错误的关系

外国法适用错误的救济上的主要争议点通常是，能否在一国的最高法院以外国法适用错误为理由提出上诉。大陆法系国家在上诉制度上通常存在法律审和事实审的区别，[1] 最高法院一般仅进行法律审，不进行事实审，因此在外国法适用错误的救济上就可能根据对外国法的不同认识而存在允许上诉和不允许上诉两种对立做法。即，如果认为外国法为事实，则作为法律审的上诉程序中就不应该允许以外国法适用错误为理由提出上诉。反之，如果认为外国法为法律，那么在法律审中就应该允许就外国法的错误适用提出上诉。但是，如果考察各国的司法的立法及实务会发现，是否允许以外国法适用错误为由提出上诉，并不与外国法的性质存在直接对应关系。那么这一现象后面的原因值得探讨。

与大陆法系不同，英美法系国家的最高法院进行的上诉审并不严格区分为事实审和法律审，[2] 而且通常最高法院对案件的审查权限与上诉法院的权限也并没有太大的差别。[3] 但是，

---

[1] Sofie Geeroms, *Foreign Law in Civil Litigation- A Comparative and Functional Analysis*, Oxford University Press, 2004, para. 4.04.

[2] Sofie Geeroms, *Foreign Law in Civil Litigation- A Comparative and Functional Analysis*, Oxford University Press, 2004, para. 4.02.

[3] 也正因为如此，在英美诉讼制度中，向最高法院的上诉和向上诉法院提出的上诉都使用"appeal"一词。而大陆法系国家通常会区分两种上诉，例如德国将向中间上诉法院的上诉称为 Berufung，向联邦法院的上诉称为 Revision。沈达明编著：《比较民事诉讼法初论》，中国法制出版社 2002 年版，第 650 页。再比如，韩国实行三级三审制，第二审上诉称为"抗诉"，不服二审上诉时而向大法院提起的上诉仅限于法律问题，称为"上告"，"抗诉"和"上告"又统称为"上诉"。

第三章 诉讼程序中外国法适用的实现——比较法的考察

也并非所有事实问题都可以向上诉法院和最高法院提出上诉。那么外国法的适用错误能否成为上诉的理由同样值得探讨。

此外，通常法律和事实的性质区分还会对上诉审查的范围带来影响，因为如果为事实，那么上诉审的法院要受到当事人主张范围的限制，对未上诉请求部分涉及的事实不能主动予以审查。① 那么，理论上外国法性质的不同还会对上诉审查的范围有所影响。如果允许对外国法适用错误进行再审查，其审查范围应当如何界定也就值得探讨。

二、对各代表性国家的考察

（一）英国

1. 上诉法院的权限和功能

英国历史上具有一个非常复杂的上诉体系。② 1873 年英国

---

① 从我国现行法制立场上，我国的处分原则是当事人自由处分与国家干预相结合，因此上诉法院审理范围不是绝对的，对违反法律规定，损害国家、集体或他人合法权益的处分，二审法院可以进行干预，不受当事人上诉范围的限制。但是，也有学者认为，这种观点虽与现行法体制一致，但与作为民事诉讼法基本原则的处分原则相违背。参见张卫平：《民事诉讼法（第三版）》，法律出版社2013 年版，第 333 页。

② 本文以下对英国上诉法院体系变化的有关说明引自 Sofie Geeroms, *Foreign Law in Civil Litigation- A Comparative and Functional Analysis*, Oxford University Press, 2004, pp. 268~271. 本文中所说英国仅限于英格兰和威尔士地区，并不包括苏格兰地区和北爱尔兰地区。

245

制定最高法院法（Supreme Court of Judicature Acts），根据该法，最高法院得以设立。① 最高法院包括高等法院（High Court）② 和上诉法院（Court of Appeal）。③ 上诉法院审理针对高等法院所审理的案件提起的上诉。按照1981年的最高法院法，上诉法院有权审理针对法律问题和事实问题提起的上诉，④ 只是上诉法院审查的对象限于当事人提出的争点和在上诉通知（notice of appeal）中记载的、当事人提出异议的事实

---

① 当时，英国的最高法院与其他国家通常所说的最高法院不同，它并不是英国最高审级的法院，而是王座法院、高等法院（High Court）和上诉法院（Court of Appeal）的统称。王座法院（Crown courts）于1971年设立，是其刑事法院。沈达明主编：《比较民事诉讼法初论》，中国法制出版社2002年版，第14页。2009年作为最高审级的最高法院代替上议院设立后，原来所说的最高法院更名为Senior Courts of England and Wales。

② 虽然称为高等法院，但是主要审理第一审案件，只是也有一部分上诉管辖权。例如，郡法院（County Court）审理的破产或者不动产登记的案件的上诉应向高等法院提起。载 http://www.judiciary.gov.uk/you-and-the-judiciary/going-to-court/high-court/，2014年6月1日访问。

③ Sofie Geeroms, *Foreign Law in Civil Litigation- A Comparative and Functional Analysis*, Oxford University Press, 2004, para. 4. 48.

④ 该法第2部分（Part II）涉及管辖权部分，其中第15条第（3）款规定了上诉法院的管辖权。其内容如下：

"15. General jurisdiction of Court of Appeal. . . .

(3) For all purposes of or incidental to—.

(a) the hearing and determination of any appeal to the civil division of the Court of Appeal; and.

(b) the amendment, execution and enforcement of any judgment or order made on such an appeal, . . . "

载 http://www.legislation.gov.uk/ukpga/1981/54，2014年5月10日访问。

第三章 诉讼程序中外国法适用的实现——比较法的考察

发现。① 上诉法院通常会尊重下级法院作出的对事实的认定。②

英国现在的最高法院有权审理针对上诉案件提出的再上诉。③ 除了审级的差异以外，英国最高法院的管辖权和上诉法院的管辖权没有太大的区别。④ 在法院本身的任务上，上诉法院和最高法院都承担为了实现具体案件的正义而修正错误判决以及解释、发展法律的任务。⑤ 只是，与上诉法院相比，最高法院倾向于更侧重于对法律问题的审查。⑥

2. 对外国法的审查

无论是在英国的上诉法院还是在最高法院（之前的上议院），对外国法的适用是可以进行审查的。⑦ 很多案例中都反复阐明了这一立场。例如在 Parkasho 一案⑧中，上诉审的法院

---

① Sofie Geeroms, *Foreign Law in Civil Litigation- A Comparative and Functional Analysis*, Oxford University Press, 2004, para. 4.50.

② Sofie Geeroms, *Foreign Law in Civil Litigation- A Comparative and Functional Analysis*, Oxford University Press, 2004, para. 4.50.

③ 此外，在例外情况下，当事人也可以直接上诉至最高法院。只是，这种情况下，必须事先从作为一审法院的高等法院处取得证明书并获得最高法院的许可。A Guide to Bringing a Case to The Supreme Court, p.3, 载 http://supremecourt.uk/docs/a guide to bringing a case to the uksc.pdf, 2014年5月10日访问。

④ Sofie Geeroms, *Foreign Law in Civil Litigation- A Comparative and Functional Analysis*, Oxford University Press, 2004, para. 4.46.

⑤ Sofie Geeroms, *Foreign Law in Civil Litigation- A Comparative and Functional Analysis*, Oxford University Press, 2004, para. 4.52.

⑥ Jolowicz, *On Civil Procedure*, combridge press, 2000, p.305.

⑦ Sofie Geeroms, *Foreign Law in Civil Litigation- A Comparative and Functional Analysis*, Oxford University Press, 2004, para. 5.68.

⑧ Parkasho v. Singh [1968] p.233, per Cairns J, 250.

就曾明确说:"为了确认该证据是否给结论提供了正当的理由,法院有责任审查有关该外国法的证据。"但是,外国法适用错误在上诉审程序中仍然是作为一个事实认定错误来看待。① 具体来说,上诉审法院对外国法适用的问题会从两个方面来进行审查。② 第一是证据是否充分。上诉审法院对外国法适用并不进行职权调查,只是审查原审过程中的专家证人证言和交叉询问的记录来判断是否原审对外国法进行了充分的举证。③ 对证据本身的评价也是以原审法院是否充分地尊重了证据规则为出发点。④ 第二是审查对外国法的理解是否正确。英国的判例确认,上诉审法院可以对外国法作出独立的解释。例如在 Guaranty Trust Corp. of New York v. Hannay 一案⑤中,上诉审法院就没有采纳第一审过程中提交的专家证言,而是独立对作为准据法的美国法作出了解释。从判例上看,在判断一审法

---

① JJ Fawcett, J M Carruthers, Sir Peter North, *Private International Law*, Fourteenth Edition, Oxford University Press, 2008, p. 113.

② Sofie Geeroms, *Foreign Law in Civil Litigation- A Comparative and Functional Analysis*, Oxford University Press, 2004, pp. 311~319.

③ Carlos Esplugues, José Luis Lglesias, Guillermo Palao, *Application of Foreign Law*, Sellier European Law Publishers, 2011, pp. 404~405.

④ Sofie Geeroms, *Foreign Law in Civil Litigation- A Comparative and Functional Analysis*, Oxford University Press, 2004, para. 5. 73.

⑤ [1918] 2 K. B. 623, 635, 643 (C. A.). 转引自 Sofie Geeroms, *Foreign Law in Civil Litigation- A Comparative and Functional Analysis*, Oxford University Press, 2004, para. 5. 77. 在该案中,原告一方的证人将美国法院的一个判决作为证据提交了法院,同时被告提交了与之相反的证据。上诉法院的法官 Bailhache 没有接受当事人双方的证据,而是独立对准据法——纽约及阿拉巴马流通证券法(New York and Alabama Negotiable Instruments Law)第 20 条进行了解释。

第三章 诉讼程序中外国法适用的实现——比较法的考察

院对外国法的理解是否正确上，英国上诉审法院被赋予了比判断事实时更大的权力。例如，在 Parkasho v. Singh 一案①中，审理上诉的法官 Cairns 认定，对于与一般事实不同的外国法，上诉审法官有更广泛的权力可以干预（interfere）下级法院的判决，特别是在提交了书面证据资料的情况下更是如此。②

（二）美国

1. 美国的法院体系和功能

美国法院分为联邦法院体系和州法院体系。③ 联邦法院体系内的第一审法院是联邦区法院（United States District Courts），④ 审理案件事实。当事人不服第一审裁决的，可以向联邦上诉法院提出上诉。联邦上诉法院（United States Courts of Appeal for the Circuit）主要审理法律问题，除审查证据是否

---

① Parkasho v. Singh［1968］p. 233.
② 在该案中，上诉审法院对作为准据法的印度婚姻法（Hindu Marriage Act）作出了与第一审法院不同的解释。
③ 载 http：//www. uscourts. gov/FederalCourts. aspx，2014 年 3 月 1 日访问。
④ 联邦法院体系内的第一审法院除了联邦区法院之外还有几个专门法院。这些专门法院包括破产法院（Bankruptcy Court）、联邦赔偿法院（United States Court of Claim）、国际贸易法院（United States Courts of International trade）、税务法院（United States Tax Court），外国情报监视法院（Foreign Intelligence Surveillance Court）、海关和专利法院（United States Court of Custom and Patent Appeal）等。［韩］윤남근："美国联邦法院的审级制度"，载《安岩法学》2007 年第 25 卷，第 1048~1055 页。

充分以外，不审查其他事实问题。① 联邦最高法院有权复查联邦区法院、联邦上诉法院和州法院的裁决。② 在上诉审程序中，第一审法院的判决被划分为法律问题的决定（denominated questions of law）、事实问题（questions of fact）的决定和裁量事项（matters of discretion）三种，各自适用不同的审查标准。③ 对事实问题适用"明确的错误（clear error）"标准，对裁量事项适用"滥用裁量权（abuse of discretion）"的标准，对法律问题则适用"全面审查（de novo 或者 plenary review）④"标准。审理上诉的法院在审查事实时，要依照联邦

---

① 何文艳、姜霞："我国民事审级制度的改革与完善－比较法学视角下的分析"，载《湘潭大学社会科学学报》2002 年 1 月，第 21 页；[韩]宋相现："审级制度试论——以美国制度为中心"，载首尔大学《法学》，1990 年第 31 卷 4 号，第 86～93 页。

② 沈达明主编：《比较民事诉讼法初论》，中国法制出版社 2002 年版，第 616 页。

③ Harman v. Apfel, 211 F. 3d 1172, 1174 (9th Cir. 2000); Richard D. Freer, *Introduction to Civil Procedure*, Aspen Publishers, 2006, pp. 775～780.

④ 在讨论上诉的标准时，美国文献中常常将 "de novo" 和 "plenary review" 互换使用。Mary Beth Beazley, *A Practical Guide to Appellate Advocacy 2d ed*. Aspen Publishers, 2006, p. 15。（原文说明为 "De novo review is sometimes referred to as plenary review because it allows the court to give a full, or plenary, review to the findings below."）。所谓全面审查是指上诉审法官不受第一审法院判断的限制，如同第一审一样全面审查案件。Lawrence v. Dep't of Interior, 525 F. 3d 916, 920 (9th Cir. 2008); Chapter 8 of Kansas Appellate Practice Handbook, 载 http://www.kscourts.org/pdf/Chapter8.pdf，2014 年 6 月 15 日访问。"Plenary" 这个词本身有两种含义，一个是指包括成员全体的，因此 Plenary review 有时也指全体法官都参加的审理。另一个含义，例如使用 plenary authority 或者 plenary power 时，是指不受限制的权力。Black's Law Dictionary 9th ed, 2009.

民事诉讼规则第 52 条（a）款①的规定，如果不属于"明确的错误"就应当接受下级法院对事实的认定。联邦最高法院在 United States v. United States Gypsum Co. 一案②中确认了这一标准。

上诉审法院的主要任务是保护当事人的利益以及修正错误的判决，只是对错误判决的修正目的不在于惩戒而是考虑司法的统一。③ 除了保护当事人的利益和修正错误的判决之外，联邦最高法院还承担发展法律的任务，这也是最高法院的主要任务。④

2. 针对外国法适用错误提出的上诉

美国上诉审法院有权对外国法的适用进行审查。特别是，随着联邦民事诉讼规则第 44.1 条将外国法认定为法律之后，在外国法的适用可以接受上诉审审查这一点上，无论是联邦法院还是州法院都持相同的立场。⑤

---

① 该条款的内容如下：
"Setting Aside the Findings.
Findings of fact, whether based on oral or other evidence, must not be set aside unless clearly erroneous, and the reviewing court must give due regard to the trial court's opportunity to judge the witnesses' credibility."
② 333 U. S. 364, 395 (1948).
③ Sofie Geeroms, *Foreign Law in Civil Litigation- A Comparative and Functional Analysis*, Oxford University Press, 2004, para. 4. 63.
④ Sofie Geeroms, *Foreign Law in Civil Litigation- A Comparative and Functional Analysis*, Oxford University Press, 2004, para. 4. 64.
⑤ Sofie Geeroms, *Foreign Law in Civil Litigation- A Comparative and Functional Analysis*, Oxford University Press, 2004, para. 5. 89.

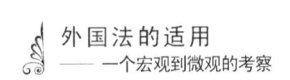

(1) 上诉审法官在资料利用上的自由

在上诉审中，无论是第一次上诉还是对上诉审理的再上诉，法官都不受当事人提交资料的限制，可以独立地分析专家的有关证言，推翻原审法院对外国法的错误解释。[①]

在联邦法院体系内，1968 年联邦第五巡回上诉法院在 First National City Bank v. Compania de Aguaceros 一案[②]中认定，上诉审法院对外国法的审查不受原审法院判决结果的限制，也不受原审过程中提交的专家证言的限制。该法院在上诉审中还推翻了原审法院作出的外国法无法查明不适用外国法的判决，独立对相关外国法作出了解释。

州法院也采取了基本和联邦法院一致的立场。例如在 Transportes Aeros Nacionales, S. A v. De Brenes 一案[③]中，佛罗里达上诉法院阐述了自己的立场，认为，在上诉审中法院应当不受当事人提出问题的限制，在外国法的调查上采取更为积极的态度。在这个案件中，原审法院判决，对航空事故中死亡乘客的、没有遭受财产损害的家人支付精神损害赔偿。该案上诉审中唯一的争点是，作为准据法的尼加拉瓜法中是否允许在过失死亡案件中给予精神损害赔偿。上诉审法院自行对该外国法进行了调查，认定尼加拉瓜法属于大陆法，进而参照尼加拉瓜

[①] Sofie Geeroms, *Foreign Law in Civil Litigation- A Comparative and Functional Analysis*, Oxford University Press, 2004, para. 5. 90.
[②] S, A., 398 F. 2d 779 (5th Cir. 1968).
[③] Transportes Aeros Nacionales, S. A v. De Brenes 625 2d 4. (C. A. 1993).

民法典，认定相关法中不存在过失死亡案件中可以给付精神损害赔偿的规定，并以此规定为根据推翻了第一审法院的判决。

（2）与一般事实审查的差异

在过去将外国法视为事实的时期，美国联邦进行上诉审的法院虽然都认定有权审查外国法，但是在应予审查的范围上各自立场并不一致。① 特别是按照联邦民事诉讼规则第 52 条（a）款的规定，如果不属于"明确的错误"，上诉审理中是不做事实发现的。结果一些联邦法院在上诉审中，也按照"明确的错误"这一标准来判断是否审查外国法的适用。② 但是，随着民事诉讼规则第 44.1 条的制定，上诉审法院的立场逐渐发生了变化。"明确的错误"这一标准逐渐不再适用于外国法的适用，代之而起的是"全面审查"标准。即，原审法院对外国法的判断即使看起来没有明确的错误，上诉审法院也可以对其进行审查并独自作出判断。③

州法院体系内，由于大部分的州都允许以司法认知的方式来确认外国法，因此在上诉审过程中，对外国法的适用可以和对内国法的审查一样进行审查。④ 为了统一各州法院的司法实

---

① Sofie Geeroms, *Foreign Law in Civil Litigation- A Comparative and Functional Analysis*, Oxford University Press, 2004, pp. 322~325.

② Reissner v. Rogers, 276 F. 2d 506 (D. C. Cir. 1960).

③ First National City Bank v. Compania de Aguaceros S, A., 398 F. 2d 779 (5th Cir. 1968).

④ Sofie Geeroms, *Foreign Law in Civil Litigation- A Comparative and Functional Analysis*, Oxford University Press, 2004, para. 5.97.

务而制定的州间及国家间统一程序法（Uniform Interstate and International Procedure Act of 1962）则规定上诉审法院审查外国法的权限与审查内国法的权限一样。只是，有一部分州采纳了这个法律，而另有一些州仍然保留了过去以司法认知方式审查外国法的做法。[①] 也有一些州采用了和联邦法院一样的方式来审查外国法的适用。[②]

（三）德国

德国向中间上诉法院（州高等法院）的上诉称为控诉（Berufung），就州高等法院的终局判决向联邦最高法院（Bundesgerichtshof）提出的上诉称为上告（Revision）。[③] 控诉审程序旨在纠正下级法院在事实与法律上得出的结论，不限于审查法律错误，因此州高等法院在审查时不受原案卷的约束，如果当事人提出了新的事实和证据，州高等法院都可以予以考虑，针对原来的证据也可以重新听取证言。[④] 联邦最高法院进

---

① Sofie Geeroms, *Foreign Law in Civil Litigation- A Comparative and Functional Analysis*, Oxford University Press, 2004, para. 5.99.

② John G. Sprankling, George R, Lanyi, "Pleading and Proof of Foreign Law in American Courts", 19 *Stan. J. Int'l L.* 3 (1983), pp. 96~97.

③ 例外情形下，针对第一审法院（州法院）的终局判决也可以向联邦最高法院提出上告，称为"跳跃上告（Sprung Revision）"，沈达明主编：《比较民事诉讼法初论》，中国法制出版社2002年版，第650页。

④ 沈达明主编：《比较民事诉讼法初论》，中国法制出版社2002年版，第651~652页。

第三章 诉讼程序中外国法适用的实现——比较法的考察

行的上告审则是法律审。①

在外国法适用的审查上，尽管德国将外国法视为是法律，但是一直以来德国联邦最高法院并不接受以外国法适用错误为理由提出的上告。② 其主要的理由是，民事诉讼法（ZPO）第545条规定，只有在违反德国联邦法规定的情况下，才可以提出上告，而外国法不属于德国联邦法。③ 2009年，德国民事诉讼法第545条被修订，并于该年9月1日生效。按照修改后的第545条的规定，只要是法律适用错误的判决，不管是否为联邦法，都可以提出上告。④ 随着这一条款的修改，德国国内有观点认为，外国法适用的错误也可以提出上告。但是，也有观点认为民事诉讼法第545条的修改并不涉及外国法适用错误的情况。⑤ 按照这种观点，立法者的意图只是修正原来只允许针

---

① 关于德国法院体系的韩文文献参见［韩］子刻己："德国的司法制度——以法院为中心·德国法院访问记"，载法曹协会《法曹》2001年版，第233～272页。

② 但是德国的劳动法院和家庭法院可以接受以外国法适用错误为由提出的上告。因为与之相关的程序法中并没有与ZPO第545条一样、只有违反联邦法规定方可上告的限制性规定，因此包括适用外国法错误在内的法适用上的错误都可以提出上告。Carlos Esplugues, José Luis Lglesias, Guillermo Palao, *Application of Foreign Law*, Sellier European Law Publishers, 2011, p. 112.

③ Carlos Esplugues, José Luis Lglesias, Guillermo Palao, *Application of Foreign Law*, Sellier European Law Publishers, 2011, p. 111.

④ 现行德国民事诉讼法第545条第1款规定："只允许基于裁判违反法律的情况提出上告。"参见［韩］石光现：《国际私法和国际诉讼》第5卷，博英社2012年版，第740页，脚注37韩文译本。

⑤ Carlos Esplugues, José Luis Lglesias, Guillermo Palao, *Application of Foreign Law*, Sellier European Law Publishers, 2011, p. 111.

对违反联邦法的裁判提出上告的做法,将允许上告的范围扩展到违反州法的情况,而并不是要允许以外国法适用错误为由提出上告,因为在整个立法过程中,根本没有特别提及外国法适用错误是否允许上告的问题。①

尽管在第545条的宗旨上存在上述争议,但是也有观点认为,在实务当中,能否对外国法适用错误提出上告的问题并不像看上去那么重要。②因为德国的法官承担着依职权查明外国法的义务,如果调查不够充分则可能构成对程序法的违反,而对法官违反程序法的行为是可以提出上告的。换句话说,即使第545条的立法宗旨上并不包括允许以外国法适用错误为理由提出上告的意图,实务当中针对外国法的适用也是可以提出上告的,只是上告的理由不同罢了。

(四) 法国

1. 法国最高法院(Cour de cassation)③ 的权限和职能

法国最高法院设立的目的在于保证立法的正确适用及法适

---

① [韩] 石光现:《国际私法和国际诉讼》第5卷,博英社2012年版,第740页。
② Carlos Esplugues, José Luis Lglesias, Guillermo Palao, *Application of Foreign Law*, Sellier European Law Publishers, 2011, p.111.
③ "Cour de cassation" 这个名称如果从字面上翻译,也可以译为"撤销法院",因为其职能不是修正错误的下级判决,而是撤销原审判决,将其发还其他下级法院。但是由于本章中主要比对各国最高法院在审查外国法适用的职能,因此与前文统一将其译为最高法院。

第三章　诉讼程序中外国法适用的实现——比较法的考察

用的统一。① 它对向它提出上诉的案件并不进行再审理，而是审查各个法院的判决是否符合法律。② 最高法院必须接受原判决上确认的事实，③ 即，审理中的事实问题不是法国最高法院的审查对象。④ 按照民事诉讼法的规定，最高法院只可以对明确违反实体法（error in judicando）或者违反程序性规定（error in procedendo）的下级判决进行再审查。⑤ 一旦发现存在上述情况，最高法院将撤销原审判决，将该案件发还与原审同系统、同审级、同性质的另一法院审理。⑥ 尽管法律规定的允许上告的范围比较狭窄，但是，也有学者指出，在实务当中，可以通过一些技术性的处理使得最高法院实际上对事实问题进行审查。⑦

---

① Sofie Geeroms, *Foreign Law in Civil Litigation- A Comparative and Functional Analysis*, Oxford University Press, 2004, para. 4.08.
② 沈达明主编：《比较民事诉讼法初论》，中国法制出版社2002年版，第14页、第115页。
③ 沈达明主编：《比较民事诉讼法初论》，中国法制出版社2002年版，第642页。
④ Sofie Geeroms, *Foreign Law in Civil Litigation- A Comparative and Functional Analysis*, Oxford University Press, 2004, para. 4.09.
⑤ 法律规定本身较为简单。按照法国的教科书，具体的原因可能包括触犯法律、司法机关越权、无管辖权、不遵守规定的形式、缺乏法律基础、各判决之间有矛盾和丧失法律依据等。详细内容参见沈达明主编：《比较民事诉讼法初论》，中国法制出版社2002年版，第643~645页。
⑥ 同前注。也有例外情况可以发还同一法院审理，但必须由不同的法官另行组成合议庭。沈达明主编：《比较民事诉讼法初论》，中国法制出版社2002年版，第647页。
⑦ 这些技术性措施至少包括三种：（1）把对事实的性质认定问题作为法律问题对待；（2）通过"歪曲"这个概念把对合同等私的文件的解释问题作为法律问题来审查；（3）以原审判决中对事实的调查不够充分为理由，撤销原审判决。J. A. Jolowicz, *On Civil Procedure*, Cambridge University Press, 2000, pp. 302~303.

2. 最高法院不对外国法的适用进行再审查

法国上诉法院（Cours d'appel）对上诉案件享有专属的管辖权，[①] 且并不限制针对外国法适用提出的上诉。因此认为外国法适用错误并以此为由向上诉法院提出上诉是没有问题的。[②] 但是法国最高法院仅针对法律问题进行审查，因此是否可以基于外国法适用错误向最高法院提出上诉是一个值得讨论的问题。

法国最高法院在设立初期虽然曾经审查过外国法解释错误的案件，但是1880年以后，不仅不审查外国法适用的错误而且还明确宣布自己没有审查外国法的权限。[③] 这种立场在1999年的一个案件中得到法院的再次确认。[④] 但是，实务当中，外国法的适用并非绝对不能成为最高法院审查的对象，相反，在某些例外情况下，最高法院可以对其予以审查。

[①] 曾涛、梁成意："法国法院体系探微"，载《法国研究》2002年第2期，第162页。

[②] Carlos Esplugues, José Luis Lglesias, Guillermo Palao, *Application of Foreign Law*, Sellier European Law Publishers, 2011, p.195.

[③] Sofie Geeroms, *Foreign Law in Civil Litigation- A Comparative and Functional Analysis*, Oxford University Press, 2004, para. 5.03, 5.04.

[④] Moureau. Cass. 1civ. fr., 16 Mar. 1999, 1999 Bull. Civ., No.93, 62。这个案件的争点是比利时法的适用问题。上诉人向法国最高法院提出上诉，理由是巴黎上诉法院在确定通知的期限时只适用比利时法中相关的制定法而没有适用相关的判例。最高法院没有接受上诉人的理由，宣称不管是准据法的法律渊源是制定法还是判例法，下级法院对外国法的适用问题都不是最高法院上诉审查的范围。转引自Sofie Geeroms, *Foreign Law in Civil Litigation- A Comparative and Functional Analysis*, Oxford University Press, 2004, para. 5.05, 5.13.

3. 例外——可以向最高法院提出上诉的根据

到现在为止，适用外国法错误的情况下，可以以两种理由向最高法院提出上诉。[①] 第一是歪曲外国法的情况。第二是针对裁判理由的再审查。前者的目的在于保证外国法的正确含义不被下级法院歪曲。后者的目的在于保证外国法的解释和证明得到了充分的解释。

（1）歪曲外国法的情况

法国最高法院曾经在1958年及1960年的两个判例中判定，当事人可以以歪曲了外国法为理由向最高法院提出上诉。[②] 1961年，在Montefiori一案[③]中，最高法院以下级法院误解、歪曲了有关的外国法律性文书为理由撤销了原审判决。在这个案件中法院需要判断债券的债务人为谁。涉案的债券是由刚果在1901年发行，当时刚果属于法国皇帝拿破仑二世的个人财产。1907年，根据一份财产转让合同，刚果被转让给比利时。按照这份财产转让合同中相关条款的约定，债券的债务

[①] Carlos Esplugues, José Luis Lglesias, Guillermo Palao, *Application of Foreign Law*, Sellier European Law Publishers, 2011, p.195.

[②] Cass. fr., 4 Nov. 1958, Rev. Crit. Dip, 303（1959）, Cass. fr., 13 June 1960, D. 1960. 596. 在这两个案件中，当事人都没有以歪曲外国法作为向最高法院上诉的理由。转引自Sofie Geeroms, *Foreign Law in Civil Litigation- A Comparative and Functional Analysis*, Oxford University Press, 2004, para. 5.07.

[③] Cass. fr., 21 Nov. 1961, D. 1963. 37. 本文中对案件的介绍转引自Sofie Geeroms, *Foreign Law in Civil Litigation- A Comparative and Functional Analysis*, Oxford University Press, 2004, para. 5.08.

人为比利时。但是按照比利时刚果统治法（Belgian Statute on the Governance of the Belgian Congo）的规定，刚果具有独立的法人格，因此也可以成为债券的债务人。法国上诉法院根据刚果已经被转让给比利时这一事实，依据财产转让合同作出了判决。之后当事人 Montefiori 向最高法院提出上诉，主张应当以比利时刚果统治法为准据法。最终法国最高法院认为上诉法院歪曲了比利时法，并以此为由撤销了原审判决。①

尽管"歪曲外国法"可以作为向最高法院提起上诉的理由，Montefiori 案之后，法国最高法院以此为由审查下级法院判决的案例不过 3 件而已，可见这个理由的适用属于一种例外的情形。②

（2）裁判理由

法官有义务对裁判的理由作出说明，因此法国最高法院可以按照这一原则审查下级法院是否对裁判的理由进行了说明，对裁判根据的说明是否充分等。③ 从判例看，除对外国法本身有争议的情况以外，当事人即使没有请求对外国法进

---

① 合同本身性质上应当属于事实，对合同的解释本不属于最高法院审查的范围。但是法国民法典第 1134 条赋予了合同法律性的效力。法国最高法院以第 1134 条为根据审查合同的解释。Sofie Geeroms, *Foreign Law in Civil Litigation- A Comparative and Functional Analysis*, Oxford University Press, 2004, para. 5.09.

② Sofie Geeroms, *Foreign Law in Civil Litigation- A Comparative and Functional Analysis*, Oxford University Press, 2004, para. 5.10.

③ Sofie Geeroms, *Foreign Law in Civil Litigation- A Comparative and Functional Analysis*, Oxford University Press, 2004, para. 5.19.

行解释，法国最高法院也可以要求下级法院对裁判的理由进行说明。①

三、分析及结论

从上面各国的司法实务看，在外国法适用是否可以得到上诉救济的问题上，尽管存在允许和不允许两种完全对立的态度，但在实际运用中，似乎并没有那么大的差距。外国法的适用实际上都可以接受上诉法院乃至最高法院的审查，差别只在于进行审查的理由和审查范围。英国在上诉审查和最高法院进行的上诉审查中，通常是从证据是否充分的视角，在有限的范围内对外国法的适用进行审查。美国则与英国不同，随着定性上将外国法视为法律的变化，不但允许上诉审对外国法的适用进行审查，而且与审查国内法适用一样采用全面审查标准。德国最高法院尽管不接受对外国法适用提出的上诉，但是从技术上可以从法官是否已尽调查义务的角度向最高法院提出上诉。法国最高法院虽然明确宣布自己不具有审查外国法适用的权限，但是实务当中也存在通过直接或者间接方式审查外国法适用的可能。

外国法的适用错误是否可以通过向最高法院上诉而获得救

---

① Sofie Geeroms, *Foreign Law in Civil Litigation- A Comparative and Functional Analysis*, Oxford University Press, 2004, para. 5.20, 5.22.

济的问题通常与上诉制度中的两个要素有关。一是最高法院进行的再审查是法律审还是事实审。二是最高法院本身的定位以及进行的再审查的目的。

最高法院进行的上诉审查如果属于法律审,那么将外国法定性为事实的国家在允许向最高法院提出上诉上将存在逻辑上的障碍。但是,正如前文曾经论及的,外国法通常很难被定性为纯粹的事实或者纯粹的法律。而且,事实上,抛开外国法的问题,在其他争议事项的定性上,有时候也很难判断是法律问题还是事实问题。例如法国将对事实问题的定性问题本身视为是一个法律问题并将其归属于最高法院的审查范围,而英国传统上却将对行为的定性作为陪审团裁判的事项,即使到现在也是将其作为事实问题来对待。[1] 因此有学者指出,理论上区别事实还是法律,与其说是基于两者性质上的差异而进行的严密的分析,不如说是根源于对与相关事案有关的司法政策的考虑。[2] 即,基于司法政策的考虑认为某一个问题应当交给上级法院来裁判。至于外国法的问题上,各国的实际做法都或多或少背离了各自对外国法事实还是法律的定性。例如德国将外国法定性为法律,并在整个制度设计上保持了相当的一致性,但是在是否允许向最高法院提出上诉上却做出了与这一定性不一

---

[1] J. A. Jolowicz, *On Civil Procedure*, Cambridge University Press, 2000, p. 301.

[2] J. A. Jolowicz, *On Civil Procedure*, Cambridge University Press, 2000, p. 302.

第三章　诉讼程序中外国法适用的实现——比较法的考察

致的设计。因此，外国法性质如何并不是决定最高法院是否应对外国法的适用进行审查的决定性要素。那么各国最高法院的定位和最高法院进行的上诉审查的目的可能对外国法是否允许上诉构成重要影响。

1. 最高法院上诉审查的目的及反对对外国法适用进行上诉审查的理由

最高法院进行的上诉审查的目的尽管因各国的立法政策不同而有所不同，但主要在于统一法律解释、发展法律以及救济当事人权利。[①] 如果仅考虑救济当事人权利这一项，实际上最高法院进行的上诉审查与中间上诉法院进行的上诉审查并没有太大的差别。因此，基于当事人的权利应当得到救济认定最高法院对外国法适用应当进行再审查的理由并不充分。但是，各国最高法院尽管历史起源和组织机构不同，但是其职能大多都偏重于统一法律解释和发展法律这两个职能上。[②] 从现在的观点看，反对最高法院对外国法的适用进行再审查的理由通常集

[①] ［韩］李时润：《新民事诉讼法（第8版）》，博英社2014年版，第864页。韩国学者将最高法院进行的上诉审查的目的分为法国型和德国型两大类。法国最高法院的上诉审查以统一法律解释为目的。2002年民事诉讼法改革之前的德国则以统一法律解释和救济当事人权利为目的。［韩］李时润：《新民事诉讼法（第8版）》，博英社2014年版，第864页。德国民事诉讼法改革之后，最高法院的上诉审查制度以发展法律、统一判例和阐明重要的法律问题为目的，不再将救济当事人个人利益作为最高法院上诉审查的目的。［韩］李时润：《新民事诉讼法（第8版）》，博英社2014年版，第864页，脚注2。

[②] J. A. Jolowicz, *On Civil Procedure*, Cambridge University Press, 2000, p. 302.

中于这两个职能上。这些理由大体可以做如下说明。

第一，从统一一国司法的角度，认为最高法院没有必要审查外国法。正如上文曾经提及的，各国的法院通常都行使确保本国司法统一的职能，而外国法并不属于本国法制的一部分，最高法院没有必要对此进行审查。在主权原则和国际礼让原则盛行的时代，有学者求助于这两个原则来支持自己本国最高法院应当拒绝审查外国法适用的主张。例如法国学者就曾经认为，一国法律仅在其主权范围内有效，因此最高法院不应审查本国下级法院对外国法的适用。[1] 而根据国际礼让原则，一国法院即使以令自己满意的方式适用了外国法，其结果未必会让该外国法所属国满意，一国的最高法院只能对本国法作终局性的解释，利用本身的权威来解释外国法则是不行的。[2] 随着主权原则概念淡出国际私法领域，又有观点认为，国内法院很少遭遇适用外国法的案件，没有必要把它纳入到最高法院审查的范围中去。例如德国联邦最高法院就曾经在判例中解释说："上告审程序首先是要统一法的适用和发展法，至于外国法和规定，其效力不超过一国的上诉法院的领域（法律是有地理上的限制的），与适用于全德国或者更大范围的法规则相比，在判例法上统一外国法适用的需要是比较小的。这也是为什么

---

[1] Sofie Geeroms, *Foreign Law in Civil Litigation- A Comparative and Functional Analysis*, Oxford University Press, 2004, para. 6.39.
[2] Henri Batiffol, Paul Lagarde, Droit International Prive, 陈洪武等译，《国际私法总论》，中国对外贸易出版公司1989年版，第467、468页。

德国民事诉讼法第562条原则上禁止上告审法院审查相关判决是否与外国的或地域性的法一致的问题;在本案中,提供法律保护的需要已经通过上诉法院得到了充分的保障。"①

第二,从发展法的功能出发,认为不能由最高法院对外国法的适用进行再审查。通常一国的最高法院被认为是该国法律体系的守护者,一国的法官不能去推测另一个国家的暗含的立法政策,很难理解一国的法官在适用某一外国法时可以发展该外国法。因为国内法院的裁决只对其领域内有效。实际上法官在对外国法的适用进行审查时通常是为了实现当事人之间的公平,很少会考虑发展法的问题。②

第三,最高法院如果错误适用了外国法会导致最高法院的权威性受到损害。按照这种观点,外国法的解释和适用必须与特定法体系的背景相结合,法官在适用本国法时,如同建筑师一样,以本国法制为基础形成一个裁判的结论,但在解释适用外国法时只能是摄影师角色,因此即使是最高法院的法官也有可能对外国法作出错误的裁判。如果最高法院频频作出错误的裁判无疑会损害最高法院作为一国最高司法机构的权威性。③

---

① BGHZ 36, 348, 352。转引自 Sofie Geeroms, *Foreign Law in Civil Litigation- A Comparative and Functional Analysis*, Oxford University Press, 2004, p. 374 脚注53。

② Sofie Geeroms, *Foreign Law in Civil Litigation- A Comparative and Functional Analysis*, Oxford University Press, 2004, pp. 376~377; Juenger, *Choice of Law and Multistate Justice*, M. Nijhoff, 1993, p. 86.

③ Juenger, *Choice of Law and Multistate Justice*, M. Nijhoff, 1993, p. 86.

2. 支持最高法院对外国法适用进行上诉审查的理由

也有相当一部分学者支持最高法院对外国法的适用进行上诉审查。针对最高法院统一法适用的功能，有的学者从正确适用冲突法为出发点提出了支持的理由。按照这种观点，[1] 国内法院适用外国法是因为冲突规则的规定，尽管冲突规则本身并不规定实体的权利义务关系，但是同样反映了本国的政策，适用外国法是冲突规则适用的结果，要求正确适用冲突规则就意味着要求正确适用外国法本身，相应的，错误适用外国法也就意味着违反了冲突规则本身，那么在那些认定冲突规则本身具有强制性规则性质的国家就有必要保证本国法院统一适用同一外国法。针对适用外国法的案件较少，没有必要由最高法院对其进行上诉审查的观点，有学者提出了反对的意见，指出，随着全球化时代的到来，国际交流日益频繁，适用外国法的案件在事实上不断增加，最高法院有必要强化对本国法院适用外国法的控制，统一其适用。[2] 我国也有学者近年撰文，从法发展的角度提出支持上诉审查的意见。这种观点认为，外国法和内国法并不是完全无关的两个事物，在定性阶段以及法解释阶段等都融入了本国法的价值判断，因此，外国法的适用过程与本

---

[1] Sofie Geeroms, *Foreign Law in Civil Litigation- A Comparative and Functional Analysis*, Oxford University Press, 2004, p.375.

[2] [韩] 申昌善、尹南顺：《新国际私法》，Fides 图书出版 2014 年版，第 176 页。

国的法体系的概念分类、法解释方法甚至本国法体系内隐藏的价值判断都有着密切的联系,进而认为"一国最高法院对外国法的错误适用进行审查,归根结底发展的是自己的法律正义观念,而非外国的法律正义观念,它对外国法的解释是本国司法活动的一部分,是在行使本国最高的司法权威,和解释国内法的司法活动并无实质区别"。①

3. 对我国的启示

目前,我国对外国法适用错误能否上诉问题的讨论并不多。从司法实务上看,如果某高级法院作为一审法院审理案件时适用了外国法,最高法院作为上诉审法院,通常也会对外国法的适用作出审查②,但是鉴于我国目前实行的二审终审制,最高法院在这一上诉审程序中扮演的角色与其他中间上诉法院的角色并没有太大的差异。如果随着民事诉讼改革的进展,我国的审级制度改为三审制,那么就需要考虑和三审制相应的最高法院的角色的变化会对外国法的适用审查本身产生何种影响。就现阶段而言,我国的最高法院并不是采用判例的方式来统一本国的法律适用,而是通过制定对各级法院有约束力的、抽象的司法解释或者遴选指导性案例并予以公布的方式来试图

---

① 宋晓:"最高法院对外国法适用的上诉审查",载《法律科学》2013年第3期,第137页。
② 如"富春航业股份有限公司、胜惟航业股份有限公司与鞍钢集团国际经济贸易公司海上运输无单放货纠纷再审案",最高人民法院民事判决书(2000)交提字第6号,载《最高人民法院公报》2002年第1期,第35~37页。

达到统一本国各级法院法律适用的目的。随着我国逐渐融入世界，适用外国法的可能性逐渐提高，在我国承认冲突规则具有强制性的背景下，有必要考虑最高法院是否应该在统一本国法院对外国法的适用上扮演一个更为重要的角色。特别是，和我国民商事往来频繁的国家或地区的法律，如果严格按照冲突规则的指引，会反复被适用。如果基本诉讼审级制度不做修改，最高法院是否可以在现有框架体制内，考虑采用其他方式在外国法的适用方面发挥最高法院统一法律适用的职能，例如遴选充分查明外国法的案例以指导性案例公布或者另行收集、整理编纂外国法适用的案例予以公布等。

第四章
外国法适用上跨国性的努力

外国法的适用从过程上看首先需要对外国法进行调查，其后是确认外国法的内容，并将确认的内容适用于纠纷事项。在外国法适用方面跨国的努力大体也可以分为与此相类似的两个阶段。即第一阶段着眼于外国法信息的取得，第二阶段则从统一法适用的角度尝试在外国法适用方面的统一。

外国法适用方面最初跨国性的努力主要着眼于外国法信息的取得。这一阶段代表性的成果是1968年欧洲国家制定的"外国法信息有关的欧洲公约（European Convention on Information on Foreign Law，以下简称为'伦敦公约'）"及1979年美洲国家制定的"美洲国家间外国法证明有关公约（Inter-American Convention on Proof of the Information on Foreign Law，以下简称'美洲公约'）"。最近外国法适用方面国际协作性质的努力主要指向外国法适用的统一，这个阶段的主要成果是欧盟法制统一化进程中，作为前期准备计划，学者们起草的"将来欧盟适用外国法规则的原则（Principles for a Future EU Regulation on the Application of Foreign Law，以下简称'马德里原则')"。除国家间、地区间的协作努力外，海牙国际私法会议也在不断努力，试图达到外国法信息取得的便利化及不断接近外国法适用的统一。欧盟在实质法及冲突法领域都在一定程度上实现了统一，它的实践对国际私法的发展有着重要的影响。有鉴于此，本章中将首先对伦敦公约进行讨论，其后对海牙国际私法会议有关工作进展情况及欧盟相关领域的新动向做一简介。

一、伦敦公约

伦敦公约是由几个欧洲理事会（Council of Europe）[①] 的成员国在1968年缔结，1969年12月17日生效。伦敦公约就缔约国之间在外国法信息取得方面规定了相对较为详细的规则。它不仅是一个对欧洲理事会的成员国开放的体系，对世界其他国家也是一个开放的体系。[②] 到2014年4月为止，世界上有

[①] 欧洲理事会是设立于1949年的国际组织，它与欧盟相互独立，目的是在立法标准、人权、民主的发展及文化协作方面促进欧洲国家之间的相互协作。与欧盟不同，欧洲理事会不能制定有约束力的法律。载 http://www.coe.int/about-Coe/index.asp?page=quisommesnous&l=en，2014年6月1日访问。

[②] 伦敦公约第18条规定："公约生效后，欧洲理事会的长官委员会（Committee of Ministers）可以邀请所有非会员国加入。"通常非会员国正式表明希望加入该公约的意图时，邀请程序就会启动。Raphael Perl, "European Convention on Information on Foreign Law", *International Journal of Law Libraries* Vol. 8, 1980, p. 151.

46个国家批准或者加入了该公约。[1] 伦敦公约的核心是建立一种机制,这种机制使得各缔约国通过各自指定的接收机关向彼此提出请求并获得相关外国法信息。

(一) 公约主要内容

1. 适用范围

伦敦公约对所谓"外国法信息"[2]作了非常宽泛的规定,按照伦敦公约的规定,民商事实体法、程序法及有关司法机关的信息都包含在公约规定的范围内。[3] 就信息的形式而言,按照伦敦公约的约定,受托国家可以提供法律文本(legal text)、法院的裁决(judicial decision)以及理解上述材料所必须的附加性资料,例如理论著述的概要、批准立法工作以及解释性的注释等。[4] 伦敦公约虽然使用了"民商事"这一限制性的用语,但是可以委托的信息不仅包括民商事"法律"。伦敦公约

---

[1] 其中白俄罗斯、哥斯达黎加、墨西哥、摩洛哥四个国家不是欧洲理事会的成员国。载 http://conventions.coe.int/Treaty/Commun/ChercheSig.asp? NT = 062&CM = 1&DF = &CL = ENG,2014年5月30日访问。

[2] 参见伦敦公约第1条。

[3] 最初,伦敦公约的适用限定在民商事领域,但是1978年签订了附加议定书,公约的适用范围扩大至刑事领域。Additional Protocol to the European Convention onInformation on Foreign Law done at Strasbourg, March 15, 1978, European Treaty Series No. 97, 27 I. L. M. 797 (1978).

[4] 参见伦敦公约第7条。

第1条第1款①的文字中，使用了"民商事领域（civil and commercial fields）"这样的表述，伦敦公约解释报告书［Council of Europe, Explanatory Report on the European Convention on Information on Foreign Law（strasbourg, 1968）］对此解释说，没有使用"法律"而是使用"民商事领域"的用意在于，后者可以包括相对更为广泛的内容，因此无论审理案件的法院的性质、进行中的程序的性质如何，都可以按照伦敦公约的规定取得相关外国法信息。② 而且，不仅是民商事性质的信息，与民商事领域有关的法律信息也可以通过伦敦公约取得，甚至如果与劳动有关的规定在该国是规定在民事法律当中的话，劳动法有关的规定也可以包括在伦敦公约规定的"民商事领域"范围内。③

2. 提供外国法的途径④

按照伦敦公约的规定，缔约国要设立或者指定接收机关（receiving agency），接收机关的义务是接收其他缔约国的委托，并对该委托采取相应的措施。只是，接收机关并不一定是

---

① 伦敦公约第1条第1款的内容如下：
"1. The Contracting Parties undertake to supply one another, in accordance with the provisions of the present Convention, with information on their law and procedure in civil and commercial fields as well as on their judicial organisation."
② 伦敦公约解释报告书，note 7.
③ 伦敦公约解释报告书，note 7.
④ 参见伦敦公约第2条第1款、第2款。

直接作出答复的机构。① 接收机关既可以亲自答复相关委托，也可以将该委托转交其他机关，由其他机关予以答复。在设立或者指定接收机关的同时，缔约国还可以设立或者指定一个或多个转送机关（transmitting agency）。转送机关的任务是收集本国司法机关就提供外国法信息的请求作出的答复，再将该答复转送相关委托国。关于转送机关的设立或指定，缔约国可以有以下方式选择。即，（1）新设或者指定转送机关；（2）将转送机关的任务交予接收机关来承担；（3）不再另行设立转送机关，由接受委托的司法当局直接向委托国发送。②

3. 提供外国法信息的程序

（1）提供外国法信息的请求

伦敦公约缔结当时，可以提出提供外国法信息的请求的主体限定于司法机关（judicial authority），③ 且只在程序已经实际开始的时候才可以提出。④

伦敦公约中没有直接对什么机关属于司法机关作出规定，而是将这一问题交由委托国的国内法来处理。⑤ 公诉机关（prosecution authority）是否属于公约中规定的司法机关的问题

---

① 参见伦敦公约第6条。
② 伦敦公约解释报告书，note 3.
③ 同时伦敦公约也允许两个或者两个以上的国家之间另行约定，将提出请求的主体扩大到司法机关以外的机关。参见公约第3条第3款。
④ 参见伦敦公约第3条。
⑤ 伦敦公约解释报告书，note 18.

由该公诉机关所属国裁量决定。[1] 另外，如果国内法允许，则仲裁庭通过国家的司法机关也可以通过伦敦公约规定的方式取得相关外国法信息。[2]

伦敦公约本身对提出请求的主体以及提出的时间上的限制在实务中带来很多不便。因此，1978 年，伦敦公约的缔约国在斯特拉斯堡又缔结了附加议定书，放宽了对请求主体及提出时间的限制。按照附加议定书的规定，可以提出请求的主体不仅包括司法机关，还可以包括官方（official）法律援助及法律咨询体系中代表经济弱者一方的任何机构和个人。[3] 提出请求的时间也有所扩大，不仅可以在程序已经开始时提出请求，也可以在提起诉讼的准备阶段就提出。[4]

按照伦敦公约的规定，申请书上要记载提出请求的司法机关的名称以及相关案件的性质。[5] 此外要尽可能明确说明希望获得的法律信息是什么。受托国是多法域国家的，申请书中还应明示希望获得的法律信息属于哪一个法域。为了方便受托国正确理解请求的内容和意图以及作出正确的回复，申请书中还应对相关必要的事实予以陈述。为了确定请求内容的范围，在

---

[1] 伦敦公约解释报告书，note 19.
[2] 伦敦公约解释报告书，note 20.
[3] 伦敦公约附加议定书第 3 条第 1 款。
[4] 伦敦公约附加议定书第 3 条第 2 款。德国对该条款提出了保留，因此，对德国来说，只有在法院程序已经开始的情况下才可以提出提供外国法信息的请求，而且律师等个人不能按照公约的规定提出相关请求。
[5] 参见伦敦公约第 4 条第 1 款、第 2 款。

必要时，也可以附上相关文书的副本，在与请求的问题相关的情况下，也可以包括伦敦公约规定范围以外的问题。

关于申请书使用的语言问题，伦敦公约规定，申请书应当以受托国的语言或者官方语言中的一种语言做成，如果以委托国语言做成的要附上受托国语言的翻译本。①

请求提供外国法信息的申请书由委托国的转送机关送交受托国。如果没有转送机关，提出请求的司法机关也可以直接向受托国发出申请。

（2）回复

受托国收到相关请求后有义务对相关问题作出答复。只是，如果受托国认为作为申请根据的案件对受托国的利益有影响或者有害于受托国的主权或者安保的，受托国可以拒绝该请求。② 这里所说的"对受托国利益有影响"，其范围比较广泛，不仅包括受托国是纠纷一方当事人的情况，还包括与受托国利益有关联或者纠纷的解决对受托国有影响的情况，这些都可以成为拒绝请求的正当理由。这里所说的"利益"不仅包括财政性的利益（financial interests）还包括经济性的、政治性的利益在内。③

受托国应当以客观、公正的态度尽可能迅速地提供相关法

---

① 参见伦敦公约第 14 条。
② 参见伦敦公约第 10 条，第 11 条。
③ 伦敦公约解释报告书，note 38.

律信息。如果准备相关信息需要较长时间的，受托国的接收机关应当将这一状况告知委托国，并且将可能答复的日期通知对方。

受托国的接收机关在收到请求后可以自己答复也可以转交相关官方主体予以答复。但适当情况下，受托国的接收机关也可以委托私的机构或者有资格的律师予以答复。①

回复必须是客观公正的，② 这意味着回复并不是提供相关案件的解决方案。③

在使用的语言上，公约规定回复应当与请求一样，使用受托国语言做成。④

取得外国法信息所需费用可以分为两种情况。按照上述说明，按照伦敦公约作出答复的主体可以是官方机关也可以是私人机构或有资格的律师。由官方机关起草相关回复的，受托国不能以起草相关回复为由要求委托国支付相关费用或报酬。但是，如果回复是由私人机构或有资格的律师起草的，受托国应当将接受委托起草回复的私人机构或律师告知委托国，同时还应告知可能需要支付的费用。⑤ 至于支付费用的程序，例如应当向谁支付费用或报酬等被认为不需要在伦敦公约中予以规

---

① 参见伦敦公约第 6 条。
② 参见伦敦公约第 7 条。
③ 伦敦公约解释报告书，note 30.
④ 参见伦敦公约第 14 条第 1 款。
⑤ 参见伦敦公约第 6 条、第 15 条。

定，因此伦敦公约对此未予提及。①

4. 所提供外国法信息的效力

受托国回复的外国法信息对委托国的司法机关没有约束力。② 这一规定是为了尊重各国法院的独立性③。因此，通过伦敦公约规定的途径获得的外国法信息在法院应当受到何种对待的问题仍然是由法院按照法院地的司法制度决定的事项。

（二）实施状况

1. 整体运用状况

伦敦公约在当时创设了一种新的机制，因此被认为在外国法信息的取得方面是一个重要的革新。④ 1997 年曾有一个对伦敦公约适用状况的调查，⑤ 结果认为伦敦公约得到了实际的运用。例如，德国虽然传统上是通过专家鉴定意见的方式来查明外国法，所以对伦敦公约的利用率不高，但是在为数不多的几件通过伦敦公约进行查明的案例中，大部分都取得了相应的外

---

① 伦敦公约解释报告书，note 49.
② 参见伦敦公约第 8 条。
③ 伦敦公约解释报告书，note 34.
④ Barry J. Rodger, Juliette Van Doorn, "Proof of Foreign Law: The Impact of the London Convention", 46 *Int. Comp. L. Q.* 151, 165 (1997).
⑤ Barry J. Rodger, Juliette Van Doorn, "Proof of Foreign Law: The Impact of the London Convention", 46 *Int. Comp. L. Q.* 151, 165 (1997).

国法信息。① 而且除了非常例外的案例②以外，获得外国法信息所需时间和费用也被认为是令人满意的。③ 从使用伦敦公约的次数看，葡萄牙排在第一位，其后便是德国。④

由于伦敦公约所确立的机制具有实际上的效用性，因此一些国家还以伦敦公约为模本与他国签订了双边条约。例如，德国就以伦敦公约为模本在1985年与摩洛哥签订了外国法信息交换有关的双边司法协助条约。⑤ 比利时也以伦敦公约为范本与几个国家签订了双边条约。⑥

另外，伦敦公约的运用状况各国又有不同。例如，德国被认为是相对充分地运用了公约规定的途径。2002年实施的伦敦公约适用状况调查显示，德国既有向其他国家提出提供外国

---

① Barry J. Rodger, Juliette Van Doorn, "Proof of Foreign Law: The Impact of the London Convention", 46 *Int. Comp. L. Q.* 151, 155 (1997).

② 曾经在一个案例中，法院需要取得土耳其法有关信息。但是迟至七个月后方才获得答复。不仅如此，回复本身也仅是复制了相应的法典的内容，解释的内容非常少。而且，之后在支付昂贵费用翻译了相关答复后发现该答复对讼争事项的解决几乎没有什么帮助。但是，这样的事例被认为是及其例外的。实务中曾经有法官向专家打电话咨询，以获得有关外国法的信息。Douglas R. Tueller, "Reaching and Applying Foreign law in West Germany: A Systemic Study", 19 *Stan, J, int' l L.* 99, 120 (1983), p. 142.

③ Barry J. Rodger, Juliette Van Doorn, "Proof of Foreign Law: The Impact of the London Convention", 46 *Int. Comp. L. Q.* 151, 155 (1997).

④ Barry J. Rodger, Juliette Van Doorn, "Proof of Foreign Law: The Impact of the London Convention", 46 *Int. Comp. L. Q.* 151, 160 (1997).

⑤ 该条约已于1994年生效。Sofie Geeroms, *Foreign Law in Civil Litigation- A Comparative and Functional Analysis*, Oxford University Press, 2004, para. 2. 306.

⑥ Sofie Geeroms, *Foreign Law in Civil Litigation-A Comparative and Functional Analysis*, Oxford University Press, 2004, para. 2. 333.

法信息的请求的事例,也有接受其他国家请求的事例。不仅如此,尽管德国与其他国家曾经签订双边条约,规定相关信息交换的途径和方法,但是也有放弃使用相关途径,仍然坚持以伦敦公约规定的方式取得外国法信息的事例。[1] 与德国的情况不同,英国虽然有接受相关请求的事例,但是几乎没有向其他国家发出请求,要求提供相关外国法的事例。[2]

不过,从总体上看,伦敦公约并没有得到充分的利用。比如,瑞士比较法研究所(Swiss Institute of Comparative Law)曾经对此进行过一个调查,结果显示与德国同属大陆法系的法国很少运用伦敦公约规定的途径来查明外国法。尽管该公约在1972年已经对法国生效,但是依据公约规定向他国提出提供外国法信息的请求的案件数每年不超过10件。[3] 荷兰于1977年加入伦敦公约,且在民事诉讼法中设置了相关配套性的规定,因此如果荷兰的法官想要利用伦敦公约规定的途径查明外国法,只要向本国私法部(Department of Private Law,荷兰指定的本国的接收机关和转送机关)提出申请就可以了。但是荷兰私法部一方面接到不少其他国家发来的请求,另一方面却

---

[1] Eberhard Desch, Best Practices Survey of The European Convention on Information on Foreign Law, CDCL (2002) 15. 载 http://www.coe.int/t/dghl/standardsetting/cdcj/2002/cdcj15%20e%202002.pdf, 2014年2月1日访问。

[2] Sofie Geeroms, *Foreign Law in Civil Litigation-A Comparative and Functional Analysis*, Oxford University Press, 2004, para. 2.256.

[3] 参见 http://ec.europa.eu/justice/civil/files/foreign_law_ii_en.pdf, p.17.

很少接到本国司法机关提出的查明其他国家法律信息的申请。例如1993年到1996年间,荷兰私法部向其他国家提出提供外国法信息请求的案件数不过5件而已。① 由此可见,荷兰并没有充分利用伦敦公约所设计的途径。有人将这一现象的原因归结为荷兰的法官对伦敦公约所定的机制不够了解。②

2. 履行公约的具体方式

从实际提供的外国法信息看,一些情况下只要提供法律条文本身就可以了。对德国提出的一些请求中,要求一并提供法律意见(legal opinion)。也有的请求中,要求提供进一步附加性的信息。③ 英国则认为,对事实部分较为详细的陈述有助于对相关问题作出回复。④

伦敦公约对回复的期限没有作出规定。德国通常对提出的请求会在3周到6周以内作出答复。也有的案例中因为是需要向其他相关专门部门进行咨询的复杂问题,回复是在3个月到4个月之内作出的。如果在6个月之内不能给出答复的,德国

---

① Sofie Geeroms, *Foreign Law in Civil Litigation-A Comparative and Functional Analysis*, Oxford University Press, 2004, para. 2.320, 2.321.

② Sofie Geeroms, *Foreign Law in Civil Litigation-A Comparative and Functional Analysis*, Oxford University Press, 2004, para. 2.321.

③ Eberhard Desch, "Best Practices Survey of The European Convention on Information on Foreign Law", CDCL (2002) 15, p.3.

④ Eberhard Desch, "Best Practices Survey of The European Convention on Information on Foreign Law", CDCL (2002) 15, p.4.

会向相关外国的转送机关发出中间通知（interim notice）。[1] 英国通常会在6周至8周以内作出答复，除非是特别延迟的情况，否则英国的转送机关通常不会将答复需要的时间通知给对方。

当然，也有违反伦敦公约的事例发生。例如，按照伦敦公约的规定，如果是由官方机构作出答复提供外国法信息的，不能向委托国要求支付费用。但是在英国的一个事例中，起草回复者是财务部法务官，但仍然向对方要求了费用。[2] 此外，伦敦公约规定受托国有答复的义务，但是德国报告说，曾经有没有接到答复的情况发生。[3]

（三）启示

从伦敦公约的实施状况看，该公约创设了一种国家间相互提供相关法律信息的机制，作为取得外国法信息方法中的一种，应该说是有一定效果的。我国目前已经有与他国签订有相关提供外国法信息的双边司法协助条约，这种司法协助方式与伦敦公约中规定的方式基本相同，那么这种方式在外国法查明

---

[1] Eberhard Desch, "Best Practices Survey of The European Convention on Information on Foreign Law", CDCL (2002) 15, p.7.

[2] Eberhard Desch, "Best Practices Survey of The European Convention on Information on Foreign Law", CDCL (2002) 15, p.6.

[3] Eberhard Desch, "Best Practices Survey of The European Convention on Information on Foreign Law", CDCL (2002) 15, p.7.

过程中的作用及地位问题就值得探讨。此外，伦敦公约本身是一个开放式的体系，我国如果考虑加入该公约以取得相关法律信息的话，本身不存在障碍。但是从另一方面讲，如果我国在实际中适用外国法的事例更多涉及欧洲以外国家的话，以伦敦公约为蓝本，另行与其他国家签订双边条约或者多边条约也是一个可能的选择。如果选择后一种做法，那么就需要考虑伦敦公约所规定的机制是否有进一步改善之处。

1. 对类似伦敦公约的司法协助方式的再认识

(1) 伦敦公约等司法协助方式上存在的固有缺陷

一般认为，以类似伦敦公约的司法协助方式取得的外国法信息因为来自于相关外国法所属国的权威部门，因此该外国法信息的正确性可以保障。从这一点出发，似乎司法协助的方式在外国法查明的途径中具有无法比拟的优势。但是从上述伦敦公约的实施状况中可以发现，公约并没有在各国外国法查明中扮演一个重要的角色。这说明司法协助方式本身存在一些固有的缺陷。从实务中看，这些缺陷可能体现在以下几点。

第一，伦敦公约等司法协助方式是否能够得到很好的运用与各国对外国法查明义务的分配方式有密切联系。从实施状况看，德国相对其他国家而言，较好地运用了伦敦公约规定的方式。而德国在外国法查明义务的分配上采用法官承担职权调查义务的方式，法官在查明过程中扮演一个绝对积极的角色。伦敦公约规定发出请求的主体是司法机关，这样，德国的法官在提出申请时不存在任何障碍。与之相反，英国在外国法查明义务分配上采用的是当事人承担证明义务的方式，外国法的证明构成抗辩式诉讼模式的一部分，法官几乎不介入外国法的调查，否则会被认为打破了当事人之间的对立平衡。反应在对伦敦公约的运用上，结果是英国的法官不愿意运用伦敦公约规定的途径来查明外国法，因为运用伦敦公约就意味着法院要主动介入查明程序。从英国的例子看，在法官不承担查明义务的模式下，伦敦公约规定的司法协助方式在实际当中利用率就不会太高。

第二，运用司法协助方式查明外国法需要相对较长的时间。以上述德国的运用状况为例，大部分的情况下都需要3周到4周的时间，长的甚至能达到4个月甚至12个月，而委托国发出请求时，通常并不知道需要多长的时间才能获得相关外国法信息。因此，这种方式存在造成诉讼过分迟延的危险。

第三，答复是否包含观点分析是一个两难选择。按照伦敦公约规定，受托国作出的答复应当是客观中立的，不应该包括主观性的分析判断。但是从实践中看，德国曾经接到过要求一并提供意见的请求，这说明在面对具体疑难案件时，单纯提供法律文本等法律信息有时不能满足法适用的需要的。但是，如果允许在答复中包含主观性的观点、分析和判断，那么这份答复在性质上会非常类似于专家鉴定意见（专家证言）。如果不能给予当事人针对这份主观意见进行陈述和辩论的机会的同时却直接接受该回复所包含的主观意见,在实践中就存在破坏诉讼公平的可能。此外,法官针对这份带有主观性观点的答复不能像面对专家鉴定意见一样向出具相关答复的机关进行一次或者多次的咨询,那么在将该答复适用于相关纠纷事项时就可能存在实际操作的困难。

第四,司法主权和了解纠纷事项的必要性之间的均衡难以把握。为了能够提供有针对性的、正确的法律信息,伦敦公约允许在提出的请求中对纠纷案件进行必要的事实描述,且允许附上相关的资料,同时又要求答复应当是客观的。但是要判断某一个法规范可以适用于相关事案,常常需要进行主观的分析。假如没有主观的分析,至少在某些案件中,是很难提供有价值的法律信息的。如果在提出请求时,对纠纷事案本身进行了相对详细的描述并提供了相关资料,而受托国作出的答复又包含了主观的分析和判断,尽管伦敦公约规定法院地法官并不受该答复的约束,但是如果法官没有其他可以作为依据的资料,势必会依据该答复作出裁判。这个时候,对案件的裁判权事实上一定程度上发生了移转,因此很容易招致危及司法主权的批判。反过来,如果不允许在请求中进行事实描述,那么受托国又会很难提供有针对性的法律信息。如果界定为必要的事实,但在提出请求时,法院地法官可能对外国法所知甚少,在判断什么是必要事实上可能存在困难。

（2）伦敦公约等司法协助方式的长处

由于伦敦公约这种司法协助方式本身固有的缺陷，因此有的学者对这种方式持一种非常悲观的态度，认为司法协助的方式因为其固有的特性不能适用于外国法的查明。[①] 但是如果考虑司法协助方式本身的长处，应当说司法协助方式的价值是不能被绝对否认的。

以司法协助方式从外国法所属国的有关机关取得的外国法信息通常客观中立，无需担忧其是否有偏向性的问题。此外，在大部分情况下，司法协助方式下取得的外国法信息具有相当的权威性。在司法协助方式下，受托国一方作出相关答复的主体一般为官方机构，这样的机构就本国法所提供的法律信息，其正确性无疑是可以得到保障的。即使作出相关答复的主体不是官方机构而是私人机构或者律师，通常这些私人机构或律师也是在该国从事相关业务或研究，具有相当声誉和成就的专家或专门机构。

对照伦敦公约的事实状况可以发现英国式外国法查明方式下，司法协助方式会较少或者基本不会得到应用。但是很难根据英国这一个例子来绝对否认司法协助方式的价值。首先英国的外国法查明方式是一个非常极端化的特例，从其他各国的实务看，法官介入外国法查明的权力都是得到承认的。而且，即

---

① 宋晓："外国法：'事实'与'法律'之辩"，载《环球法律评论》2010年第1期，第18页。

使是在英国，绝对依赖专家证言来查明外国法的方法也在不断受到批判。不仅如此，由于担心外国法证明义务承担上的变化会危及基本的当事人抗辩主义诉讼模式，所以除了当事人委托专家提供专家证言外，在英国实际上不仅司法协助方法未得到充分运用，其他任何方法都没有得到广泛普遍的运用。因此，不考虑英国的情况，即使是在当事人承担主要证明责任的模式下，只要不否认法官有查明的权力，司法协助方式就有运用的空间。当然在德国模式下，法官就可能更多地运用到这一方法。

（3）司法协助方式的定位

承认司法协助方式查明外国法的做法存在种种缺陷的同时肯定该方式本身的价值，这意味着，第一，司法协助方式仍然是各种查明方法中一个可选择项，第二，司法协助不可能成为首要或者优先采取的方法。鉴于司法协助方式费时费力且无法接受多次咨询的特性，在更多情况下，它将作为一种辅助性或者补充性的方法存在。法官是否采用这种方法要结合案件的具体情况方能判断。进一步应当注意的问题是，通过司法协助方式取得的外国法资料在诉讼中应当以什么方式对待，例如是否适用证据规则，以及司法协助条约签订后，国内法配套的问题，应当由国内法以具体性措施保证条约能够履行。

2. 针对伦敦公约可能的改善方案

如果考虑以伦敦公约为蓝本与其他国家签订相关双边条约

或者多边条约,有以下几个方面需要改进。

第一,强化回复的义务。

伦敦公约中尽管规定了受托国的回复义务,但是对回复的时限、方式等并没有作出规定。结果,由于各缔约国相关机关效率上的差异导致一些回复过度迟延。德国对伦敦公约实施状况的调查报告书显示,甚至有迟至一年以上才给予答复的事例发生。[①] 很难说这种过分迟延的回复对诉讼纠纷的解决还会有帮助。因此如果以伦敦公约为蓝本设计相关条约的话,应当在时限方面考虑一些可能的措施。在双边条约或者缔约国数量不多的多变条约中,可以考虑参考各国民事诉讼法上有关审限的规定设定回复期限的可行性。如果明确规定时限的办法过于僵化难以操作的,可以考虑赋予委托国督促的权利,又或者要求受托国承担相应通知义务,在回复可能需要较长时间时及时通知委托方。

第二,接收机关或转送机关变更的通知义务。

伦敦公约设立的机制依赖接收机关和转送机关来运行。各国内部可能因本国机构设置的变更而影响到接收机关和转送机关的指定。因此,如果仿照伦敦公约机制签订条约的话,条约中应当明示,各国如果发生指定的接收机关和转送机关变更的,有义务将及时将变更后的接收机关或转送机关通知对方或

---

① Eberhard Desch, "Best Practices Survey of The European Convention on Information on Foreign Law", CDCL (2002) 15, p. 7.

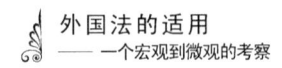

以指定方式公示。

第三，以现代手段简化申请及回复方式。

伦敦公约所设立机制的缺陷之一就是较长的时间花费。即使不考虑回复时不当的迟延，接收和回复所需要的正常的时间花费也相当可观。随着电子技术的发展，电子邮件等现代通讯工具已经成为通讯的主要方式。因此在相关接收和回复方式上，也应当考虑以电子方式来简化通讯往来，并以相关技术手段保障其真实可靠的可能性。

第四，语言人才的确保和相关机构的设立。

按照伦敦公约的规定，申请书应当以受托国语言做成。但是从实施状况看，不仅语言的翻译上有困难，而且翻译的水准也令人担忧。例如对伦敦公约实施状况的调查中，冰岛就曾经报告说，"翻译成冰岛语或者将冰岛语翻译为外语都存在困难。"[1] 英国也曾经评价一些申请书的翻译非常"poor"。[2] 法律用语讲求准确性，翻译的错误或不严谨将严重影响法律的适用和理解。如果翻译的水准有问题，伦敦公约规定的司法协助方式的运用将事倍功半。因此各国都应该重视法律文本翻译问题，设置专门的部门或者配备专门的人员来予以辅助。在这一点上，希腊和意大利的做法可为借鉴。希腊指定希腊国际及外

---

[1] Barry J. Rodger, Juliette Van Doorn, "Proof of Foreign Law: The Impact of the London Convention", 46 *Int. Comp. L. Q.* 151, 169 (1997).

[2] Eberhard Desch, "Best Practices Survey of The European Convention on Information on Foreign Law", CDCL (2002) 15, p. 4.

国法研究所（Hellenic Institute of International and Foreign Law）作为接收机关和转送机关。该研究所属于公的法律实体，接受政府财政支援，并受司法部和外务部的监督。[1] 该研究所内部设有设施良好的图书馆并配备有精通各外国语的职员。意大利则在接收机关内部专门设置了翻译机构，一旦在翻译上遭遇困难就可以向该翻译机构请求帮助。[2]

第五，加强对法官的相关培训。

法官如果不了解相关公约设定机制也会阻碍该机制的运行。前面提及的荷兰的实践可作为旁证。因此，如果仿照伦敦公约签订条约设立了相关机制的话，该机制的存在及操作方法应当纳入法官培训的内容。在这方面斯洛伐克的做法可以参照。斯洛伐克在签订公约后，将公约的规定以及解释编纂成册对法官进行了相关培训。

二、海牙国际私法会议的努力[3]

如果说伦敦公约的制定体现了区域间或者国家间通过司法

---

[1] Raphael Perl, "European Convention on Information on Foreign Law", 8 IJLL 145, 152 (1980).

[2] Barry J. Rodger, Juliette Van Doorn, "Proof of Foreign Law: The Impact of the London Convention", 46 *Int. Comp. L. Q.* 151, 169 (1997).

[3] 本部分未予特别加注的部分均参考了 Prel. Doc. No 11A of March 2009 – Accessing the content of foreign law and the need for the development of a global instrument in this area – a possible way ahead. 载 http://www.hcch.net/upload/wop/genaff_pd11a2009e.pdf, 2013 年 12 月 2 日访问。

协助实现方便获得外国法信息的一种努力的话，海牙国际私法会议多年的工作则代表了跨国性协作或法律协调统一的另一个努力方向。从海牙国际私法会议多年的工作和努力看，海牙国际私法会议放弃了统一各国国内程序法的尝试，进而试图基于海牙国际私法会议构建一个方便各国能够顺利有效取得一般性外国法信息的平台，并以在线技术为基础，呼吁各国利用现代技术将本国的法律信息以可被方便查找的方式予以公示。在关注一般性法律信息的获得之外，海牙国际私法会议也强调应当另行设立某种机制，以满足具体个案中对个性化的外国法信息的需要，并对这种机制中应当注意的问题进行了揭示。尽管至今为止海牙国际私法会议尚未有成型的、被世界范围内普遍接受的法律性文件，但是关注海牙国际私法会议的努力方向，了解是否有更为方便取得外国法信息的路径，推进本国法律信息的公开等仍有现实的意义。

（一）2007年专家会议——研究重点的确定和对现行机制的认识

从2006年开始，海牙国际私法会议的常设事务局（Permanent Bureau）开始进行有关外国法的取得和适用可能性的研究。最初研究的重点是希望制定一个跨国性的、统一外国法对待方式的文件。但是在2007年2月召开的专家会议上，与会专家认为协调统一各国对外国法的不同态度是没有意义的。同时，专家们认为使接近、取得外国法信息成为可能才是非常有必要的，并宣言支持常设事务局在该领域继续展开研究并进行相关工作。这次会议上的专家意见被一般事务及政策委员会（Council on General Affairs and Policy）所接受，此后研究的重点从对外国法法律地位的研究转向如何促进以获取外国法内容为目的的、跨国的、行政性、法律性的协力。

此外，2007年专家会议也对现存的机制，即伦敦公约等公约的不足之处作出了评判，认为这些机制存在下列问题。（1）性质上都是地区性的，不是一个世界性的协作机制；（2）其运行不能接受定期的审查；（3）没有考虑到现代电子手段发展的影响。

（二）2008年专家会议

2008年10月，常设事务局邀请专家召开了以"在线各国法律信息的规定上的全球合作（Global Cooperation on the Provision of Online Legal Information on National Laws）"为主题的专家会议。这个会议上围绕在线提供相关信息这一主题，主要研究确认了三个问题。第一，便利外国法信息取得上可采取的措施；第二，构想海牙国际私法会议本身在外国法信息取得方面应承担的任务；第三，即使在外国法信息的取得已经便利化的情况下，针对具体案件中的外国法适用问题上仍有必要设立另外的机制。

1. 外国法信息取得的便利化

这次会议强调应充分考虑现代电子技术的发展，促进在线方式取得外国法信息。在取得外国法信息方面，这次会议就将来设计的文件应考虑哪些问题发布了相关指导原则[1]（以下简称 2008 指导原则）。2008 指导原则针对将来设计的文件应当考虑的原则做了如下提示。

（1）自由地接触。指导原则建议，各会员国应当将自己的法律资料以电子形式公开，并保障包括在其管辖区域以外的人都能够自由地接触到这些资料。指导原则还鼓励各国采取措施，使得他人可以自由地接触到本国立法准备工作、立法修订及解释性资料等历史性资料。（2）复制及再引用。指导原则认为，各会员国应当允许对上述法律资料进行复制和再引用，并且为此目的，各国应当消除可能的障碍。（3）真实性和权威性。指导原则鼓励各会员国努力做到本国法律资料的权威性版本以电子形式可被他方利用。指导原则还建议各国为保障这一点而采取必要的措施。（4）保存。指导原则鼓励各会员国采取措施保障上述法律资料的长期保存和可接触性。（5）开放式的格式、元数据（metadata）及基础知识系统（knowledge-based system）。指导原则鼓励各会员国做到其法律资料以开放式的、可再利用的格式公开，使得他方可以使用，并且该法

---

[1] 相关内容参见 "Guiding Principles to be Considered in Developing a Future Instrument"。

律资料的元数据也应可以使用,指导原则鼓励各国在开发可适用于这些元数据的统一的标准方面进行协作。会员国如果提供有助于适用、翻译上述法律资料的基础性知识系统的,应当使得这一基础性知识系统可以被自由地接触、复制、再利用。(6)个人信息的保护。在公开法院裁决或者行政性决定时,相关资料应当遵循当地个人信息保护法有关的规定。(7)引用。指导原则建议,无论采用何种介质、提供者为谁,各会员国应当做到以国际性的、始终一致的方法使得其法律资料可被引用。(8)翻译。指导原则鼓励各会员国在可能的情况下将本国的立法及相关资料翻译成他国语言。会员国提供这种翻译的,还应当保障翻译文本可被他方自由地接触、复制和再引用。同时,指导原则鼓励各会员国发展能够理解他国语言的能力,并在这方面相互协助。(9)支持和协作。指导原则鼓励各会员国和再出版者(re-publisher)通过多种手段提高可以接触到这些法律资料的可能性。各会员国应当对那些以提高法律资料可接触性为目的的机构的存续提供帮助。会员国应当在其他会员国履行此等义务时提供帮助,并在相关方面相互协助。

2. 对海牙国际私法会议角色的构想

2008年的专家会议对海牙国际私法会议在外国法信息的取得方面应该扮演的角色也进行了构想。专家会议建议,海牙国际私法会议应当成为促进法律信息机构和政府协作方面最有价值的一个平台。按照2008年专家会议的构想,这个平台应该有一系列的规则来支持。也可以设立常任专家委员会，开发、引导或运营自由接触外国法信息和在线出版方面的质量标准。该常任委员会人员在组成人员上可以接受法律信息机构的支援。海牙国际私法会议可以设立有关查找外国法信息的门户网站，使用者可以在其中自行查找可以信赖的法律信息提供者。

3. 其他机制存在的必要性

2008年专家会议在讨论方便外国法信息取得方案的同时也确认其他机制存在及改善的必要性。即外国法信息获得的便利性无论达到何种程度也不能因此拒绝其他机制的存在。特别是具体案件中，需要可适用于该具体案件的个性化的外国法信息的情况下，单纯可以检索到外国法信息是不够的，建设从外国可以获得相关个性化的外国法信息的机制仍然有探索的必要。这个可以视作是对2007年专家会议形成的认识的一个再确认。① 只不过2008年专家会议是围绕在线取得外国法信息这一主题展开的讨论。

（三）2009年常设事务局报告书

2009年海牙国际私法会议常设事务局以2007年、2008年

---

① 参见海牙国际私法会议常设事务局起草"Feasibility Study on the Treatment of Foreign Law – Report on the Meeting 23~24 February 2007"（Prel. Doc. No 21A of March 2007），pp. 5~6。

两次专家会议的意见和建议为基础起草了题为"外国法内容的接近及开发该领域世界性文件的必要性（Accessing the content of foreign law and the need for the development of a global instrument in this area a possible way ahead）"的报告书。该报告书提议制定有关取得外国法的新的公约，并建议新公约包含以下内容。

第一，以在线形式方便地查询外国法。这一部分侧重于自由获取国家或者地区经济统合组织的法律信息。为此，可以针对外国法信息的自由获取和在线出版的质量标准提供某些指南，也可以组建常设性的专家组织以指导该领域的实务。在这一点上，也有人主张应制定与现行全球在线出版标准可以兼容的标准。

第二，多个国家之间的行政或者司法的相互协助。这一部分试图解决法院程序当中要求获得可适用于具体案件的外国法信息问题。因为这个问题是无法通过在线获得的外国法信息来解决的。

第三，解决复杂问题的世界性机构的网站和专家。这一部分提出了海牙国际私法会议在解决复杂问题上可以承担的任务。即，在破产或者继承等专门领域的复杂法律问题需要获取有深度的法律信息时，或者外国法所涉及的领域相当多样时，可以求助于律师协会、比较法研究所等有资格的组织。这种情况下，海牙国际私法会议的常设事务局可以作为媒介机构方便

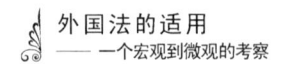

外国法的调查。

(四) 2012 年联合会议

2010 年"理事会采纳的结论和推荐意见"报告书将外国法的取得及相关世界性文件的制定确立为将来的课题。

2012 年 2 月,为了商讨外国民商事法律信息的获取问题,海牙国际私法会议和欧盟执行委员会(European Commission)一起召开联合会议。美国、英国、德国、法国、中国、日本等 35 个国家及欧盟等国际机构、马克思普朗克国际私法和比较法研究所等研究机构的专家参会。会议结束后,专家们形成的一致意见被整理成册,以报告书的形式公布。[①] 2012 年报告书除了再次确认便利化外国法信息取得的必要性之外,还强调有必要建立外国法信息取得方面全球性的机制。[②]

2012 年会议确认了以下原则。(1) 将来努力的方向不是谋划各国程序法的统一;[③] (2) 各国应努力做到将本国的成文法和判例法以在线方式公开,使他方可以免费试用。这些法律信息应当是权威的、最新的信息,同时之前实施的法律信息也

[①] 报告书标题为"Access to Foreign Law in Civil and Commercial Matters – Conclusions and Recommendations"。载 http://www.hcch.net/upload/foreignlaw_concl_e.pdf.
[②] 2012 年报告书推荐意见第 1 条、第 2 条。
[③] 2012 年报告书推荐意见第 4 条。

应包含在内。①

就将来世界性文件的设计，2012年报告书提出了以下建议。（1）这个文件从性质上不应是排他性的，而是应当与现在已有的机制或者将来的机制起到相互补充的作用。②（2）可以在各种情况下，以多种手段及资源满足不同主体对外国法信息的需要。合同谈判等非纠纷性事项下需要调查外国法的情况也应当包含在内。这个文件应当做到不同的法律体系及法传统国家都可以实施，而且要解决语言上的障碍。③

除了一般性外国法信息的取得方面之外，会议针对具体个案中外国法信息的获取还确认了以下内容。（1）针对具体个案上适用的个性化的外国法信息的获取尚需构建其他的机制。为此需要法官、政府机构、外国法专家或者专门机构对相关外国法作出解释。④（2）涉及外国法的审理中，如果用到外国法院的观点或者判断的时候，这个程序中当事人程序上的正当权利应当得到保障。⑤（3）为了在个案中获得个性化的外国法信息，允许要求当事人支付费用，因为当事人支付费用可以保证更好的服务。⑥

---

① 2012年报告书推荐意见第8条。
② 2012年报告书推荐意见第5条。
③ 2012年报告书推荐意见第6条。
④ 2012年报告书推荐意见第9条。
⑤ 2012年报告书推荐意见第11条。
⑥ 2012年报告书推荐意见第14条。

三、欧盟在统一外国法适用方面的新动向

（一）马德里原则起草的过程

1965年，当时的欧洲共同体形成初期的目标是确立共同市场和经济货币联盟，实施统一的商事政策以实现人员、服务、资本的自由流动。通过保障商品交易的自由、个人移民居住的自由、服务流动的自由，实现共同市场的目标，为此，欧共体各国需要协调、统一各成员国之间的法律。但是，在相当长的一段时期内，实质法的统一工作没有什么太大的进展，也没有形成统一的实质法体系。结果法律冲突问题并没有因为欧洲共同体的设立而消除，冲突法仍然与之前一样有存在的意义。加上欧洲共同体内部各国之间在冲突法上也千差万别。在这种背景下，欧洲共同体一方面努力在实质法领域建立统一的法制体系，另一方面也开始着手设计制定冲突法领域统一的法律体系。[1] 到欧盟成立时，欧洲共同体时代在国际私法领域最终缔结的公约有两个，即1968年的"民商事事项的管辖权及

---

[1] 欧洲国际私法统一工作进程方面韩文资料参见［韩］安春洙："欧洲私法统一的动向－以接近方法和现况为中心"，韩国比较私法学会《比较私法》2006年第13卷3号（特卷34号），第51～83页；［韩］김동훈："欧洲统合和私法统一"，载韩国比较私法学会《比较私法》1999年第6卷第1号（通卷10号），第383～410页。

判决执行的公约（Brussels Convention on Jurisdiction and the Enforcement of Judgments in Civil and Commercial Matter，即布鲁塞尔公约）"和1980年缔结的"合同债务准据法有关的欧洲公约（EC Convention onthe Law Applicable to Contractual Obligations，即罗马公约）"。[①] 欧盟成立后，1997年，为了修订马斯特里赫条约而制定的阿姆斯特丹条约对作为欧洲法体系第三支柱[②]的"司法及内务（Judicial and Home Affairs）"进行了大幅的修订。按照阿姆斯特丹条约的规定，包含司法和内务领域相互协助的"民商事的司法协助"被变更为第一支柱，即欧洲共同体管辖的事项。这意味着，从此以后，在民商事司法协助上，欧盟理事会（Council）可以采取直接性的措施。按照这一规定，在阿姆斯特丹条约之后，欧盟司法的统一化不再是各成员国之间签订公约的形式来进行，而是以直接有效的规则（regulation）或者指南（directive）的方式进行，而且在实际

---

① 布鲁塞尔公约和罗马公约之外，法国、德国、意大利、比利时、荷兰、卢森堡等6个欧洲共同体成员国还在1968年2月签订了"相互承认公司和法人团体的公约"，但是由于荷兰一直没有批准，因此该公约未生效。肖永平主编：《欧盟统一国际私法研究》，武汉大学出版社2002年版，第4页。

② 另外两个支柱分别为为"欧洲经济共同体、欧洲煤钢共同体、欧洲原子能共同体组成的欧洲共同体"和"共同外交和安全政策（Common Foreign and Security Policy）"。在第一支柱范围内，共同体有权直接立法，第2和3支柱属于政府间的支柱（intergovernmental pillars），因此不能进行直接的立法。肖永平主编：《欧盟统一国际私法研究》，武汉大学出版社2002年版，第5页。

上也取得了非常大的成果。①

国际范围内私法的统一有各种各样的方法,② 但一般来说,很难如同国内立法一样采用制定普遍强制性适用的法律的方法来统一。但是,现代欧洲的司法统一通过所谓"司法的欧洲化",超越了过去多种私法统一的方法,以直接立法的方式实现了在某一领域各国法的统一。然而,遗憾的是,在外国法适用领域,欧盟并无直接的规则予以规范。

在外国法适用领域不存在统一性的法律规范的事实意味着,已经达成的统一的国际私法规范并不一定能达到其设想的相同裁判的目的。基于这种认识,欧盟的立法者们开始谋划外国法适用制度的统一。在罗马规则 II 的制定过程中,欧洲议会曾经提议设置有关外国法适用的条款来规范当事人对准据法

---

① 例如,在民商事管辖权领域制定了布鲁塞尔规则 I (Regulation 44/2001 on jurisdiction and the Recognition and Enforcement of Judgments in Civil and Commercial Matters),在合同债务的方面制定了罗马规则 I,在非合同债务方面制定了罗马规则 II,在家族法领域制定了布鲁塞尔规则 IIA (EC Regulation 2201/2003 on Jurisdiction and the Recognition and Enforcement of Judgments in Matrimonial Matter),在国际破产领域制定了破产程序规则 (EC Regulation 1346/2000 on Insolvency Proceedings) 等。详细内容可参见 Peter Stone, *EU Private International Law – Harmonization of Laws*, Edward Elgar, 2006, pp. 4~10.

② 按照韩国学者的观点,国际性实质规范的统一有各种各样的方法。第一,就一定私法领域的实质法进行统一的方法;第二,以公约或者示范法为范本,各国国内法按照公约或者示范法的规定来设计,从而达到国际交易中适用法的统一;第三,类似 UNIDROIT 国际商事合同原则一样,以公约或者示范法以外的方法实现法的统一。此外还可以通过司法协助的方法、企业惯例和国际商会等的统一规则等方式实现国际规范的协调融合。[韩] 石光现:《国际货物销售合同的法理》,博英社 2010 年版,第 13 页。

第四章 外国法适用上跨国性的努力

选择的争议以及法院对外国法的确认等内容。[①] 虽然这一提议未被接受，但是罗马规则 II 的复议条款（Review Clause）第30条宣布，该规则制定之后将提交报告书，报告书的内容应包括对"不同领域外国法处理方式的效果"的研究。按照这一条款的规定，欧盟委员会应当在2011年8月20日之前提交该报告书。因为委员会有提交该报告书的义务，因此，一些学者着手开始研究计划。通过编辑比较性的研究报告书向委员会提供立法建议。按照这一计划，首先应当由来自各国的学者就本国外国法适用方式起草报告，在对各国的报告进行综合编辑之后，应当以该综合性报告为基础，提出适当的立法和技术性措施。[②]

到现在为止，学者的研究工作已告一段落。为了进行该研

[①] 欧盟议会曾经提议在罗马 II 中设置第12条、第13条来规定相关内容。草案的内容如下：

"Article 12 Contentions as to applicable law

Any litigant making a claim or counterclaim before a national court or tribunal which falls within the scope of this Regulation shall notify the court or tribunal and any other parties by statement of claim or other equivalent originating document of the law or laws which that litigant maintains are applicable to all or any parts of his/her claim.

Article 13 Determination of the content of foreign law

1. The court seised shall establish the content of the foreign law of its own motion. To this end, the parties' collaboration may be required.

2. If it is impossible to establish the content of the foreign law and the parties agree, the law of the court seised shall be applied."

参见：European Parliament legislative resolution on the proposal for a regulation of the European Parliament and of the Council on the law applicable to non – contractual obligations（"Rome II"）, P6_ TA（2005）0284.

[②] 该研究工作的过程参见 Urs Peter GRUBER, Ivo Bach, "the Application of Foreign Law – a Progress Report on A New European Project", *Yearbook of Private International Law Vol XI*（2009）, pp. 160~163.

究工作而设立的研究小组以各国学者起草的本国外国法使用状况报告书为基础，起草了将来欧盟在外国法适用方面制定相关规则应遵循的原则（Principles for a Future EU Regulation on the Application of Foreign Law，即马德里原则），并予以公开。马德里原则下的外国法不仅是指欧盟内部各成员国的法，非欧盟会员国国家的法也包含在内。[①] 因此，马德里原则所显示的共识不仅对欧盟内部有意义，对其他试图在外国法适用方面达成统一的其他国家、地区也有借鉴的意义。

（二）马德里原则的内容

除了声明外国法适用应当以欧盟规则方式予以规范等宣言性的规定以及仅针对欧盟体系的规定之外，马德里原则可为其他国家或地区借鉴的内容大体上包含以下几个方面。[②]

第一，国内当局应当依职权适用外国法，且为了确认外国法的内容应当作出最大的努力（马德里原则第4条）。

第二，鼓励查明外国法手段的多样性及相关当事人的协同努力。马德里原则倡导各国当局在外国法的查明上应当动用一切可能的手段，并鼓励各国当局与其他国家的相关机构或者当事人协同努力（马德里原则第5条），外国法的内容应当依照

[①] 参见马德里原则第3条。
[②] 按照马德里原则第2条的规定，该原则适用的范围不仅包括司法领域，其他非司法性的领域的问题也包含在内。本书仅讨论外国法在诉讼过程中的适用，因此相关非司法性领域问题未作讨论。

各国国内的程序法来确定,国内当局可以在条约确定的手段之外使用从国内或者外国的官方的机构取得的信息,也可以要求专家或者特殊机关的协助,又或者使用从欧洲司法网(European Judicial Network)或者其他类似网站获得的信息(马德里原则第6条)。

马德里原则还强调与其他国家签订条约以取得外国法信息的方式,并声明支持与其他国际组织之间的协作(马德里原则第11条)。

第三,将外国法调查的费用纳入到考虑的范围。按照马德里原则的设想,当事人按照其国内法如果具备获得法律救济的资格,那么该法律救济的范围应该包括为查明外国法所需的费用(马德里原则第8条)。

第四,提及了排除外国法适用的情况。按照马德里原则的设想,外国法的适用并不排除以公共秩序为由不适用外国法(马德里原则第7条)。换句话说,允许各国以公共秩序为由排除外国法的适用。

第五,认定外国法不能查明的适用法院地法。按照马德里原则的描述,(1)国内当局认为在合理的期间内无法充分查明外国法,或者(2)所确定的外国法的内容不足以解决纠纷事项的,适用法院地法(马德里原则第9条)。

第六,认定外国法的适用错误应当可以通过上诉予以救济。按照马德里原则的描述,对外国法内容的决定或者判决可以作为国内法上所规定的再审查的对象,具体的根据由国内法来确定(原则第10条)。

(三)评价

马德里原则确定了在外国法查明和适用上可以被欧盟会员国共同认可的、一般性的、最低标准。它所主张的一部分观点与笔者的立场基本一致。这些观点可做如下整理。

	论点	马德里原则	笔者的观点
1	外国法的性质	未提及	对外国法性质的区分并没有太大的实际意义
2	协调统一外国法适用的方向	外国法内容的确定应当按照各国国内的程序法进行	国际或者区域性外国法查明制度的协调和统一不应追求各国程序法上的统一
3	外国法是否依职权调查	①应依职权调查外国法 ②强调当事人的协助。	①强调法官依职权调查外国法 ②强调当事人协助的必要性
4	外国法的调查方法	应当利用任何可能的、多种多样的调查方法	可以使用任何可以利用的方法自由证明
5	外国法无法查明时的处理	适用法院地法	原则上补充适用法院地法,但允许例外情况下法官适用其他补充性方案
6	外国法适用错误的救济	可以作为国内再审查的对象	应当接受最高法院的审查

马德里原则以各欧盟会员国提交的报告书为基础起草而成,其所表现出来的务实的态度及提供的现实可操作的方案都

值得称道。例如，马德里原则未有一句提及外国法法律性质的定性问题，而是直接着眼于具体的处理方式，尝试解决实务性的问题。此外，马德里原则主张外国法的确定应当依照各国的国内程序法来进行，并不寻求各国对外国法查明上程序法上的统一，这同样是一种务实的态度，且与海牙国际私法会议的认识一致。除此之外，马德里原则主张法官依职权调查外国法，对当事人协助的强调以及在调查方法上适用自由证明模式，可以动用一切可能的手段，采用多种方法予以证明等，笔者都予以赞同。但是，马德里原则中阐明的外国法无法查明时应当适用法院地法的主张与笔者意见略有不同。以法院地法作为外国法无法查明时补充方案的做法尽管方便可行，但是如果作为一个绝对无例外的规定则可能带来荒谬的结果。这一点在前述外国法无法查明时的处理等有关环节已经予以阐述，在此不再赘述。因此马德里原则在这一点上的主张尚有可商榷之处。

马德里原则尽管具有上述可供借鉴之处，但是鉴于外国法适用问题的复杂性，进一步充分的研究和探讨仍有必要。即使是在欧洲，尽管目前学者之间形成了较为统一的认识，并以马德里原则的方式进行了阐释，但是目前在欧盟并没有正式启动统一外国法适用的立法计划，并且"也不能期待在不久的将来在这方面会有进一步的措施"。[1]

---

[1] Carlos Esplugues, José Luis Lglesias, Guillermo Palao, *Application of Foreign Law*, Sellier European Law Publishers, 2011, p. 6.

第五章
韩国和中国对外国法的适用

前文中以比较法的方法考察了各国的立法和实务,并对共同存在的一些原理或者启示点进行了探讨。在宏观把握基本原理的基础上,本章选择中韩两个国家作为典型,对其立法和实践进行微观的观察,在比较基本制度的基础上,再选取各自适用对方法律的案例,试图清楚展示外国法在一国法院究竟是如何得到适用,并以外国法所属国法院的做法为标准,判断外国法在一国法院中适用的结果和水准是否和其在本国的适用存在差别,以达到对外国法适用本身一个生动的认识。

第五章 韩国和中国对外国法的适用

第一节 韩国在外国法适用上的立法及实践

在外国法适用方面,韩国国际私法①第5条是其主要的法律渊源。此外,韩国大法院在外国法的适用方面也积累了一些案例,在制定法没有涉及的事项上,大法院的判例发挥着相当程度的指导性作用。

一、国际私法的强制性规范性质及对外国法性质的认识

尽管在国际私法典上没有明文性的规定,但是韩国传统上

---

① 韩国有单独的国际私法法典,名称即为"国际私法",现行国际私法典于2001年4月7日以"涉外私法改正法律(法律6465号)"公布,于2001年7月1日起开始实施。之前实施的《涉外私法》是以日本的《法例》为蓝本,制定于1962年。现行国际私法则放弃了对日本的模仿,大量借鉴了德国、瑞士等欧洲国家及欧盟相关公约的做法和经验。国际私法从内容上主要是对准据法的规定,其范围不仅涵盖民事法律关系准据法的指定,包括票据在内的商事法律关系以及海事法律关系的准据法指定也被包括在内。除此之外,国际私法还包括一条关于国际裁判管辖权的原则性规定(国际私法第2条)。外国判决的承认和执行问题未包含在国际私法典中,而是分别规定于民事诉讼法和民事执行法中。2012年以来,国际私法的修订再次提上议事日程,主要着眼点在于国际裁判管辖规定的细化。2012年5月韩国国际私法学会接受了法务部起草相关国际私法修正案的委托,2012年10月第一次研究报告书已经提交法务部。关于韩国国际裁判管辖权的介绍,中文资料参见李源主编:《韩国法论坛》,苏晓凌执笔:"韩国国际裁判管辖制度简介",第380~392页。关于韩国国际私法的制定过程,韩文资料参见[韩]石光现:《2001年改正国际私法解说(第2版)》,芝山2003年版,第3~10页。有关最近修订情况,韩文资料参见[韩]孙京汉:"韩国国际裁判管辖法制的发展",载韩国国际私法学会《国际私法研究》2013年第18期,第28页。

都认为国际私法具有强制性规范的性质。[①] 过去的判例[②]也认定国际私法应当依职权适用。因此,可以认为国际私法的任意性适用在韩国并没有得到承认,只要纠纷事项具有外国性的因素,无论当事人无论是否主张适用外国法,法院都应当依职权适用国际私法来判断准据法。换句话说,当事人对外国法的适用并无主张责任。

在外国法的性质上,韩国的通说认为外国法是法律,[③] 判例也持相同立场。[④]坚持外国法法律说的理由大体上与传统国际私法的立场相同,即外国法原则上是裁判的根据,因此不能将其与事实一样看待。

---

① [韩]申昌善、尹南顺:《新国际私法》Fides 图书出版 2014 年版,第 16 页;[韩]金演、朴正基、金仁猷:《国际私法(第 3 版)》,法文社 2012 年版,第 21 页;[韩]申昌燮:《国际私法(第 2 版)》,2011 年版,第 10 页。

② 前文已经提及,国际私法的强制性规范性质和国际私法的依职权适用在含义上实际存在着差别,但是韩国的教科书中通常并不对两者进行区分,倾向于将两者视为是一个问题,而大法院的判例认定了国际私法应当依职权适用。在现行国际私法制定之前,1982 年大法院在判例中认定,韩国国民与日本法人之间签订的连带保证合同属于涉外生活关系,应当按照涉外私法的规定来判断准据法。大法院 1982. 8. 24. 宣告 81DA684 判决。2008 年大法院引用现行国际私法,再次确认应当依职权适用国际私法。在这个判例中,大法院判决说:"国际私法第 1 条规定:'本法以确定具有外国性要素的法律关系的管辖权原则和准据法为目的',交易当事人的国籍、住所、物之所在地、行为地、事实发生地与外国有密切联系的,与适用国内法相比,按照国际私法的规定来确定准据法更为合理,对于这种法律关系应该适用国际私法来确定准据法"。大法院 2008. 1. 31. 宣告 2004DA26454 判决。

③ [韩]申昌善、尹南顺:《新国际私法》,Fides 图书出版 2014 年版,第 168~169 页。

④ 大法院 1990. 4. 10. 宣告 89DAKA 20252 判决;大法院 2010. 3. 25. 宣告 2008DA 88375 判决。

二、查明义务的分配——法院的职权调查义务和当事人的协助

（一）法院的职权调查义务

1. 现行国际私法制定之前判例的态度

现行国际私法典制定于2001年，之前适用的涉外私法没有关于外国法查明的规定。1990年，大法院在判例中认定法院应当依职权查明外国法。在这个判决中，大法院说：

"尽管我国在法律上没有对外国法的适用和调查作出特别的规定，但是外国法是法律，因此法院应当依职权调查其内容，就其方法而言，采用法院认为合理的方式进行调查即告充分，并非必须以鉴定人的鉴定或者专家的证言又或者委托国内外官方机构、学校等进行鉴定或事实调查的方式进行。"①

但是，不久，在1996年的一个判决中，大法院又采取了与1990年判决不同的立场。在1996年的这个案件中，大法院认定说："原审在诉讼过程中，适用于该案中合同的加利福尼亚州法的判例及解释标准的相关资料未被提交，其内容<u>不能确认</u>②，因此只能按照一般法解释标准来确定加利福尼亚州法律

---

① 大法院1990.4.10.宣告89DAKA 20252判决。
② 作者将与所论议题相关的核心内容用下划线标出，以便于读者把握。

的含义和内容，原审未明示准据法并无特别违法之处"。① 在这个案件中，法官并没有积极进行证据搜集活动，而是以当事人未提交关于外国法解释标准的资料为由径行认定相关内容无法查明，进而以所谓一般法解释原则进行了解释。

2. 国际私法的规定

2001 年制定的国际私法对外国法的适用问题设置了专门的条款予以规定。国际私法第 5 条规定："法院对本法指定的外国法的内容应当以职权进行调查和适用，为此，可以要求当事人的协助。"这个规定明确了法院在外国法查明上的职权调查义务，只是在必要的情况下，法院可以要求当事人予以协助。

尽管如此，结合韩国民事诉讼法原理，在职权调查义务的含义上仍然存在争议的可能，主要分歧点集中在，这里所说的"对外国法的职权调查"是指外国法属于职权调查事项还是职权探知事项的问题。② 韩国民事诉讼法上区分职权探知事项和职权调查事项。③ 如果将外国法理解为职权调查事项，可以认

---

① 大法院 1996. 2. 9. 宣告 94DA30041，30058 判决。
② 韩国大法院曾经做出过相关的判决，具体参见本部分"实务中将调查义务转嫁当事人的倾向"。
③ 按照韩国民事诉讼法理论，职权探知主义是一个和辩论主义相对应的概念，是指收集、提交事实证据等资料的责任不是由当事人承担而是由法院承担的一种态度。而职权调查事项则仅指法院应当依职权将其作为一个诉讼中的问题来进行判断，并不包括对该问题进行主动、依职权的证据收集。[韩] 李时润：《新民事诉讼法（第 8 版）》，博英社 2014 年版，第 321 页、第 323 页。

为由于外国法的适用与公益相关，因此法院应当依职权将外国法的适用作为诉讼中的一个问题进行判断，但对作为判断基础的外国法本身并无主动进行证据搜集的义务。反之，如果将外国法作为职权探知事项来看待的话，则法院不仅应当将外国法的适用作为诉讼中的一个问题依照职权作出判断，而且对作为判断基础的外国法本身也应当承担证据收集和在法庭出示的义务。简而言之，区分两者的实际意义在于，法院是否承担针对外国法收集证据并在法庭上显示的义务。针对这个问题，参与国际私法立法的韩国学者认为，在韩国，外国法是法律的观点是通说，判例也对这一点进行过确认，所以法院应当不受当事人提交资料的限制，承担动用一切可能的认识手段来调查、认识外国法的义务，因此国际私法法条中规定的"应以职权进行调查"应当理解为，无论当事人是否提出过证据申请，法院都承担对外国法的职权证据调查的义务，从这个意义上讲，外国法是属于职权探知主义的领域，而并非仅止于是职权调查事项。[①]

（二）当事人的协助

按照国际私法第 5 条的规定，法院可以要求当事人在外国法查明上提供协助。协助通常是指，当事人可以向法院提供法

---

① ［韩］石光现：《国际私法解说》，博英社 2013 年版，第 125~126 页。

院难以取得的成文法或者判例法有关资料，或者告知法院精通该法的相关机构部门或者专家等信息。[①]

这个条款的理解上可能产生的问题是，在法院要求当事人提供协助时，当事人是否因此产生了协助义务。在国际私法的制定过程中，曾经有观点认为，应当在相应条款中就当事人不提供协助的情况如何处理作出规定，假如不作这样的规定也就没有必要规定当事人的协助义务。但是讨论最终的结果认为，外国法的调查已经确定属于法院的义务，即使当事人不提供协助，也不能就此要求当事人承担举证责任等不利益的后果，而且一直以来实务中的做法也是要求当事人提供协助，因此最终国际私法成案时仅规定了法院可以要求当事人提供协助的权力，而没有规定当事人的协助义务。[②] 参照国际私法立法的这一过程，可以认为，在韩国，如果当事人没有按照法院的要求提供协助并不会招致类似不履行相应义务的直接不利益的后果，法院也不应仅以此为由径行作出外国法无法查明的判断并进而适用外国法无法查明时的补充性方案，而是应当自行进行调查，履行自身的调查义务。只是，当事人不提供协助的，法院如无其他更好的途径，可能实际上无法查明外国法，结果会

[①] ［韩］申昌善、尹南顺：《新国际私法》，Fides 图书出版 2014 年版，第 126 页。

[②] ［韩］申昌善、尹南顺：《新国际私法》，Fides 图书出版 2014 年版，第 126 页。

适用相应的补充性方案。①

（三）实务中将调查义务转嫁当事人的倾向

尽管国际私法作出了明确的规定，但在实务当中，韩国法院在大量的案例中都通过将外国法归属为民诉法上的职权调查事项，从而将本应承担的收集、提交证据的义务转嫁给了当事人一方。即使是韩国大法院的判决也不例外。例如在2001年的一个判例②中，大法院没有坚持1990年判例的立场，也没有接受外国法属于职权探知事项的观点，而是引用了1996年判例，将外国法仅作为职权调查事项处理，回避了自身的证据调查收集义务。在这个案件中，争议事项应当适用英国法，对应当如何解释英国法上对相关事项的规定问题，当事人没有提交相关的资料。韩国釜山高等法院在审理过程中对相关英国法应如何解释的问题没有进行任何主动的调查。针对釜山高等法院的这一做法，韩国大法院解释说：

"涉外案件上适用的外国法规的内容的确定以及其含义的解释应当按照该法在其本国实际上解释适用的含义和内容来进行适用，但是在诉讼过程中，没有出现有关该外国法的判例或者解释标准的资料从而无法确认其内容的，作为法院只能按照

---

① ［韩］申昌善、尹南顺：《新国际私法》，Fides图书出版2014年版，第126页。
② 大法院2001.12.24. 宣告2001Da30469判决。

一般法解释标准确定法的含义和内容（大法院 1996.2.9. 宣告 94DA30041，30058 判决）。本案中各借贷合同均约定解释合同的准据法为英国法，本诉讼欲阐明该借贷合同中破产人是否承担不履行债务所引起的恢复原状的义务，<u>被告在诉讼的全过程中就英国法的解释与韩国法或者一般法解释标准有何不同方面没有提交任何资料，而且这方面的资料在法院也没有显示出来，</u>因此，约定的准据法对该法院以韩国法及一般法原理为基础按照上述做法对本案借款合同进行解释以判断破产人是否有恢复原状义务的做法不构成障碍，因此被告的主张并无理由。"

针对这一判决，韩国国际私法学界存在批评的声音，认为，按照国际私法第 5 条的规定，在准据法是外国法的情况下，法院应当承担依职权主动进行证据收集、调查的义务，即使当事人对作为准据法的英国法没有进行举证，法院也应当对英国法相关内容进行调查并依职权予以适用，法院以当事人未提交相关英国法的证据为由认定外国法无法查明的做法与国际私法第 5 条的立法精神是相背离的。[1]

尽管如此，2001 年判决之后，在 2003 年，大法院在一个有关国际私法案件中仍然采用了与 2001 年判决相同的表述。[2]

---

[1] ［韩］石光现：《国际私法和国际诉讼》第 3 卷，博英社 2004 年版，第 543 页。

[2] 大法院 2003.1.10. 宣告 2000Da70064 判决。

从大法院的表述看，法院应当对外国法依职权进行调查这一点是得到大法院承认的，但是大法院并不将国际私法上的这一规定理解为，法院应当动用一切可能的手段对外国法的内容进行主动的证据收集和调查，而是仅将其作为民事诉讼法上的职权调查事项，认为依职权将其作为诉讼中的一个问题作出判断就够了，至于进行证据收集、调查的主体则仍然是当事人。因此，应当说，韩国实务上并没有完全确立法官依职权主动对外国法进行证据调查和适用的统一做法。

三、查明外国法的方法

韩国国际私法上并没有对外国法的查明方法作出规定。但是，按照前述1990年判决的阐述，法院只要使用了自己认为合理的方法就可以了，并不要求必须以鉴定人鉴定或者专家证人证言等限定的方式进行证明。[1] 此后大法院1992年的判决[2]再次确认了这一立场。因此，用证据法上的概念分类，在外国法的查明上，韩国适用的是自由证明方式。

尽管国际私法规定法院承担职权调查的义务，但从实务操作看，韩国的法院很少自行委托鉴定人对外国法进行查明，大部分情况下都是由当事人从准据法所属国的专家处获得宣誓陈

---

[1] ［韩］石光现：《国际私法解说》，博英社2013年版，第128页。
[2] 大法院1992.7.28.宣告91Da41897判决。

述书再提交法庭。① 从这一点上说,坚持外国法法律说的韩国在司法实务方面反而是采用了与英美非常类似的查明方法。

关于受当事人委托提交有关外国法的宣誓陈述书的专家是否应当出庭接受询问的问题,韩国既无立法也无相关判例予以说明,甚至于相关讨论也很难见到。只是在韩国民事诉讼法学上,通常把宣誓陈述书归类于"私鉴定",不认为其与法定证据方法中的鉴定②应当等同视之,因此并不要求出庭接受询问,由此推断,对外国法所做的宣誓陈述书也可按照一般宣誓陈述书来对待。

针对诉讼法上应当如何对待私鉴定的问题,韩国相关学界的讨论并不活跃。③ 大法院的立场是,诉讼程序外,由具有相关学识或经验的人制作的鉴定意见书被作为书证提交时,法院如果认为该鉴定意见合理,可以将其作为事实认定的资料。④ 从逻辑上,当事人提交的由相关外国法专家制作的宣誓陈述书应当适用私鉴定的一般原则。

此外,由于适用自由证明模式,通过外交途径查明外国法在韩国也是可行的。韩国在 2003 年 7 月与中国缔结民商事司

---

① [韩] 石光现:《国际私法解说》,博英社2013年版,第129页。
② [韩] 李时润:《新民事诉讼法(第8版)》,博英社2014年版,第486页。
③ [韩] 강수미:"私鉴定的诉讼法上的取扱",载韩国民事诉讼法学会《民事诉讼》2006 年第 10 卷第 2 号,第 109 页。
④ 大法院 2002.12.27. 宣告 2000Da47361 判决、大法院 1999.7.13. 宣告 97Da57979 判决、大法院 1992.4.10. 宣告 91Da44674 判决等。

法协助条约,该条约已在2005年4月27日生效。该条约第26条对法律信息的相互协助作出了规定。①

韩国司法实务中这种主要由当事人委托专家对外国法进行证明的方法受到实务界一些人士的赞赏,认为"外国法的适用是主张适用外国法一方当事人的举证事项,② 当事人对其进行举证,而对方则举出相反的证据,通过这种彼此的反驳,相对更为正确的外国法的内容可以显现出来"。③ 这种观点与英国的在抗辩式诉讼体系下应以当事人证明为主查明外国法的主张如出一辙。但是韩国与英美的基本体系并不相同,当事人并不承担对外国法适用的主张责任,也不承担对外国法的举证责任,法院对外国法承担职权证据收集的义务,因此实务当中要求当事人提出主张并进行证明的做法在当事人也遵照执行的情况下尽管是可以操作的,但是其内在运用与整个立法所确立的查明责任的分配模式之间有着潜在的冲突和矛盾。

---

① 除与中国签订有法律信息交换的司法协助条约外,韩国还在1999年9月与澳大利亚签订了"裁判上文书的送达、证据调查及法律情报的交换有关的民事司法协助条约",该条约已于2000年1月6日生效。条约中第27条对法律信息的交换作出了规定。

② 在这一点上,该论文作者的认识是错误的。正如前文曾经提及的,韩国无论是在学理上还是在司法实务上都认为,无论当事人是否提出适用国际私法的主张,法院都应当依职权适用国际私法,即使当事人没有主张适用外国法,如果根据国际私法的指引,某一外国法被指定为准据法,法院都有义务适用,因此不能认为外国法的适用属于主张适用外国法一方当事人的举证事项。

③ [韩] 김갑유,"对国内法院中国际诉讼上几个实务性争点的考察",载《国际交易法研究》2005年第14辑第2号,第133~134页。

四、外国法无法查明的处理

(一) 立法和实务

1. 立法

对外国法无法查明应如何处理,国际私法并没有设置明确的条款予以规定。在国际私法制定过程中,曾有学者建议在国际私法中设置相应条款,规定在倾注相当努力后仍未能查明外国法时适用韩国法。但是出于担心这种规定会助长法院轻易放弃对外国法的查明的倾向,而且之前的判例所确认的原则是以法理的适用作为补充性方案,因此上述立法意见受到强烈的反对。最终结果是在立法中未对这一点作出明文性的规定。①

2. 判例的态度

大法院在1988年的一个判例中曾经认定,在外国法无法查明时适用法院地法,即韩国法。② 但是2000年,大法院的立场发生了变化。在这个判例③里,大法院认定:"诉讼过程中适用的外国法规有漏洞,又或者关于其存在的资料未被提交,其内容不能确认的,法院按照有关法律渊源的民事上的大

---

① [韩] 石光现:《国际私法解说》,博英社2013年版,第130页。
② 大法院1988.2.9. 宣告87DaKa1427判决。
③ 大法院2000.6.9. 宣告98Da35037判决。

原则适用外国习惯法，外国习惯法的内容也不能确认的，只能依照法理来裁判。如果可能的话，该法理的内容应当是与依照原来本该适用的外国法解决的结果最近似的解决方法，从这个意义上讲，也可以推定，被认为是与该外国法最近似的法属于法理的内容。"

按照这个判例所阐述的原则，在外国法无法查明时，法院并不是直接适用法院地法，而是依照法理对纠纷事项作出裁判，同时，与原来本应适用的准据外国法近似的法也被推定为法理的内容。这个原则在学理上被称为"法理说"，并认为广义的法理说可以涵盖"近似法说"。

国际私法制定之后，大法院在2003年的一个判决[①]中再次确认了与上述2000年判决相同的原则。在这个判例中，大法院阐述："与适用于提单法律关系的美国法及习惯有关的资料完全没有被提交。诉讼过程中适用的外国法规有漏洞或者说明其存在的有关资料未被提交，其内容无法确认的，法院按照有关法律渊源的民事上的大原则适用外国习惯法，外国习惯法的内容也不能确认的，只能依照法理来裁判"。但是，这个判例中，大法院没有进一步对"法理"的含义作出阐述。

直到最近，大法院仍然坚持"法理说"的立场。2010年，大法院在一个判决[②]中引用了1990年判例，确认外国法无法

[①] 大法院2003.1.10. 宣告2000Da70064判决
[②] 大法院2010.3.25. 宣告2008Da88375判决。

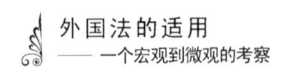

查明的情况下应当适用法理。但是，遗憾的是，在这个案件中，大法院仍然没有对法理的含义作出进一步的阐述。

总之，整体而言，韩国法院在外国法无法查明时以法理的适用作为补充性解决方案，同时把近似法视为是法理的内容。

(二) 问题

从韩国的学说和判例来看，尽管学说上主张要区分外国法有漏洞和外国法无法查明两种不同情况，但在谈及补充性方案时，无论是学说还是判例都没有对两者进行区分，而是统一适用法理。而且，尽管大法院的判例在外国法无法查明的处理方案上始终如一坚持"法理说"的立场，但是在具体如何判断法理的内容上并没有给出一个清晰的阐释，而学者的解释也不尽相同。

1. 学理上的未完备之处

韩国大部分的教科书都提及韩国大法院在外国法无法查明问题上采"法理说"，但在什么是"法理"的判断上，各自表述并不完全一致。有的学者解释说这里所说的法理"并不是指一定要按照各文明国家承认的、法的一般原则等抽象的、普遍的原则来进行裁判，而是要尽可能采用与适用原来准据外国法的结果最相近的解决方案"，[①] 在此基础上，该学者进而主

[①] [韩] 申昌善、尹南顺：《新国际私法》，Fides 图书出版 2014 年版，第 171 页。

张，在这样最近似的法无法找到的时候，适用"纯粹的法理"。① 还有的学者表述说，应当"按照最大盖然性原则，尽可能寻找与准据外国法的内容最近似的实质法"。②

在这些学者的表述中，比较模糊的一点是近似法和法理的关系。有的表述显示，广义的法理说包含了近似法，似乎认为法理是一个广范围概念，而近似法是法理的一个子概念。又有的表述先否认法理是指为各国所普遍承认的一般性原则，而是近似法，似乎需要先寻找近似法，在无法找到近似法的时候，才去适用纯粹的法理，但是并未说明这个时候纯粹的法理是否应当理解为各国普遍承认的一般性原则。而在如何认定一个法是最近似法，现有的表述也令人困惑，在学理上并没有给出进一步的分析和论证。

2. 判例上存在的问题

从前述几个大法院的判例看，首先大法院并没有区分外国法的漏洞和外国法的无法查明，而是将两者视为同一个问题。其次，在阐述适用法理作为外国法无法查明的补充方案这一立场的同时，认为法理应当是与原来的准据外国法的适用结果最接近的解决方案。从这个表述看，似乎是否近似是判断是否属

---

① [韩]金演、朴正基、金仁猷：《国际私法（第3版）》，法文社2012年版，第212页。
② [韩]石光现：《国际私法和国际诉讼》第5卷，博英社2012年版，第737页。

于法理的标准，但是也没有对如何判断近似法作出进一步的说明。

以 2000 年判决为例。这个案件涉及如何判断信用证交易中形成的汇票的买入人票据上的义务问题。按照韩国的冲突法规则，该义务适用汇票的支付地法，而该案中的汇票的支付地为中国，因此应当适用中国票据法上有关的规定来进行裁判。然而该案在最初审理时，中国尚无相应的规定对相关法律关系进行调整。原审法院认定这属于外国法的漏洞，进而判断说："加之，即使参考了当事人提交的所有证据，也无法确认中国有关买入汇票的习惯法的内容，因此法院只能依据法理来裁判，法理的内容是与当时适用于中国票据关系的法最近似的法，本案中类推适用本案汇票提交以后，1995 年 5 月 10 日制定、1996 年 1 月 1 日起实施的票据法。"大法院在终审中肯定了原审的判断，认为，"原审的判断就结论而言是正当的，这里不存在审理未尽或者有关准据法的法理误解"。

这个案件中，审理法院以中国的新法为近似法并据此作出裁判的做法很难说是不当的，但是在说理的逻辑上存在一定的混乱。正如前文曾经说明过的，所谓外国法的漏洞是指外国法上针对讼争事项没有提供解决方案。为了确认外国法的漏洞，首先应当对实践中适用的该外国法的所有的法律渊源进行调查。是否属于法律渊源应当按照该外国法所属国的规定或者实务来进行判断。在 2000 年判决中，准据法既然是中国法，则法律渊源应当按照中国法的规定和实务来进行判断。从中国法实务来看，不仅是立法机关的制定法，最高法院制定的司法解释在实务当中也是重要的法律渊源之一。[①] 除了制定法和司法解释之外，习惯法作为非正式的法律渊源在正式的法律渊源没有相关规定时还可补充性适用。[②] 那么，如果要认定中国法律体系针对纠纷事项没有相应的解决方案，就需要对包括司法解释和习惯法在内的所有法律渊源进行调查，结果发现仍然没有相应解决方案时才可以认定外国法存在漏洞，然后以补充性方案予以解决。这个认定的过程如果以图示说明的话，可以作如下表述：

（1）调查中国法体系中的法律渊源——（2）确认中国法上对相关纠纷事案没有给出解决方案，即中国法上存在漏洞——（3）适用法理作为补充性方案，并以近似法为法理的内容。

但是，上述2000年判决中作出判断的逻辑显然与此不同。

[①] 中国最高法院制定的司法解释是否属于法律渊源的问题，尽管存在不同的见解，但是主流意见一般认为司法解释属于法律渊源。尹伊君、陈金钊："司法解释论析"，载《政法论坛》1994年第1期，第31~35页；陈春龙："中国司法解释的地位和功能"，载《中国法学》2003年第1期，第21页；周永坤主编：《法理学——全球视野》，法律出版社2000年版，第65页。而且，重要的是，在实务当中，法院确实在适用司法解释，并可以在判决中予以引用。

[②] 按照一般的理解，正式的法律渊源可以包括宪法、法律、行政法规和其他规范性文件、地方性法规自治条例和单行条例、特别行政区规范性文件、国际条约等，非正式的法律渊源可以包括习惯法、法理、判例等。中韩两国法律渊源形式的比较参见马光："中韩两国法的渊源比较研究"，载《庆熙法学》2009年第44卷第1号，第359~380页。

在该判决中，没有显示对中国的法律渊源作出过调查和判断，进而在准据外国法存在漏洞这一判断上显示出令人难以理解的逻辑路径。按照2000年判决的表述，其判断过程大体如下：

（1）准据外国法（中国法）存在漏洞——（2）应当按照有关法律渊源的大原则来确认中国的习惯法上是否有相关规定——（3）如果中国的习惯法上也没有相关规定，则以法理作为补充性方案，并以法理为近似法的内容。

上述两个逻辑推理过程的差异在于（1）和（2）的前后顺序不同，其原因在于韩国法院不自主地将韩国法上的原则自动带入到对中国法的认识上。从2000年判决的说理部分看，韩国法官显然没有考虑到中国还存在着司法解释这种法律渊源，将外国法的漏洞自动理解为制定法上的漏洞，然后按照韩国法律上的规定，[①] 认为在制定法没有规定的情况下应当进一步判断有无相关习惯法，在习惯法也不存在的情况下，才适用法理。但是，显然韩国的这个做法与中国司法实务中的法适用过程是不相吻合的。

五、外国法的解释

国际私法上对外国法解释的原则没有作出明文的规定，但

[①] 韩国民法第1条规定："民事有关法律上没有规定的，适用习惯法，没有习惯法的，适用法理。"

是大法院的判例在这一点上的立场非常一致。

(一) 判例的态度

在国际私法制定之前，大法院在1991年的一个判决①中阐述了外国法解释的基本原则。在这个判决中，大法院写到："<u>适用于涉外案件的外国法规的内容的确定和含义的解释应当按照它在其本国实际解释、适用的含义、内容来解释和适用</u>，但是如果诉讼过程中，与该国的判例或者解释标准有关的资料未被提交，其内容无法确认的，法院只能按照<u>一般法解释标准</u>来确定法的含义和内容。"这个判决可以说确立了两个原则。第一，外国法的解释应当按照它在其本国实际适用、解释状况来进行解释。这一立场和大部分国家的做法都是一致的。第二，在外国法解释规则无法查明的情况下，按照"一般法解释标准"来解释。但是，这个判例并没有对何为"一般法解释标准"作出进一步的阐释。

1991年判决之后，涉及外国法解释问题时，大法院都坚持了这一立场，②直到国际私法制定之后也没有任何改变。在外国法的解释和适用上，最近韩国大法院作出的一个有关加拿

---

① 大法院1991.2.22.宣告90DaKa19470判决。
② 大法院1996.2.9.宣告94Da30041，30058判决；大法院2010.1.28.宣告2008Da54587判决；大法院2010.3.25.宣告2008Da88375判决；大法院2010.8.26.宣告2010Da28185判决等。

大法的解释的案例①可做观察的对象。这个案例涉及一个以产品在国内的分销为内容的合同，双方当事人约定准据法为加拿大安大略州法。大法院在说理部分首先表明了和 1991 年判决相同的立场，认为外国法的解释应当按照它在其本国实际适用、解释状况来进行解释，如果无法确认外国法则按照"一般法解释标准"来解释。之后，大法院确认，安大略州在 Tilden Rent A Car Co. v. Clendenning 案件之后确立了一个原则，即，在合同缔结上安大略州法并没有赋予合同当事人有对内容进行充分考虑的时间，只在合同内容不当或有失公平时可以否定格式合同的效力。在确认了准据外国法中相关判例法的内容前提下，大法院进一步判断说："原告的代表理事与被告缔结合同之前，有一年零四个月的培训期间，经过这个期间后才签订合同。本合同中的解除条款列举了具体的解除事由，同时按照解除事由的不同，另行约定了在库退货等保护分销代理商（原告）的内容，对照这些方面，很难说原告是在完全没有看过合同中的解除条款或者不能理解该条款的情况下缔结的合同，也很难认为该解除条款因仅对原告不利所以合同内容不当"。在这个案例里面，大法院仍然没有对何为一般法解释原则作出说明，也看不到对加拿大安大略州法律中解释规则的查明和认定。但是在适用法律的方式上可以看到，韩国法院没有

---

① 大法院 2010. 8. 26. 宣告 2010Da28185 判决。

按照大陆法系通常的做法，即寻找制定法的规定，然后再参照判例或学说，通过各种解释方法来将抽象的法律规定具体化，而是从判例中归纳一般性法原则，然后适用于具体案例。考虑到加拿大安大略州属于英美法系这一点，应当说这个适用过程是符合前面所说的，按照准据外国法在其本国适用、解释状况来解释适用的原则的。

（二）评价

1991年判决乃至之后涉及外国法解释适用的判决中，韩国大法院均坚持应当按照外国法在其所属国实际解释、适用的状况来进行解释和适用，这一点是值得肯定的。但是大法院判决中在相关解释标准不明时，认为应当按照"一般法解释标准"来进行解释，但对这个"一般法解释标准"的含义，至今未有清晰的说明。正如前文曾经提及的，各国法解释方法不尽相同，很难说哪一种法解释标准属于一般性法解释标准。此外，还有一个混乱之处是，在外国法存在漏洞时，究竟应该以法解释来弥补漏洞，还是应该适用法理来作为补充性解决方案，大法院在这个问题上的阐述并不一致。在1991年的判决中，大法院说："如果诉讼过程中，与该国的判例或者解释标准有关的资料未被提交，其内容无法确认的，法院只能按照一般法解释标准来确定法的含义和内容。"但在2003年的判决中，大法院又说："诉讼过程中适用的外国法规有漏洞或者有关其存在的资料未被提交,其内容无法确认的。"适用法理。这两者严格来讲存在一定区别,不能同一视之。

六、外国法适用错误的救济

韩国大法院进行的审理属于法律审。按照韩国民事诉讼法第423条(上告理由)的规定,仅允许以原审违反宪法、法律、命令等规则而影响到判决为理由提出上告。但是,韩国的通说认为,在外国实质法适用错误的情况下是可以向大法院提出上告的,[①] 实践中也的确是如此操作的。

七、不同法域之间法的适用

韩国和朝鲜的关系是一种特殊的关系。从国际社会的角度,通常韩国和朝鲜被视为两个国家,但是韩国的宪法中并不承认朝鲜的国家性质,大法院的判例也持相同的立场。[②] 这个问题反映在朝鲜法在韩国的适用上,就会存在下列两种观点。即,如果站在韩国的立场上看,朝鲜的法律就属于一个国家中另一个法域的法律,其选择适用应当受准国际私法调整。如果

[①] [韩] 石光现:《国际私法解说》,博英社2013年版,第134页;申昌善、尹南顺:《新国际私法》,Fides图书出版2014年版,第176页。
[②] [韩] 제성호:"北韩法的地位再检讨——国内法(宪法)及国际法层面的综合性的理解",载法曹协会《法曹》2011年第60卷第4号,第39~40页。

站在国际社会角度，将朝鲜视为一个国家，则韩国面临的问题就是，未建立外交关系的国家的法是否可以在本国适用的问题。无论从哪个角度，理论上，在民商事活动中，如果韩国的国际私法规则指向朝鲜法，韩国的法院都可以予以适用。但是，由于朝韩两国特殊的分裂状态，这一点至今很难实现。2011年，在制定"南北居民之间家族关系和继承等有关的特例法"时，司法部发布的立法预告中曾经尝试加入有关准据法适用的条款。按照这个设想，家族关系、继承、遗赠案件中，在不违反南韩和北韩关系特殊性及国际私法目的和宗旨的范围内，可以准用国际私法。① 但是到了实际立法的时候，相关立法部门认为"在承认北韩法律和判决的效力是否意味着认定北韩为国家上存在争议；北韩的法律大部分落后于时代；法律规定本身是总括式的，存在法律规定不明确的问题；法本身不公开，内容无法了解的情况也很多见"，最终上述条款内容在正式立法时被删除。②

八、小结

从整体而言，韩国国际私法在外国法查明问题上坚持大陆传统国际私法理论，视外国法为法律，在制度的前后设计上也

---

① ［韩］法务部公告，第2011–3号。
② ［韩］法务部公告，第2011–3号。

保持了相当的一致性。当事人对外国法的适用没有主张责任，法院应当依职权主动进行证据收集等调查活动，在法院提出要求时，当事人承担相应的协助义务。但是韩国的司法实务与立法存在一定的距离，突出表现在，韩国法院通常并不对外国法主动进行证据调查，而是通过将立法中的"依职权调查"解释为仅是诉讼法上的所说的职权调查事项，进而将外国法调查的责任转嫁给了当事人。与此相应，在具体方法的运用上，韩国法院也很少自行委托鉴定人来对外国法进行查明，而是由当事人从专家处取得证据资料提交法庭。在外国法的解释和外国法无法查明的处理上，大法院的基本立场虽值得称道，但在诸如"一般性法解释原则"以及"法理"等问题的理解上，尚待进一步的明晰。

第二节　中国法院对外国法的适用

过去，中国大陆[①]并不存在单独的、体系性的国际私法法

[①] 为叙述的便利，本书中未特别指明的，"中国大陆"均指中国大陆地区，不包括香港、澳门和台湾地区。中国台湾地区由于历史原因，与中国大陆地区实行不同的法制。台湾地区在2010年制定了名为"涉外民事法律适用法"的法律，并在2011年5月公布实施。但是这个法律仅在第8条规定外国法的适用违反公序良俗的，排除外国法的适用，除此之外，外国法适用其他层面的问题均未在该法中予以明示。外国法的证明主要是由民事诉讼法来予以规范。本书中将不对台湾地区的外国法适用问题进行进一步的说明。另外中国香港和澳门地区按照"一国两制"的规定，也实行与大陆地区不同的法制，在此仅在异法域之间外国法的查明问题中做一简单介绍，各自地区的外国法查明制度不再详述。

典，其相关内容散在于民法通则、合同法、海商法、继承法等法律中，而实务中对外国法适用的操作大多由司法解释来予以规范。由于不存在体系性的规定，加之中国实行两审终审，最高法院无法通过判例达成司法统一的目的，各地法院在具体操作上各不相同，导致外国法适用问题与其他国际私法性的问题一样，在司法适用上处于一个相对混乱的状态。2010年10月28日，《中华人民共和国涉外民事关系法律适用法》（以下简称《法律适用法》）由全国人民代表大会常务委员会审议并通过，于2011年4月1日生效实施。该法的第10条对外国法的查明作出了明文的规定。之后，在2012年12月，最高法院为了规范实务中对《涉外民事关系法律适用法》的适用，又出台了《最高人民法院关于适用〈中华人民共和国涉外民事关系法律适用法〉若干问题的解释（一）》（以下简称《解释一》），该解释也已在2013年1月7日开始实施。《解释一》中也对外国法的适用作出了相关细节性的规定。随着法律和司法解释的制定，外国法适用问题在中国相对明确化。但是，由于外国法适用具有相当的复杂性，很难就此断言，法律和司法解释制定之后相关问题均已解决，因此对相关问题仍有进一步探讨的必要。

一、国际私法的强制性规范性质和外国法的性质

近年来，围绕国际私法是否应当任意性适用的问题讨论颇

多，有一些学者对此也持肯定的态度。[①] 但是一般仍然认为，在中国，国际私法具有强制性规范的性质，无论当事人是否主张适用，法院如果发现属于涉外案件，均应该适用国际私法规则。[②] 特别是，《法律适用法》制定之后，这一点变得更为明确。因为该法第2条明确规定："涉外民事关系适用的法律，依照本法确定……"通常认为，这一规定的精神就在于强调国际私法规则在涉外民事关系上的强制性适用。[③] 从实务上看，尽管在涉外民事关系法律适用法制定之前，存在大量忽视冲突规则适用的案例，但是《法律适用法》制定之后，从公布或公开的案例看，无论当事人是否提出主张，法院如果在案件事实审理中发现具有涉外的因素，一般都会首先适用国际私法规则。以2014年最高法院公报中公布的"大拇指环保科技集团（福建）有限公司与中华环保科技集团有限公司股东出资纠纷案"[④] 为例，其原审法院福建省高级法院在一审判决[⑤]

[①] 徐鹏："论冲突规则的任意性适用—以民事诉讼程序为视角"，载《现代法学》2008年第4期；杜涛："'任意性冲突法'理论研究"，载孙南申、杜涛主编：《当代国际私法研究——21世纪的中国与国际私法》，上海人民出版社2006年版；杜涛："法律适用规则的强制性抑或选择性——我国涉外民事法律适用法的立法选择"，载《清华法学》2010年第3期。

[②] 宋晓："论冲突规则的依职权适用性质"，载《中国国际私法与比较法年刊》2007年卷；郭玉军："近年有关外国法查明与适用的理论与实践"，载《武大国际法评论》第7卷，武汉大学出版社2007年版。

[③] 黄进、姜茹娇主编：《〈中华人民共和国涉外民事关系法律适用法〉释义与分析》，法律出版社2011年版，第6~7页。

[④] 最高人民法院（2014）民四终字第20号民事裁定书。

[⑤] （2013）闽民初字第43号民事判决。

中表述说:"本案是股东出资纠纷,环保科技公司是在新加坡注册成立的外国法人,故本案为涉外民商事案件。……环保科技公司系在新加坡登记的法人,根据《中华人民共和国涉外民事关系法律适用法》第十四条第一款'法人及其分支机构的民事权利能力、民事行为能力、组织机构、股东权利义务等事项,适用登记地法律'的规定,应适用新加坡法律……"同样,最高法院在该案二审的裁决书中也认定:"本案为涉外股东出资纠纷。根据《中华人民共和国涉外民事关系法律适用法》第十四条第一款'法人及其分支机构的民事权利能力、民事行为能力、组织机构、股东权利义务等事项,适用登记地法律'的规定,环保科技公司的司法管理人和清盘人的民事权利能力及民事行为能力等事项,应当适用环保科技公司的登记地即新加坡法律。"从上述表述可以看出,在案件被认定为涉外案件的情况下,法院需要先适用相关冲突规则,判断相应的准据法。

与韩国坚持传统国际私法的立场,视外国法为法律的态度不同,中国尽管有的观点依然坚持外国法为法律的立场,[①]理论上也有对外国法性质的争议,但是近年来中国对这个问题没有给予过多的关注。其原因一方面是因为无论将外国法视为法律还是视为事实都不能完美解释实务中的相关做法,也无法为

---

① 万鄂湘主编、最高法院民事审判第四庭编著:《〈中华人民共和国涉外民事关系法律适用法〉条文理解与适用》,中国法制出版社2011年版,第78页。

外国法适用提供整体的解决方案,另一方面则是因为中国诉讼上实行所谓的"二审终审"制,对外国法性质的区分在是否允许上诉的问题并没有太大的实际意义。[1] 因此,对外国法性质的讨论通常仅止于教科书中简单的介绍,并不进一步探讨在中国法语境下的对待问题,[2] 或者,认为外国法既非纯粹的法律也非纯粹的事实。[3] 但是,应当说,在相当长的一段时间里,中国的司法实务中存在着将外国法视为事实的一种倾向,但在法律适用法制定之后,这种倾向得到了一定程度的纠正。

二、查明义务的分配

按照中国的立法进程,中国在外国法查明义务的分配方面可以分为以下三个阶段。

(一) 2007 年 8 月 8 日之前

2007 年,《最高人民法院关于审理涉外民事或商事合同纠

---

[1] 黄进、杜焕芳:"'外国法的查明和解释'的条文设计与论证",载《求实学刊》2005 年第 32 卷第 2 期 3 月,第 71 页。
[2] 例如王国华、萧凯:《国际私法》,清华大学出版社 2005 年版,第 45 页。在该书中仅提及了两种学说,在之后"外国法查明的中国立法的选择"内容中,对此再未提及。
[3] 宋晓:"外国法:事实与法律之辩",载《环球法律评论》2010 年第 1 期;董金鑫:"国际私法视野下外国法的性质和证明——处于法律和事实之间",载《海峡法学》2011 年第 4 期,第 89~96 页。

纷案件法律适用若干问题的规定》（以下简称《2007司法解释》）出台之前，在外国法查明义务的分配上，不存在明确的立法规定，也没有正式的司法解释，各地法院的做法也不尽相同。

2004年，广东省高级人民法院曾经以指导意见[①]的方式，对外国法查明义务的分配问题做出过说明。在该指导意见第36条关于"域外法如何查明"部分，广东省高级法院表述说：

"在审判实践中，域外法一般被作为特殊的事实看待，由当事人负责提供，法院应积极地引导当事人查明域外法。但在下列情形下，法院应依职权查明域外法：1. 涉案争议的准据法是我国缔结或参加的某一国际条约或经某一国际组织整理总结的国际惯例；2. 当事人不能证明或不能完全证明相关的域外法，若法院因此认定域外法不能查明而适用我国法律，可能会产生严重不公平的结果；3. 法官确信通过某种简便的方式，或利用自己的学识或掌握的法律资料，能够查明有关域外法。"

从这个表述看，当时法院具有将外国法看做是事实的倾向，但是，同时也承认法院在一定情况下应当承担查明义务。不过从实际操作层面上，广东省高级法院主张，首先，当事人是外国法查明的责任人，其次，尽管表述上说"法院应依职

[①] 《广东省高级人民法院关于涉外商事审判若干问题的指导意见》，粤高法发〔2004〕32号。

权查明域外法"，似乎是一种义务，但是由于当事人是查明义务的主体，特别是在第三种情况下，法官实际上是可以不主动运用自己的知识或资料来查明外国法的。因此从整体而言，在这个指导意见中，法官更多的是享有依职权调查的裁量权。

2005年，最高法院召集各级法院负责审理涉外案件的法官，在就实务当中的问题进行总结讨论后，形成了一个会议纪要即最高人民法院关于印发《第二次全国涉外商事海事审判工作会议纪要》的通知（法发〔2005〕26号，以下简称《2005年会议纪要》），并下发各级法院，用以指导审判实务。《2005年会议纪要》对外国法查明的义务分配做了如下表述：

"51. 涉外商事纠纷案件应当适用的法律为外国法律时，由当事人提供或者证明该外国法律的相关内容。当事人可以通过法律专家、法律服务机构、行业自律性组织、国际组织、互联网等途径提供相关外国法律的成文法或者判例，亦可同时提供相关的法律著述、法律介绍资料、专家意见书等。当事人对提供外国法律确有困难的，可以申请人民法院依职权查明相关外国法律。52. 当事人提供的外国法律经质证后无异议的，人民法院应予确认。对当事人有异议的部分或者当事人提供的专家意见不一致的，由人民法院审查认定。"

这个会议纪要也将当事人对外国法的查明放在首位，显示出由当事人承担查明义务的倾向性。而法院在其中仅是起到补充性的作用，在当事人查明有困难时，才可以申请法院查明。

另外，会议纪要要求在当事人对外国法无异议时法院应予以确认，这种做法类似于证据法上的自认，显示出强烈的将外国法视为事实的一种倾向性。

从具体案件上看，在准据法是外国法的情况下，要求当事人承担证明外国法的责任是一种较为普遍的做法。例如在2002年广州海事法院审理的欧力士船务有限公司光船租赁权益转让合同纠纷一案①中，作为第一审法院的广州海事法院认定当事人对外国法承担证明责任。② 在这个案件中，当事人在合同中约定以英国法为准据法。原告新加坡欧力士船务有限公司（以下简称"欧力士公司"）在诉讼中提出主张，要求适用英国法。广州海事法院通知欧力士公司要求其提供有关英国法的证据。欧力士公司提交了相关英国法的文件及中文翻译本，同时提交了由英国律师制作、中国司法部委托中国香港律师认证的法律意见书。该法律意见书对相关英国法如何适用于本案合同进行了说明，即，说明了根据英国法原告的请求可以得到支持的理由，并且列举了相关的判例。审理该案的法官按照证据调查程序，对当事人提交的有关英国法的证据进行了调查，结果认为当事人提交的有关证明材料仅证明了英国法将如何适用于争议合同，是对英国法的理解和应该如何适用的一个意

---

① 新加坡欧力士船务有限公司诉深圳市新华股份有限公司、深圳市兴鹏海运实业有限公司光船租赁权益转让合同纠纷案，(2004)广海法初字第44号。
② 本文中对该案的介绍参考了詹思敏："外国法的查明与适用"，载《法律适用（国家法官学院学报）》2002年第11期，第48、49页。

见，并没能说明英国法的具体的内容，而且没有经过英国公证机关的公证，因此认定该法律意见书不能成为对英国法的证明材料，且不能确认所附案例的有效性，当事人未能完成举证，最终以此为由认定外国法无法查明。① 从这个案例中可以看出实务上对当事人科以严格证明责任的倾向。②

再如大连海事法院审理的沈阳矿山机械（集团）进出口公司海上货物运输合同纠纷案③中，法院也采取了与上述案件基本一致的立场。这个案件的相关争点涉及保险人向被保险人支付了保险金之后，被保险人对加害人享有的损害赔偿债权是否相应移转至保险人的问题。原告请求适用德国法，理由是保险证券发生于德国，因此准据法应为德国法。同时原告提交了作为准据法的《德国海上保险通则关于货物险的特殊规定（1973 年 ADS 条款—1984 版本）》的英文本和中文翻译本。大连海事法院并没有首先判断准据法应该是哪国法，只是要求原告提交进一步的证据，同时安排了证据调查程序。结果原告未能提供进一步的证据，法院遂以原告未能在指定的期限内提交

---

① 实际上在这个案件中，法官并非无所作为，除了审查当事人提交的证据外，法官还自行听取了专家的意见。但是由于涉及判例法的适用，法官对判例的有效性和适用没有形成足够的确信，结果尽管当事人提交了很多资料，但仍然认定为外国法无法查明。审理法官对该案的分析和说明参见詹思敏："外国法的查明与适用"，载《法律适用（国家法官学院学报）》2002 年第 11 期，第 48 页。

② 有学者评价该案是对外国法无法查明制度的滥用。肖芳："我国法院对'外国法无法查明'的滥用及其控制"，载《法学》2012 年第 2 期，第 104 页。

③ 中国沈阳矿山机械（集团）进出口公司诉韩国现代商船有限公司等海上货物运输合同纠纷案，(2001) 大海法商初字第 246 号判决。

能够证明自身主张的相关德国法证据,且已提交的相关德国法英文本和中文翻译本无法证明德国法的真实性为理由,认定外国法的内容无法查明。这个案件中,法院也是将外国法查明的责任加之于当事人一方,自己则是处于完全消极无为的状态。

再如,上海海事法院审理的常州市武进经纬纺织有限公司海上货物运输合同无单放货赔偿纠纷案①中,审理法院在判决中写道:

"本院认为,本案是一起具有涉外因素的海上货物运输合同纠纷,依据《中华人民共和国海商法》的相关规定,当事人有权选择合同争议所适用的法律。本案中涉案提单背面条款载明,提单项下纠纷,如货物出入美国境内,应适用《1936年美国海上货物运输法》。据此,该法可以由当事人选择适用作为界定争议双方权利义务的准据法。但是,<u>由于主张适用该法的被告华夏货运未在本院指定的举证期限内递交该法,致使该法的相关内容未能以庭审的方式查明</u>……"

可见,这个案件中,法院是将外国法等同于一般事实,完全按照谁主张谁举证的方式进行了处理。

上述案件的共同倾向是将外国法的查明视为当事人需要通过举证证明的事项,如果当事人未能举证或者举证未能达到使法官确信的程度,则法院将认定为外国法无法查明,进而适用中国法。

---

① 常州市武进经纬纺织有限公司诉北京华夏企业货运有限公司上海分公司等海上货物运输合同无单放货赔偿纠纷案,(2003)沪海法商初字第195号判决。

然而，除了这些案例之外，实务中也并非没有法院主动进行调查，并依据自己的调查结果进行判断的案例。例如，在湖南高级法院审理的美国商翔国际有限公司违约损害赔偿案[①]中，审理法院表明了法院应当承担调查义务的立场。在这个案件中，当事人约定适用美国田纳西州法为准据法，湖南省长沙市中级法院在一审中认定，被告提交的专家证言中虽然引用了美国田纳西州法的条文和判例，但是内容并不全面，而且在举证期限内，被告没能向法庭提交该专家证言的公证认证文件，因此该案中外国法无法查明。长沙中院一审的认定方式应当说与上述列举的案例并无太大差别，同样是以被告未充分举证或举证有瑕疵为由，认定外国法无法查明。但是二审法院湖南省高级法院则明确说明，对外国法的查明不仅是当事人的义务。其在裁判文书中写到：

"对于田纳西州法律的查明责任，法院认为，查明法律不是一方当事人的举证义务，而是双方当事人的责任，同时也是人民法院的责任，原审法院将查明法律的责任交由机车厂一方承担有失公正。上诉人机车厂提供了美国田纳西州的法律，有关专家就田纳西州法律关于限制竞争的证词已经中国驻美大使馆认证，程序合法，并已提交法院，法院对有关专家证词的真

[①] 美国商翔国际有限公司诉中国南车集团株洲电力机车厂、湖南进出口集团公司中邦分公司违约损害赔偿案，(2004) 长中民初字第129号及 (2005) 湘高法民三终字第12号。

实性予以认可。商翔公司有义务提交田纳西州的法律，但在法院通知的举证期限内未提交。我院根据掌握的资料，已查明田纳西州的法律，同时查明美国的谢尔曼反托拉斯法和克来顿法反托拉斯法是适用于美国联邦各州的反垄断与反限制竞争法，该法是联邦法，田纳西州作为联邦的一个州，该法同样适用。故在美国田纳西州的法律已经查明的情况下，本案应当适用美国田纳西州的法律"。

从上述表述可以看出，法院有意在其中采取更为积极的措施来查明外国法，并明确说明原审法院将查明义务交由当事人一方的做法有失公正，其立场与前述案例迥然不同。但是这种认定当事人双方均有义务，法院也有义务的阐述并不严谨，没有清楚定义义务的性质，也就很难判断相应的法律后果。

考虑到全国审理的涉外案件的数量，这几个案例显然无法说明当时外国法查明义务分配问题在法院司法实务中如何操作的准确状态，但是窥一斑可见全豹，从整体状态而言，当时的司法实务在这个问题上并没有达成一致，而且都存在由当事人承担查明义务的倾向性，即使在如商翔案这样法院主动进行查明的案件中，也是认为当事人有查明义务。

总之，由于立法的匮乏以及最高法院立场的不明确，在实务当中，外国法查明义务的分配问题实际上比较混乱，既有当事人未提供相关外国法信息，法院随即适用法院地法的案例①，也有法官委托专家积极进行外国法查明的案例。② 甚至还存在在一方当事人已经提供了相关外国法信息的情况下，法官仍然无视该事实径行认定外国法无法查明进而适用中国法的案例。③

（二）2007年司法解释的立场

为了解决日益增多的涉外民商事合同纠纷，2007年，最

---

① 例如，中国银行（香港）有限公司与广东省湛江市第二轻工业联合公司、罗发、湛江市人民政府借款担保纠纷案，粤高法民四终字（2004）第26号判决。在这个案件中，二审法院广东省高级法院认定，虽然当事人签订的担保合同中约定适用香港特别行政区法，但是因为没有提交有关香港法的证明，因此无法查明香港法，进而适用了中国大陆的法。

② 例如，荷兰商业银行上海分行诉苏州工业园壳牌燃气有限公司担保合同偿付纠纷案，江苏省高级法院苏经初字（2000）第1号判决。在这个案件中，双方当事人在融资担保协议中约定"本融资协议应适用英格兰法律并根据英格兰法律予以解释"，江苏省高级法院委托华东政法学院国际经济法专家陈治东教授书面提供了有关英格兰法律的规定。对陈治东教授书面提供的适用于本案的有关英格兰法律的规定（"关于备用信用证在英国法下适用问题的法律意见"），双方当事人均未表示异议。法院依据英格兰法律认定融资担保协议有效。

③ 交通银行香港分行与丰懋国际有限公司、广东阳江纺织品进出口集团公司、李孔流、黄小江、阳江市人民政府借款担保纠纷案，粤高法民四终字（2004）第137号。作为当事人一方的交通银行香港分行曾提交香港《放债人条例》与证明香港法中有关保证的规定，一审法院没有要求交通银行香港分行提交香港对保证予以专项规定的法律文本，也从未就相关规定进行调查，就以"当事人没有提供香港有关保证的法律文本，本院无法查明香港法律对于保证的规定"为由适用中国内地法律。这一判决在二审中还得到了广东高级法院的支持。

高人民法院出台了《2007年司法解释》。① 在这个司法解释中，最高法院第一次就外国法的查明作出了明确的规定。由于涉外民商事合同领域中普遍承认当事人自治原则，因此《2007年司法解释》按照准据外国法是否是出于当事人约定为标准，区分两种情况，分别规范法院与当事人之间在外国法查明义务上的分配。按照《2007年司法解释》第9条的规定，当事人选择外国法为准据法的，当事人选择或者变更选择合同争议应适用的法律为外国法律时，由当事人提供或者证明该外国法律的相关内容。人民法院根据最密切联系原则确定合同争议应适用的法律为外国法律时，可以依职权查明该外国法律，亦可以要求当事人提供或者证明该外国法律的内容。按照这个规定，当事人选择外国法为准据法的即承担相关证明责任，而在客观准据法的情况下，在是否依职权查明上，法院实际上享有裁量的权力。

《2007年司法解释》的这一做法的法理根据是什么并不明确。考虑到司法解释由最高法院制定这一点，可以说这一做法实际上来源于一种实用主义的态度。一方面，实务当中，如果当事人选择某一外国法为准据法，通常对该准据外国法都会有一定程度的了解，那么在提供相关信息并予以证明方面，通常

---

① 该司法解释在2013年1月被最高法院以与《法律适用法》冲突为由而废止。《最高人民法院关于废止1997年7月1日至2011年12月31日期间发布的部分司法解释和司法解释性质文件（第十批）的决定》，法释（2013）7号。

比法院自行调查更为便利。① 而且在当事人承担外国法查明责任的情况下法院的负担自然得以减轻。而在依据密切联系原则确定准据法的情况下，当事人双方可能都对外国法并不了解。另一方面，在允许当事人自治的领域内，即使当事人对自己选择的准据法消极对待，不予举证也并不违反当事人自治的精神。

尽管《2007年司法解释》对外国法查明义务的分配作出了相对明确的规定，但是该司法解释仅限于涉外民商事合同领域，并不包含其他类型的涉外民商事领域纠纷案件，因此可以说在法律适用法制定之前，在外国法的查明义务分配上，完整而明确的原则并没有确立起来。

（三）法律适用法的规定及实务中的操作

1. 法院职权调查义务的确定

法律适用法尽管仅以部分领域中准据法的指定为规范对象，并没有包含国际裁判管辖和外国判决的承认和执行等国际私法内容，但作为中国第一部成文化的国际私法性质的单行法典，在中国国际私法立法历史上具有重要的意义。《法律适用法》第10条第1款对外国法查明义务的分配作了如下规定："涉外民事关系适用的外国法律，由人民法院、仲裁机构或者

---

① 万鄂湘主编、最高法院民事审判第四庭编著：《〈中华人民共和国涉外民事关系法律适用法〉条文理解与适用》，中国法制出版社2011年版，第78页。

行政机关查明。当事人选择适用外国法律的,应当提供该国法律。"

从第 10 条第 1 款第一句话看,在准据法并非当事人选择的情况下,法院应当承担依职权查明的义务。在这一点上几乎不存在异议。[①] 且依职权查明不仅意味着法官应当将外国法作为职权调查事项,而且还包括对相关证据的搜集和主动的调查。[②]

从实务上看,最近的案例都表现出法院在外国法查明上应当严格履行查明义务的倾向。以江苏省高级法院审结的盛某某、沈某某与吴某某财产损害赔偿纠纷一案[③]为例,这个案件中,二审法院就对一审法院的外国法查明设定了严格的标准。该案中,原告主张拥有某新加坡有限公司的部分股权,但该股权被被告转让,原告据此要求被告赔偿相关股权的转让款,被

[①] 学者的观点参见黄进、姜茹娇主编:《〈中华人民共和国涉外民事关系法律适用法〉释义与分析》,法律出版社 2011 年版,第 52 页。实务界的观点参见万鄂湘主编、最高法院民事审判第四庭编著:《〈中华人民共和国涉外民事关系法律适用法〉条文理解与适用》,中国法制出版社 2011 年版,第 78 页。此外,2013 年 1 月 6 日,最高法院在就《解释(一)》答记者问中也曾经就这一点进行过明确的说明。参见最高人民法院民四庭负责人就《最高人民法院关于适用〈中华人民共和国涉外民事关系法律适用法〉若干问题的解释(一)》答记者问(2013 年 1 月 6 日)。

[②] 近年来中国学理上有观点借鉴德国学说主张将"职权探知事项"与"职权调查事项"相互区分,但这一观点尚未在教科书中予以反映。邵明:"析法院职权探知主义——以民事诉讼为研究范围",载《政法论坛》2009 年第 27 卷第 6 期,第 79~85 页。

[③] 一审裁判文书为(2013)锡商外初字第 0002 号民事判决,二审裁判文书为(2013)苏商外终字第 0043 号民事裁定。

告则辩称原告并不享有该股权。因此案件的争议点是原告是否享有相关股权。按照《法律适用法》第 14 条的规定，股东权利义务等事项应当适用企业登记地法律，该案中公司的登记地为新加坡，因此应当适用新加坡法律。在一审中，审理法官实际依职权进行了外国法的查明，包括咨询无锡当地的法律专家，自行查找中国国内有关新加坡法律的著述等，但是这一查明过程未在一审裁判文书中显示。二审法院认为："<u>当事人无权选择适用的法律，一审法院应当首先查明新加坡共和国的有关法律</u>。根据《解释（一）》第 17 条的规定，人民法院通过由当事人提供、已对中华人民共和国生效的国际条约规定的途径、中外法律专家提供等合理途径仍不能获得外国法律的，可以认定为不能查明外国法律，<u>只有通过上述途径无法查明新加坡共和国法律或者该国法律没有规定的，才可以适用我国法律。一审法院除了要求当事人提供新加坡共和国法律外，未能按照法律规定的其他途径查明新加坡共和国的法律，而直接适用我国法律，属严重违反法定程序</u>。"从这个案件中可以明显看到，上级法院认为下级法院不依职权进行外国法的查明属于严重违反法定程序，是应当予以纠正的行为。

2014 年最高法院公报公布、由最高法院终审的大拇指环保科技集团（福建）有限公司与中华环保科技集团有限公司股东出资纠纷案中，法院也表现出相对积极的态度。在该案中原审被告为在新加坡注册成立的有限股份上市公司，原告为被告在中国设立的外商独资公司，原告起诉要求被告履行股东出资义务。二审中，被上诉人（原审原告）对上诉人的诉讼代表人和代理人资格提出异议。被告一方（二审上诉人）在本案诉讼之前已经新加坡法院裁决进入司法管理程序，其在中国提起诉讼的代表人为经新加坡法院委任的司法管理人。最高法院在终审裁定中表述说，被告"系新加坡法人，其已经按照新加坡法律先后进入司法管理以及清盘程序，环保科技公司的司法管理人以及清盘人是否有权代表公司参加本案诉讼应当按照新加坡法律的有关规定进行认定。根据新加坡公司法227G（2）以及272（2）（a）的规定，环保科技公司的司法管理人以及清盘人均有权代表公司进行相关诉讼，亦有权委托代理人参加诉讼。"该裁判文书并没有显示对外国法查明的清晰路径。从裁判文书本身看，一审法院福建省高级法院曾经参考了一份由某新加坡律师事务所出具的说明新加坡法律中涉及司法管理制度的法律意见，这份法律意见是由该案的被告在与该案相关联的先行判决的案件中提交法庭，同时这个先行判决的案件同样也是由福建省高级法院作出的终审。此外，最高法院在二审中在确认二审已经查明的、双方均无异议的事实部分后，在"另查明"部分，除相关事实外，又确认了新加坡公司法有关规定的内容，但又提及这些内容所对应的证据"已经在一审庭审时进行质证，原审法院进行了确认，但并未作为查明的事实予以认定"。从最高法院的裁决书中无法得知这些证据是否也来源于同一份法律意见。虽然显示的内容无法判断法院是否进行了主动证据搜集等活动，但是裁判文书中清晰地说明了查明的内容和来源，应当说该案表明了法院应当依职权进行调查的立场应当说是没有疑问的。

与客观准据法情况下法院应当依职权进行查明这一立场的清晰度相比，在当事人选择某外国法为准据法的情况下，法院与当事人之间查明义务的分配问题就显得有一些模糊。

2. 主观准据法情况下法官和当事人的义务

《法律适用法》第10条第1款第2句规定："当事人应当提供该国法律"。对这一表述可作不同理解。一种是将这一规定理解为当事人在这种情况下应当承担相应的证明责任。另一种理解是将这一规定理解为当事人仅承担相应的协助义务。从现有文献看，也确实存在不同的见解。[1] 这种不同的理解可能导致实务中操作的不同，进而影响到当事人对法律适用的可预见性。

---

[1] 例如有的书中在解释《法律适用法》第10条时写道："只有在当事人选择适用外国法时，当事人才负有证明该外国法律的责任。黄进、姜茹娇主编：《〈中华人民共和国涉外民事关系法律适用法〉释义与分析》，法律出版社2011年版，第52页。也有的书中对此解释说："根据《涉外民事关系法律适用法》第10条的规定，……原则上由法院等适用法律的机构依职权查明，在特定情况下当事人亦负有协助义务，即当事人选择适用外国法时，应当提供该外国法的相关规定。"但该书后面又表述为"赋予当事人必要的举证义务"，前后表述不一致，其真实意图看起来并不明确。万鄂湘主编、最高法院民事审判第四庭编著：《〈中华人民共和国涉外民事关系法律适用法〉条文理解与适用》，中国法制出版社2011年版，第78、79页。

第五章　韩国和中国对外国法的适用

按照我国相关法律①及法理,② 证明责任包含客观上的举证责任和主观上的举证责任两层含义,前者是指当事实存在与否处于真伪不明的状态时,其不利的法律后果由承担证明责任的一方承担,后者则是指当事人在具体诉讼中为了避免败诉危险而向法院提出证据。那么在外国法查明问题上,如果当事人承担的是一种证明责任,则在行为上当事人要承担提出证据的责任,在结果上当外国法无法查明时,要承担不利的法律后果。其结果随着法院是否还有职权查明义务的不同而有所不同。一种情况是法院仍然有职权查明的义务,该义务并不因当事人一方承担证明责任而得到免除,那么当事人对外国法的举证在参照一般证明标准判断无法达到使法官对外国法内容确信的程度时,法院应当依职权对外国法进行证据的收集和调查。只是法院的调查也无法查明外国法时,承担证明责任的当事人所主张的外国法内容将不能为法院所接受。另一种情况是当事人承担证明责任而法院完全不承担职权查明义务,这种情况下,如果当事人未能充分证明,则法院可径行认定外国法无法

---

① 《最高人民法院关于民事诉讼证据的若干规定》第2条规定:"当事人对自己提出的诉讼请求所依据的事实或者反驳对方诉讼请求所依据的事实有责任提供证据加以证明。没有证据或者证据不足以证明当事人的事实主张的,由负有举证责任的当事人承担不利后果。"

② 张卫平:《民事诉讼法(第三版)》,法律出版社2013年版,第214页。也有将之表述为行为意义上的举证责任和结果意义上的举证责任。毕玉谦主编:《〈最高人民法院关于民事诉讼证据的若干规定〉释解与适用》,中国民主法制出版社2002年版,第7页。

查明，进而适用相应的补充性方案，在现行法下就是适用中国法。

如果当事人承担的是一种协助义务，那么法院应当负有依职权查明的义务，当事人只要按照法院的要求，尽可能收集、提交证据或者提供有关信息就可被认定为充分履行了协助义务。与证明责任不同的是，协助义务下，并不参照一般证明标准对当事人提供的信息进行评价，而且即使当事人提供的证据或信息无法充分证明相关外国法是否存在或内容如何，法院也不能以此为由认定外国法无法查明。当然，在实务当中，如果当事人不履行相关义务，法院由于丧失了一个很好的调查途径，很可能最终导致无法查明的结果。但是，在法官义务有无的判断上以及当事人义务及不履行相关后果的判断上，仍然需要区分协助义务和证明责任之不同。

遗憾的是，在当事人承担的义务的性质问题上，不仅学理上认识不一致、言辞模糊，《法律适用法》制定之后，最高法院出台的《解释（一）》在这一点上似乎也没有进行明确的区分。《解释（一）》第17条第2款规定："根据涉外民事关系法律适用法第十条第一款的规定，当事人应当提供外国法律，其在人民法院指定的合理期限内无正当理由未提供该外国法律的，可以认定为不能查明外国法律。"有观点从这个规定推论，在当事人选择外国法为准据法的情况下，当事人应当承担证明责任，而法院不再承担职权查明的义务。[①] 但是"可以认定为不能查明外国法"本身是授权性规定，理论上法院有权裁量是否认定外国法无法查明。而且法官可以做出这样判断的前提是当事人无正当理由未提供外国法律，那么如果当事人提供了外国法律相关信息，理论上即使提交法庭的有关该外国法的信息不足以形成法官对外国法的确信，法官也不能适用该条来做出外国法无法查明的判断。换句话说，将当事人承担的义务理解为协助义务也和《解释（一）》的这一条规定并不矛盾。

此外，与之相关联的还有《解释（一）》第18条的规定。第18条规定："人民法院应当听取各方当事人对应当适用的外国法律的内容及其理解与适用的意见，当事人对该外国法律的内容及其理解与适用均无异议的，人民法院可以予以确认；当事人有异议的，由人民法院审查认定。"如果当事人承担证明责任而法院没有职权查明义务的话，在当事人证据相互冲突均不能达到证明标准的情况下，法院可以直接认定外国法无法查明。但是第18条并未作出这样的规定，反而特意提出这种情况下由法院审查认定。可见最高法院并不希望将外国法的查明等同于对一般事实的证明。

[①] 焦燕："我国外国法查明新规之检视——评涉外民事关系法律适用法第10条"，载《清华法学》2013年第2期，第166页。

3. 分析及观点

按照一定的标准将外国法查明义务在法官和当事人之间进行分配的方式并非中国的独创。前文曾经提及,法国过去的司法实务中便曾经将权利区分为可自由处分的权利和不可自由处分的权利,然后判断当事人是否有证明责任。此外瑞士国际私法也将财产权上的请求权单独提出来,认定在这种情况下,当事人应当对外国法进行证明。瑞士国际私法上所说的"财产权上的请求权"和法国所说的"可处分的权利",尽管在表述上不尽相同,但其精神内涵看起来是一致的。即,因为该权利属于当事人自治的范围,因此当事人是否履行其证明义务是当事人自己的选择,并不违反当事人自治的原则。在允许当事人自治的领域,特别是商事交易领域,当事人双方通过谈判确定准据法,通常具有一定的能力来方便的证明外国法。且当事人自行选择是否予以举证也是当事人自主的选择,并不与当事人自治原则和国际私法的强制性规范的性质相冲突。因此,应当说,这种情况下,并非绝对不能要求当事人承担证明责任。但是这种方式很容易引起理解上的混乱和难以认定。例如,法国在何种权利属于可自由处分的权利上并没有明确的标准,结果导致了法官在认定上的权力滥用。而瑞士则在财产权上的请求权情况下法院是否还有职权查明义务问题上存在争议。[①]

---

① [韩]石光现:《国际私法解说》,博英社2013年版,第127页。

就中国目前的立法现状而言,笔者以为,无论是从法律条文的字面解释上还是从法理应有之意上,都不宜认定当事人在选择某外国法为准据法的情况下承担的是证明责任且法院不再承担查明义务。从字面解释上,法律适用法仅表述为"当事人应当提供该国法律",并没有明确说明当事人应当提供对该国法律的证明,因此引申至要求当事人承担证明责任有扩大解释的嫌疑。从理论层面上讲,第一,从传统传承上,我国国际私法的构建与英美的理论传承有很大的差别,更多的是继受大陆法传统,在更多层面是将外国法视为是法律,[①] 由当事人承担证明对外国法的证明责任的做法缺乏法理基础。第二,我国的诉讼模式在近年虽然学习英美法引入了很多当事人主义的要素,但整体而言,还是偏向于职权主义诉讼模式,法官在诉讼中并非一个绝对消极裁判者的角色,而是在多个层面承担着查明事实真相的职责,在这种情况下,将查明外国法的责任绝对交予当事人承担,这种做法与我国的传统及现行诉讼模式不相吻合。第三,选择外国法为准据法的当事人对该外国法熟悉,这仅是一种推测,是一种大概率事件。特别是按照现行《法律适用法》,并非仅在商事交易领域允许当事人自治,除合同领域外,《法律适用法》中在民事主体、婚姻家庭、物权、侵权、不当得利、无因管理和知识产权领域都有允许当事人意思

---

① 万鄂湘主编、最高法院民事审判第四庭编著:《〈中华人民共和国涉外民事关系法律适用法〉条文理解与适用》,中国法制出版社2011年版,第78页。

自治的条款。这些领域中,当事人选择外国法为准据法的,并不一定对该外国法就熟悉或者双方当事人也不一定具有相同的举证外国法的能力。因此,仅以准据法是由当事人选择为由就要求当事人承担证明责任,并免除法院的查明义务,这对当事人过于严苛。

如果认定上述方式不妥,那么就有两种方案可供选择。一种是认为当事人承担的是证明责任,但法院依然还有职权查明的义务,即当事人不举证、举证不能或者参照证明标准举证不充分时,法院动用其他合理方法在合理的期限内仍然不能查明外国法的情况下,主张适用外国法一方当事人的主张不能得到法院支持。另一种选择是将这种情况下当事人应当提供外国法的规定理解为一种协助义务。查明义务的主体仍然是法院,当事人有义务主动履行协助义务,提交相关外国法信息,在当事人无正当理由不履行协助义务时,法院如无其他合理途径可查明外国法的,可以认定外国法无法查明。这两种选择中,在法院依然有查明义务上是相同的,但是当事人承担的义务不同,因此判断其是否履行义务的标准也不同。

值得说明的是如果将当事人的义务理解为一种协助义务,那么目前的表述所涉及的范围似嫌太窄。当事人可以提供的协助,不仅仅包括提供相关法律条文或者判例,还可能包括围绕该问题有价值的信息,例如当事人可以提供相关有关可以查明该外国法的其他途径的信息等,例如享誉盛名、可以提供相关信息的研究机构或者专家的信息等。

三、外国法的查明方法

与大部分国家并不将查明方法明文予以规定的做法不同，中国在司法解释当中列举了五种查明途径。这几种途径包括（1）当事人提供，（2）由与我国订立司法协助协定的缔结对方的中央机关提供，（3）由我国驻该国使领馆提供，（4）由该国驻我国使馆提供，（5）由中外法律专家提供[①]。这一司法解释虽出台于1988年，但并不与《法律适用法》冲突，至今仍然有效。这些列举的途径中，第（1）种虽然称为"当事人提供"，但在实务中通常当事人也并不仅是提供法条或判例，而是通过委托专家向法庭提供法律意见。（3）（4）则均属外交方法。此外，尽管该法条中未明示，但法官自行学习、调查获得的知识也可用于裁判。因此，下面分为专家意见、外交方法和法官亲自调查三种方法进行讨论。

（一）专家意见

1. 实务当中提交专家意见的人

实务当中最常使用的方法实际上是第（1）和第（5）种

[①] 《最高人民法院关于贯彻执行〈中华人民共和国民法通则〉若干问题的意见（试行）》第193条。

方法。所谓"当事人提供"也并不仅限于提供相关法条和判例，在很多情况下，当事人会提交专家意见以说明条文和判例的适用状况和有效性等问题。作为提交法律意见的专家可能是由当事人委托，也可能是由法院委托，其法律地位和性质会有所不同。

从过去的实践看，专家的身份上似尚未形成统一的司法习惯。实务中，委托外国法所属国的律师事务所或者国内研究相关外国法或者比较法的教授来担任专家的情况比较多见。例如在 2003 年由湖北省高级法院审理的瑞士银行（UBSAG）等诉湖北昌丰化纤工业有限公司借款合同纠纷案①中，法院采纳了准据法所属国律师提交的法律意见。② 而在荷兰银行上海分行诉苏州工业园区壳牌燃气有限公司担保合同偿付纠纷案中，江苏省高级法院则自行委托国内大学教授提交有关法律意见，并以该教授的法律意见为根据对相关纠纷适用英格兰法作为准据法作出了判断。③

除了以个人身份出具法律意见的情况之外，在实务中还有委托某些机构提交法律意见的例子。这些机构一般是准据外国

---

① （2003）鄂民四初字第 2 号判决。
② 这个案件中应适用的准据法为瑞士法，原告瑞士银行提交了瑞士债法典相关条款的中文翻译本、瑞士驻上海总领事馆作出的对瑞士债法典真实性和有效性的说明、证明瑞士律师 Christoph Staubli 执业律师身份和职业记录良好的证明以及该律师起草的对瑞士合同法上的有关内容的说明和法律意见。最终湖北省高级法院基于上述资料以瑞士法为准据法对案件相关事项作出了判决。
③ 参考江苏省高级法院苏经初字（2000）第 1 号判决。

法所属国的律师事务所。例如在中国远洋运输（集团）总公司诉菱信租赁国际（巴拿马）有限公司借款合同纠纷案[1]中，被告菱信租赁国际（巴拿马）有限公司提交了由英国律师事务所 Freshfidlds Bruckhaus Deringer 起草的对英国法有关内容进行阐释的法律意见，该法律意见经过了英国公证机关的公证和英国驻中国大使馆的认证。终审法院北京高级法院最终接受了该法律意见，以其为根据对纠纷案件作出了判决。

笔者认为，在专家身份上，不应进行限制，既可以是我国的法律专家也可以是外国的法律专家，对其职业身份也不应过于限定。[2] 各自不同的职业身份各自有不同的优点和短处。以律师出具法律意见为例，虽然我国的司法实践中曾经有案例认为律师出具的法律意见不能作为证明，[3] 但是外国的律师常常对其本国法的实际运行状况有着深入的了解，其律师身份并不意味着对其本国法不能作出正确的判断和理解。因此专家法律意见的审查上，不宜划定统一标准，也没有必要强制性要求必须为法学教授或者必须为实际职业的律师方能对外国法提供专家意见。法院应当着重审查法律专家提供的外国法是否准确，其说理辨析是否充分符合逻辑。当然理想状态下对外国法发表法律意见的专家应当不仅熟知外国法还应当熟知中国法，才有

---

[1] 参考北京市高级人民法院（2001）高经终字191号判决。
[2] 万鄂湘主编、最高法院民事审判第四庭著：《〈中华人民共和国涉外民事关系法律适用法〉条文理解与适用》，中国法制出版社2011年版，第79页。
[3] 参见本文后对"昌鑫"轮拖航合同纠纷案的介绍。

利于就具体纷争提供有针对性的法律意见。只是从程序上讲，如果从外国专家处获得法律意见还应当遵循诉讼法的要求，进行相应的公证和认证，因此实务中如果能够从国内专家处获得法律意见可能相对便利。

2. 专家意见的法律性质

正如前面曾经谈及的，在外国法的查明方面，各国一般都适用自由证明方式，只要是法院认为合适的方法都可采用，并不限于法定证据方法，但是如果采用法定证据方法予以查明，则应当遵守相关证据规则，因此有必要探讨在外国法查明中专家意见的法律性质，将其纳入相关领域予以规范。

（1）现行体制下专家意见的法律性质

在中国现行证据法体系下，针对专门性问题可以向法庭发表意见的专家有两种。一种是鉴定人，另一种通常被称为专家辅助人。[①] 过去我国并不存在专家辅助人制度。在需要专门知识的事项上，由法院委托鉴定人来予以证明。鉴定人的任务是

---

① 专家辅助人有时也被称为专家证人。例如2002年厦门市同安区法院在杨金凯诉同安医院医疗纠纷案件的判决中就使用了"专家证人"这一用语。中国最高法院公报2004年第2期，38页。有些学者也认为第61条的规定标志着我国采纳了英美法上的观点，在民事诉讼上确立了专家证人制度。王葆莳："论我国涉外审判中的'专家意见'制度的完善"，载《法学评论》2009年第2期，第82页。但是在中国现行法制度下的专家辅助人实际上与英美法上的专家证人是不同的。宋春雨，"新《民事诉讼法》中有关证据制度理解和适用的几个问题"，载《法律适用》2013年第10期，第23~25页。因此这种由具有专门知识的人（专家辅助人）提交的意见称之为专家证言有不妥之处。本文中统一将这种专家称之为"专家辅助人"。

利用自己具有的专门知识，对纠纷事项中的专门性问题进行分析并作出结论。① 我国民事诉讼法理论中是将鉴定人和证人相互区别的。2002 年最高人民法院出台的《最高人民法院关于民事诉讼证据的若干规定》（法释〔2001〕33 号）中引入了专家辅助人制度。按照该司法解释第 61 条的规定，当事人可以向法院申请一至两名具有专门知识的人出庭就案件的专门性问题进行说明，法院准许其申请的，有关费用由提出申请的当事人负担。法官和当事人可以对出庭的具有专门知识的人就案件中的问题进行询问。经法院许可，当事人各自申请的具有专门知识的人可以就案件中的问题进行对质。具有专门知识的人可以对鉴定人进行询问。这条规定中所说的"具有专业知识的人"就是通常所说的"专家辅助人"。但是，上述司法解释在引入专家辅助人的同时，在第 28 条②的表述中，又出现了"当事人自行委托鉴定"这样的用语，其含义应是指诉讼外的鉴定，即未经法院准许或者指定，由当事人在诉讼之前委托相关机构和人员对专业性问题作出的鉴定。第 61 条和第 28 条的规定显然借鉴了英美等国专家证人制度的因素，但是当事人自行委托的鉴定其功能和定位和专家辅助人如何区分，与鉴定人又有什么样的区别等等并没有得到清晰的整理，在实践中导致

---

① 江伟主编：《民事诉讼法》，高等教育出版社、北京大学出版社 2001 年版，第 144 页。

② 该司法解释 28 条规定："一方当事人自行委托有关部门作出的鉴定结论，另一方当事人有证据足以反驳并申请重新鉴定的，人民法院应予准许。"

了鉴定人、专家辅助人和"当事人自行委托"的鉴定人这三种诉讼参加人诉讼中对待方式上的混乱。① 具体到外国法查明领域,鉴定制度上的模糊也导致了外国法查明上专家意见性质的不明,何种专家意见可以成为对外国法的有效证明也就不够明确。例如,在"昌鑫"轮拖航合同纠纷案,② 原告香港井川国际航运集团(以下简称"井川集团")与被告华威近海船舶服务有限公司(以下简称"华威公司")之间签订的拖航合同中明确约定该合同适用英国法,在纠纷诉至法院后,尽管华威公司提交了英国律师出具的法律意见书,但是审理案件的海事法院认为,"律师意见一般不能作为外国法律的有效证明而加以适用",通过其他途径又未能查明英国法,最终以外国法无法查明为由最终适用了中国法。

2012 年修订的《中华人民共和国民事诉讼法》中对鉴定人和专家辅助人制度重新进行了整理。按照现行民事诉讼法第 76 条③的规定,鉴定可以由当事人向法院申请而开启,也可以由法院依职权开启。同时,当事人也可以向法庭申请,让有专

---

① 关于这一点,参见:齐树洁、洪秀娟:"司法鉴定改革应走创新之路",载《中国司法鉴定》2006 年第 2 期,第 8 页。

② 案号不明,关于案件的介绍和评析参见中国海事审判网 http://www.ccmt.org.cn/shownews.php?id=980,2014 年 7 月 1 日访问。

③ 《民事诉讼法》第 76 条规定:"当事人可以就查明事实的专门性问题向人民法院申请鉴定,当事人申请鉴定的,由双方当事人协商确定具备资格的鉴定人;协商不成的,由人民法院指定。

当事人未申请鉴定,人民法院对专门性问题认为需要鉴定的,应当委托具备资格的鉴定人进行鉴定。"

门知识的人出庭,"就鉴定人作出的鉴定意见或者专业问题提出意见"(《民事诉讼法》第79条),这种人即专家辅助人。专家辅助人与鉴定人有明显的区别,最根本的区别至少有两点。一是鉴定人所作的鉴定是一种证据,而专家辅助人就专门性问题作出的说明不是一种证据,而是证据资料,不能作为法院定案的根据,说明的作用主要在于便于理解和反驳对方的事实主张和证明。[1] 二是鉴定意见作为证据具有价值中立性。而专家辅助人的主要作用在于利用自身的专业知识或者经验或者辅助当事人说明案件所涉及的专业性问题,或者通过对鉴定人鉴定意见的质疑使得法官形成有利于委托自己一方当事人有利的心证。[2]

2014年最高法院出台了对民事诉讼法的系统性司法解释,即《最高人民法院关于适用〈中华人民共和国民事诉讼法〉的解释》(法释〔2015〕5号,以下简称《民诉解释》)。该司法解释已于2015年2月4日起施行,其中相关条款对鉴定和专家辅助人进行了更为清晰系统的规定。按照该司法解释的规定,当事人申请鉴定得到法院准许的,由双方当事人协商确定鉴定人,协商不成的由法院指定(《民诉解释》第121条第1款、第2款)。但是如果是应依职权调查收集证据的,法院应

---

[1] 张卫平:《民事诉讼法(第三版)》,法律出版社2013年版,第200页。
[2] 韩静茹:"专家参与民事诉讼的类型化分析——以我国民事证据立法的最新动向为背景",载《西部法学评论》2013年第2期,第57页。

当依职权委托鉴定，在询问当事人意见后，指定相应的鉴定人（《民诉解释》第121条第3款）。当事人也可以按照规定申请专家出庭，其职能是对鉴定意见提出质证或者对案件涉及的专业问题提出意见（《民诉解释》第122条第1款），他们就专业问题提出的意见，被视为当事人的陈述，费用也由当事人承担。

(2) 诉讼中对外国法查明中专家意见的处理

在自由证明模式下，法官可以通过非正式方式向专家咨询，取得对外国法相关内容的认识。但是如果法官决定以证据方式，通过专家的意见来查明外国法，则这种专家意见是应当以鉴定制度来予以规范还是以专家辅助人制度来予以规范的问题就值得探讨。从以往的司法解释和相关实务看，通常是按照证据规则的要求对专家意见进行审查的。按照民事诉讼法及相关司法解释的规定，鉴定人有出庭义务，应当依照证据审查程序接受交叉询问①。同样，在有关外国法的查明上，相关司法解释也设置了几乎相同的规定。

在《2007年司法解释》出台之前，虽然各地的做法不尽相同，但是很多法院也将当事人提交的信息作为证据资料，按

---

① 《最高人民法院关于民事诉讼证据的若干规定》第59条规定："鉴定人应当出庭接受当事人质询。"《民事诉讼法》第78条规定："当事人对鉴定意见有异议或者人民法院认为鉴定人有必要出庭的，鉴定人应当出庭作证。经人民法院通知，鉴定人拒不出庭作证的，鉴定意见不得作为认定事实的根据；支付鉴定费用的当事人可以要求返还鉴定费用。"

照证据规则来进行审查。例如广东省高级法院曾经在指导意见中要求下级法院对当事人提交的专家意见按照下列方式处理。即，专家意见应当在证据交换程序进行交换。法院应当告知当事人其有权在合理的期限内可以对专家意见提出异议。在当事人对对方提交的专家意见不存异议时，法院可以确认该资料。法院已经充分说明的情况下，当事人对对方提交的专家意见既不否认也不承认，或者无正当理由拒不出席的，法院可以直接确认该专家意见。只是，一方当事人提交的资料存在明确的错误的，即使对方当事人没有提出异议，法院也不应确认。

这种做法基本得到了后来司法解释的确认。在《2007年司法解释》中，质证程序被强调，按照该司法解释的规定："当事人对查明的外国法律内容经质证后无异议的，人民法院应予确认。当事人有异议的，由人民法院审查认定。"这个规定虽然没有直接回答，法院依职权调查取得的证据是否要经过质证程序方可确认的问题，但至少当事人提供的有关证据资料应当经过质证程序这一点应无异议。

《2007年司法解释》被废止之后，《解释（一）》没有延续《2007年司法解释》的表述，而是转而强调法院应当听取双方当事人对外国法解释适用所发表的意见。按照该司法解释的规定，人民法院应当听取各方当事人对应当适用的外国法律的内容及其理解与适用的意见，当事人对该外国法律的内容及其理解与适用均无异议的，人民法院可以予以确认；当事人有异议的，由人民法院审查认定（《解释（一）》第18条）。这个规定没有提及质证程序的问题，但是，很难根据这个表述上的变化推断最高法院意图上放弃了质证的要求。最高法院民四庭编著的对法律适用法的解释丛书中就提到"当事人提供的外国法应进行质证……依职权查明的外国法，应听取当事人意见"。①

（3）鉴定人还是专家辅助人

在用法定证据方法对外国法进行查明时，对外国法进行证明的专家应当是以鉴定人身份出现在法庭上还是应当以专家辅助人的身份出现在法庭上，这个问题应当说是与外国法查明模式紧密相关。我国现行制度下，在专门性问题的证明上，鉴定方式是主导性方式，专家辅助人顾名思义只是起到辅助作用。仅从民事诉讼的角度看，在遇到专门性问题时，专家辅助人并不是必须的，在对案件中的专门问题有争议时，一般认为应当采用鉴定意见，因为鉴定意见具有相应的法定要求，具有较高的证据价值和证明力，只有在对鉴定意见表示异议时才动用专家辅助人以质疑鉴定意见的可信性。② 这种方式是和我国诉讼中职权主义因素相对较强相适应的。而在外国法查明制度中，在现行法体制下，正如前文已经提及的，在客观准据法情况

---

① 万鄂湘主编、最高法院民事审判第四庭编著：《〈中华人民共和国涉外民事关系法律适用法〉条文理解与适用》，中国法制出版社2011年版，第81页。
② 张卫平：《民事诉讼法（第三版）》，法律出版社2013年版，第201页。

下，法官毫无疑问应当承担职权调查义务，在主观准据法情况下，无论当事人承担的是证明责任还是协助义务，法官都应当承担职权调查义务。与之相适应，在专家意见的运用上，参照鉴定制度，由法院指定或者委托专家出具相关法律意见是更为适当的。特别是，2015年施行的《民诉解释》明确规定"符合依职权调查收集证据条件的，人民法院应当依职权委托鉴定"（第121条第3款），如果将这一规定适用于外国法的查明，意味着法院如果决定以证据方式查明外国法，就应当依职权委托鉴定。当然当事人委托专家针对鉴定意见提出质疑也是可行的，可以参照专家辅助人制度来予以规范。如果一方面在外国法查明上强调法院依职权调查的义务，另一方面在具体方法的运用上即依赖当事人委托专家就外国法提供法律意见，这在整个结构上势必存在潜在的冲突。

（二）外交途径

所谓外交途径是何含义并没有清晰的定义，通常会包含两种情况。一是通过外国的使领馆获得有关外国法的信息。另一种是与中国签订有相关司法协助条约的情况下，可以通过司法协助条约规定的方式，从相关外国获得外国法信息。

从实务操作上看，在很多情况下，第一种方式未能获得令人满意的结果。正如前文中曾经说明的，这种方法具有一些固有的缺陷，花费时间较长，反馈的结果也常常不能满足审判的需要。① 在某些极端的例子中甚至是毫无用处。②

目前我国和很多国家签订有司法协助的双边条约，其中大多包含法律信息交换的内容，因此理论上第二种方式在实践中也是可行的。但是这些司法协助条约在双方提供法律方面一般仅是原则性规定，细节上缺乏可操作性，而且国内也没有对应条约的规定建立启动这一途径的完善机制，因此，实际上这一途径是难以利用的。③

（三）法官亲自调查

虽然在实务中，专家法律意见在外国法查明中起到了重要的作用，但是并不排除法官的亲自调查。法官可以通过自行查阅相关书籍资料、非正式方式咨询相关专家等获得需要的外国法信息，并将之运用到案件裁判中去。这些外国法有关的信息可能是来源于当事人，也可能是法官自行查找而获得。在《法律适用法》制定之前，江苏无锡中级法院就曾经在阿伦德

---

① 万鄂湘主编、最高法院民事审判第四庭编著：《〈中华人民共和国涉外民事关系法律适用法〉条文理解与适用》，中国法制出版社2011年版，第79页。

② 例如曾有资料提及，在一起涉外案件中，审理法院曾经向新加坡驻中国大使馆提出请求，希望提供新加坡有关的法律。在延迟数月后，法院虽收到了大使馆的回函，但是回函中称"新加坡是判例法国家，因此不可能回答哪条法律适用法院提出的问题，因为这些问题没有指明与哪些法规和案件有关，即使要回答这些问题，也只能提供新加坡有关部门对法律的理解，建议法院要求当事人提出证明，以证明哪些是他们据以认为是适用于他们案情的法律条款。"吕伯涛：《中国涉外商事审判热点问题探析》，法律出版社2004年版，第118页。

③ 万鄂湘主编、最高法院民事审判第四庭编著：《〈中华人民共和国涉外民事关系法律适用法〉条文理解与适用》，中国法制出版社2011年版，第80页。

娱乐科技有限公司诉斯文·沃勒普、第三人天群发展有限公司财产权属纠纷一案中以公开出版的《德国民法典》为依据，对相关纠纷作出了裁判，这一裁判在二审中得到江苏省高级法院的支持。① 该案中法官获得公开出版物《德国民法典》的途径是当事人提交。

法官参照国内公开出版物作为外国法查明的依据在实践中证明是可行的，但是值得注意的是，在外国法的介绍翻译过程中，国内公开出版物具有一定程度的滞后性，因此欲适用的外国法在裁判当时是否还有效的问题应当予以确认。即使当事人对此未提出异议，但是在法官承担职权查明义务的前提下，法官仍然应当确认作为适用根据的法律的当时有效性。这一点在上述案例的裁判文书中没有体现。此外，法官应当对外国法的法律渊源形式有一个基本的了解。即使是德国这样典型的大陆法国家，判例也在司法实务中起着重要作用，严格来讲仅仅查阅成文法的规定是不够的。

最近随着互联网技术的发展，实践中也出现了通过互联网搜索相关外国法信息作为裁判的依据的案例。② 在这个案件

---

① （2005）锡民三初字第 029 号。裁判文书载于中国涉外商事海事审判网 http：//www.ccmt.org.cn/showws.php？id＝3042，2015 年 1 月 10 日访问。终审判决文书为（2008）苏民三终字第 0059 号。裁判文书参见参加该案终审法官个人博客 http：//blog.sina.com.cn/s/blog_ c29f73f301018hl7.html，2015 年 1 月 10 日访问。

② 案件介绍载于上海法院网站 http：//www.a－court.gov.cn/platformData/infoplat/pub/no1court_ 2802/docs/200601/d_ 433586.html，2013 年 7 月 1 日访问。

中，审理法院需要确认当事人是否取得了某美国公司的股东、董事身份，为此需要查明美国特拉华州的法律。在审理中，原、被告均提交了特拉华州普通公司法的有关条文，被告还提供了一些判例。但双方提供的法律条文版本略有差异，被告提供的判例则系从 LEXIS 网站查询所得。为准确查明外国法，合议庭在庭审中利用法庭的计算机设备，在互联网上对当事人提供的法律条文和判例进行了查询。合议庭从美国特拉华州政府的官方网站上下载了该州普通公司法的现行有效版本，并经查阅 LEXIS 网站，证实被告提供的判例均为现行有效的判例。合议庭还专门聘请了专家证人对查询过程予以见证。[①] 根据当庭查证的资料，合议庭认定原告已经具有该美国公司股东和董事身份。

互联网的出现大大方便了法官对外国法的查明，其便利性和迅速性不可否认。但是这种方式显然对法官本人的外语能力和比较法方面的能力要求比较高。此外，在有些案例中，仅仅了解外国法条文或者判例的内容还是不够的，还需了解各不同法律部门之间的关系和在现实中的适用，因此应用互联网进行外国法查明还是有一些客观的限制的，更多情况下可以作为一种辅助性的手段结合其他查明途径来使用。另外，互联网上信

---

① 在上述上海第一中级法院审理的这起案件中，根据报道，有专家参与对查证过程进行见证，未见相关资料说明这个见证环节是出于见证互联网检索程序的真实性还是对外国法内容的一个辅助性证明。

息繁多,通过互联网查明外国法时需要注意信息的权威性和正确性。总之,运用互联网进行外国法查明目前还是一个新生事物,其运用方法及运用中应当予以注意的事项尚待实践中的摸索。

四、外国法无法查明的处理

外国法无法查明和外国法上无相关规定的结果都是原来由冲突法规则指定的准据外国法无法适用,因此我国主流观点主张对两者以相同的方式来进行处理。① 法律适用法中也对这两者没有区分,采用相同的补充性方案,即适用法院地法。

(一) 外国法无法查明的认定

在如何判断外国法无法查明上,一些观点似乎更倾向于采用一些形式上的标准来予以制约。其根源大体处在民通意见第193条的规定上。最高人民法院印发《关于贯彻执行〈中华人民共和国民法通则〉若干问题的意见(试行)的通知》(以下简称《民通意见》)第193条规定了5种查明外国法的途径。于是有观点认为,应当穷尽法律明示的这几种方法后方可认定

---

① 黄进、姜茹娇主编:《〈中华人民共和国涉外民事关系法律适用法〉释义与分析》,法律出版社2011年版,第52页。

外国法无法查明。① 2012 年最高法院出台的《解释（一）》中也提及了外国法无法查明的认定。按照该司法解释的规定："人民法院通过由当事人提供、已对中华人民共和国生效的国际条约规定的途径、中外法律专家提供等合理途径不能获得外国法律的，可以认定为不能查明外国法律……"（第 17 条）。表面上看，这一规定重申了外国法查明的几种途径，并将这几种途径和外国法无法查明的判断联系了起来，但是最高法院已经明确说明，需要穷尽列举的方法的观点是一种误解，外国法无法查明的判断并不是要求机械地穷尽列举的各种途径或方法。在最高法院就《解释（一）》答记者问中，相关负责人明确解释说：

"该司法解释（民通意见）本意并不要求人民法院穷尽上述途径均未果的情况下，才能认定不能查明外国法律，<u>但实践中多有误解</u>，认为应当穷尽上述各种途径。因此，本司法解释第十七条第一款仅对司法实践中常用的查明外国法的途径，包括由当事人提供、已对中华人民共和国生效的国际条约规定的途径、中外法律专家提供等，进行了列举，并明确规定在经这些<u>合理途径</u>'仍不能获得外国法律的'，可以认定为'不能查明外国法律'。"

---

① 郑新俭、张磊："中国内地域外法查明制度之研究"，中国涉外商事海事审判网 http://www.ccmt.org.cn/showexplore.php?id=811&WebShieldSessionVerify=DuJKGswA4l3wiUXPyb5t，2013 年 11 月 30 日访问。

这个解释清楚说明，最高法院并不认为在具体案件中必须穷尽法司法解释中所列举的多种途径后仍不能确认外国法的方可认定外国法无法查明，其精神实质仍是强调"合理"二字。因此，可以说我国在外国法无法查明的认定标准方面原则上与其他国家并没有太大的差别，也即倾注合理努力后仍无法确认外国法是否存在或无法确认外国法内容的，可以认定外国法无法查明。

（二）外国法无法查明的处理——法院地法的适用

我国现行法主张在外国法无法查明时适用法院地法。这一立场一以贯之，几乎没有什么变化。在法律适用法制定之前，从作为司法解释的《民通意见》（第193条）、《2007年司法解释》（第9条第3款）到为制定《法律适用法》而提交的专家建议稿（第13条）和之后的第二次审议稿（第11条）都坚持了这一立场。法律适用法也明文规定在外国法无法查明时适用中国法（第10条第2款）。

但是，值得注意的是，《2007年司法解释》中的表述与其他司法解释及法律适用法的规定有细微的差别。民通意见193条在列举了5种查明途径后规定"通过以上途径仍不能查明的，适用中华人民共和国法律"。从表述上看，在外国法无法查明时，法官并无其他选择，只能适用中国法。但是《2007年司法解释》第9条第3款规定："当事人和人民法院通过适当的途径均不能查明外国法律的内容的，人民法院可以适用中华人民共和国法律。""可以"的表述本身为授权性的规定，也即法院在这个问题上有一定的裁量权。换句话说，法院可以在外国法无法查明时适用中国法，这也是法院通常会采用的办法，但是这一规定本身实际上也允许法官结合案件的具体情况，在适用法院地法极端不合理的情况下，适用其他准据法作为补充性方案。实务当中也有采用这种思路来解决问题的案例。如前面提及的上海海事法院审理的常州市武进经纬纺织有限公司一案[①]中，法院在认定无法查明当事人约定的外国准据法后，认定依照最密切联系原则，中国法与纠纷事项有最密切联系，因此应当适用中国法。虽然结果都是适用中国法，但是这个逻辑说理的过程显然是不同的。

尽管《2007年司法解释》的文字表述与其他司法解释或立法资料有所不同，但现行法律适用法没有延续其表述，而是重新回到民通意见的表述上去，规定"不能查明外国法律或者该国法律没有规定的，适用中华人民共和国法律"。以法院地法作为外国法无法查明时的补充方案，这是一种普遍被采用的方法，也是马德里原则中认可的方法，因为这种做法具有确保法律适用上的确定性和可预见性的优点。但是一律无差别的绝对以法院地法作为补充方案是有可能带来荒谬的结果，这一点在前面章节中已经予以说明。另外，如果考虑到我国司法实务中长期存在的过

[①] （2003）沪海法商初字第195号判决。当然，这个案件审理是在2007年司法解释之前，其逻辑说理是否符合当时的法律，这一点上存疑。

度法院地法主义的传统,① 这种规定还可能助长法官轻率认定外国法无法查明的倾向。因此,事实上《2007年司法解释》赋予法官一定程度的裁量权上应当说是更为合理的。

五、外国法的解释

(一) 解释者的立场

外国法的解释问题最近引起了我国学者的关注,但是应当说,充分的研究还并没有展开。但是在解释者的立场方面异议者并不多。在法律适用法的立法过程中,曾经尝试将外国法的解释规定于法律当中。例如,在民法典草案第九编中曾经规定,外国法的解释应当按照其所属国法律和解释规则来进行。另外2000年国际私法学会为了促进相关立法而起草的《中国国际司法示范法》也在第11条规定,对准据法的解释应当按照其所属国法律和解释规则来进行。因此,尽管法律适用法中没有明文规定外国法解释应当如何进行,但是解释应当按照该外国法所属国的解释规则以及实际适用状况来进行解释当无疑问。

---

① 相关论述参见:肖芳:"我国法院对'外国法无法查明'的滥用及其控制",载《法学》2012年第2期,第104~107页。

（二）解释的功能

在我国现行体制下，外国法的漏洞和外国法的无法查明并没有进行清楚的区分，统一适用法院地法作为补充性方案，那么理论上，外国法的解释并不具有弥补漏洞的功能，而只具有外国法上弹性条款适用于具体纠纷的功能以及消除法律上模糊性的功能。

六、不同法域之间法的查明

目前我国属于多法域国家，大陆与香港、澳门、台湾分别实行不同的法制，因此一国之内不同法域之间法的查明问题是实际存在的。[①] 多法域国家中不同法域之间法律冲突问题属于准国际私法规范的问题，而准国际私法与国际私法之间存在一些差异，但是通常认为不同法域之间法律冲突问题可以遵循国际私法的一般原则。[②] 我国的某些案例中也曾经表达过这种

---

① 按照（准）国际私法的原理，即使是中国台湾地区的法律，如果按照冲突规则的指引应当作为准据法，在中国大陆地区也是可以适用的。但是由于政治上的原因，过去我国大陆地区的法院几乎没有适用台湾地区法律的案例。2010年最高法院出台了《最高人民法院关于审理涉台民商事案件法律适用问题的规定》[法释(2010) 19号]，规定"根据法律和司法解释中选择适用法律的规则，确定适用台湾地区民事法律的，人民法院予以适用"。这个司法解释已经于2011年1月1日生效实施。因此，2011年以后，台湾地区的法律在大陆地区是可以被适用的。

② 英美通常不区分两者，将国际私法和准国际私法问题一体化处理。而大陆法系国家在很多情况下也允许准国际私法问题参照国际私法原则来处理。[韩]申昌善、尹南顺：《新国际私法》，Fides图书出版2014年版，第28页。

态度。① 多法域国家内不同法域之间法的查明问题上大体上有两种不同的态度。一种是像美国一样不区分外国法和外法域法，采用同样的方式予以对待。通常在讨论"外国法的适用"时都暗含了外法域法的适用。另一种是将两者进行区别，采用不同的方式来处理。例如澳大利亚就在其法律（State and Territorial Laws and Records Recongnition Act）中规定，法院对其他州的法律都应当进行司法认知。② 因此，在澳大利亚，从程序法层面上看，所有州法在各州以及联邦法院都被视为是法院地法来对待，因此，外法域法和外国法的适用是完全不同的。③ 但是，这两种情况的区分有时并不是那么绝对，以英国为例，在论及外国法的适用时通常都包含了外法域法的适用，但是在查明时，一定情况下允许对本国的异法域法进行司法认知。

我国内地与香港、澳门之间外法域法的查明方面还不存在彼此之间的司法协助，从实务上看，对外法域法的查明也基本上是采用与外国法查明相同的规定来操作。只是由于彼此之间联系紧密，在香港法和澳门法的查明上，大陆的法官表现出相

---

① 胡建湘等与桂平市金雅矿业有限公司等借款合同纠纷案，(2004) 桂民四终字第13号民事裁定书。在该案终审裁定书中，广西壮族自治区高等法院认为"香港特别行政区与中国大陆属一国之内不同法域，其法律冲突问题应准用我国涉外法律的相关规定"。

② 该法第3条的原文为："All courts shall judicial notice of all State Acts"。

③ 黄进：《区际冲突法研究》，学林出版社1991年版，第189页。

对更多的自信。而香港也曾有法官在案例中阐述应当区别一国内不同法域法的查明和外国法查明的态度。例如在 Nan Tung Bank Limited, Zhu Hai v. Wangfoong Trannsportation Limited[①] 一案中，香港上诉法院的法官 Liu JA 在判决中表述说："实际上，如果严格来说，在中国对香港重新行使主权以后，中国大陆的法不应再作为外国法。香港是中国的一部分。一些中国大陆的法对香港也是适用的。无论从何种意义上说，我们都是一个国家。构成香港法一部分的习惯是不需要举证的，这种做法对那些适用于香港的中国大陆的法也是应当适用的。"但是，实务上看，一国内不同法域的法和外国法的查明并不存在根本性的差别。

现在中国大陆和香港、澳门以及台湾地区相互之间往来频繁。内地和香港、澳门不仅互派留学生，而且从 1994 年开始，港澳台地区居民可以参加大陆的司法考试。此外，内地向香港、澳门派驻了司法联络小组，由内地司法机关富有司法实践经验和理论知识的人员组成。这些内地司法人员在港澳地区，一方面了解港澳地区的法律内容和司法实践情况，另一方面负责协调内地与港澳地区的司法协作。由他们作为中介人员，地区之间的相互关系和司法协作活动便可得到良好发展。尽管区际法律协商协调机制尚未形成，但是相信随着发展，一国内不

---

① CACV000280/1998.

同法域之间法的查明将比外国法的查明更为简单和容易。

第三节 中国和韩国之间相互法的查明和适用

韩国是中国的重要邻国,近年来经贸往来频繁,按照本国冲突法规则的指引适用对方国家法律的案件并不鲜见。在实务中,即可以看到韩国法院适用中国法的事例,又可以看到中国法院适用韩国法的事例。中韩两国对相对方法律的适用构成一个很好的观察对象,提供一个生动的实例,可以观察外国法在一国法院如何得到适用,其适用结果又与在本国的适用是否有所不同,这种对实际案例的考察有助于国际私法挣脱纯粹理论或逻辑的泥潭,转而在实际可操作性层面上提供例证。基于上述考虑,尽管中韩两国均非判例法国家,但是韩国大法院的判例在实际中起着具有约束力的作用,中国也在加强判例的指导性作用,而且恰是案例本身可以生动展示法律在实际当中的运作,因此本节选取了几个代表性的案例,试图在实际操作层面为外国法的查明提供一个新的思路。

一、中国法院适用韩国法的事例

(一)对适用外国法的回避

从整体而言,我国法院审理具有涉外因素的案件时适用外国法的案例并不多见。2003年，为了对审理的涉外民商事案件有一个整体的把握以指导下级法院的审判实务，我国最高人民法院曾经对涉外民商事案件进行过一个抽样调查。[①] 在这个调查中，最高人民法院收集了50件涉外民商事案件，对案由、审理法院、相关外国法或地区、适用的准据法、确定准据法的根据等进行了调查。结果显示，50件案件中适用中国法的为45件，适用国际条约的为1件，适用国际惯例的为2件，适用外国法的只有两件。这50件案件中，与韩国相关联的案件有8件，除了其中一件适用了国际惯例（UCP 500）之外，其他7件均适用了中国法，而适用中国法的根据，一是当事人选择，二是最密切联系原则，其中没有以韩国法无法查明为由适用中国法的案例。

2008年中国国际私法学者也收集了一些国际私法性的案例，对相关事项进行了抽样调查。[②] 这次调查收集了69个裁判文书，对当事人的纠纷事由、审理法院、涉及的外国或地区、适用的准据法、确认准据法的依据等进行了梳理。这69件案件中适用中国法的高达67件，同时适用中国法和国际条约的案件有1件，同时适用中国法和国际惯例（UCP 500）的案件有1件。调查的69件案例中没有一件适用了外国法。涉

[①] 本文中相关数据来源于这次调查的结果，载《最高人民法院关于我国法院审理涉外商事案件适用法律情况的通报》，法〔2003〕121号。

[②] 黄进、胡炜、杜焕芳："2008年中国国际私法司法实践述评"，载《中国国际私法与比较法年刊》2009年第12卷，第365页。

及韩国的案件中同样以当事人自治和最密切联系原则为由适用了中国法。

我国目前法院系统一年审理的有涉外因素的案件高达3万件之多,而前面调查中收集的案例数显然过少,而且主要以商事案件为主,因此很难说这些调查可以反映我国涉外审判的全貌。但是某些倾向性仍然可以从这些调查中显示出来。即涉外案件中,法官并不愿意适用外国法,特别是过去外国法的查明义务实际上主要由当事人承担的司法习惯助长了回避外国法的倾向。

在涉及韩国的某些具体案件中,也可以看到这种倾向性。例如2009年山东省高级法院审理的蔡某某(被上诉人、原审被告)和溥光纤维株式会社(上诉人、原审原告)债务纠纷案件[①]中,法院以当事人达成合意为由回避了外国法的适用。在这个案件中,被告蔡某某为具有韩国国籍的自然人,原告溥光纤维株式会社为韩国法人,作为纠纷事项的货款结算合同也是在韩国缔结。由于被告在中国有可供扣押的财产,青岛中级人民法院根据我国民事诉讼法的规定认定自身有管辖权。在诉讼过程中,被告曾经主张,双方当事人均为韩国的民事主体,案件纠纷事项也是发生在韩国,按照最密切联系原则,韩国法应当作为准据法适用。但是在辩论阶段之前,被告"蔡某某

---

① (2009)鲁民四终字第15号判决,一审为青岛市中级人民法院(2008)青民四初字第38号民事判决。

以其无法提供韩国法律为由，与溥光纤维株式会社协商一致，适用中国法律"（引自判决文）。法院认为"本案债务关系源于买卖合同，且蔡某某作出的付款保证，具有合同性质，依照《最高人民法院关于审理涉外民事或商事合同纠纷案件法律适用若干问题的规定》第四条第一款的规定，当事人在一审法庭辩论终结前通过协商一致，选择或者变更合同争议应适用的法律的，应予准许"，最终原审法院适用中国法处理了实体纠纷。按照《2007年司法解释》，涉外民商事合同纠纷中，当事人在第一审辩论阶段之前可以选择或者变更准据法，因此以当事人在准据法选择上达成一致为由适用中国法本身并无问题。但是，当事人原本主张适用韩国法，变更中国法为准据法的原因是因为无法提供韩国法。那么就会产生一个问题，即如果法院承担外国法调查义务的话，是否当事人还会放弃适用韩国法的主张？

（二）对韩国法的适用

尽管从整体而言，法官存在回避适用外国法的倾向，但是也有一些案例中，法院最终适用外国法对案件争议作出了裁判。具体到韩国法的适用方面，大部分情况下是当事人提供了对韩国法的证明，在一些案件中，法院也在必要时进行了补充性的证据调查。笔者检索适用韩国法的案例，从中挑选几个典型性案例，尝试说明查明适用中的问题。

第五章　韩国和中国对外国法的适用

1. 中国平安保险股份有限公司北京分公司诉东南亚船务有限公司（Dongnama Shipping Co., Ltd.）海上货物运输合同代位求偿纠纷案①

2002年天津海事法院曾经审理一起海上货物运输合同纠纷案件，其中适用韩国法解决了相关纠纷事项。

（1）案件基本事实与法院的判断

在这起案件中，原告中国平安保险公司所承保的货物由被告东南亚船务有限公司安排装于"TONG XIN QUAN"（同心泉）轮进行承运。被告签发的提单背后明确记载，就提单项下的货物海上运输而言，该提单适用1962年韩国《商法》。2001年8月7日，该集装箱从该轮卸下并储存在釜山港码头堆场，2002年8月7日约2：00时，② DNAU2518130号集装箱内部起火，导致装载的货物硝酸因火灾全损。原告根据保险合同的约定，对被保险人所遭受的损失进行了保险赔付，之后向被告提出诉讼，要求行使代位求偿权。原告根据提单的记载主张适用韩国法解决纠纷，认为按照韩国商法典第787条及第788条的规定，被告未能将清洁提单（clear bill of lading）上记载的货物完好运送到指定目的地，应当承担相应损害赔偿责任。为了支持自己的主张，原告向法院提交了正式出版的韩国商

---

① 天津海事法院（2002）海商初字第243号判决书。
② 裁判文书原文如此，按照上下文分析，此处似应为2001年8月7日，因原告起诉时间为2002年3月。

法的中文翻译本。被告则主张韩国海商法并不排斥中国法的适用，并提出原告所提供的商法原文只是翻译件并没有证明力。

第一，事实上的争点及判断。

从判决文书中看，双方事实上的争点主要在于被告在货物的装卸上是否存在瑕疵。原告提供的海损鉴定公司的鉴定认为，货损是由于被告的野蛮操作或粗心大意的装卸所造成。而被告提供的海损鉴定公司的鉴定则认为可能是承装货物的瓶子本身缺陷导致货物渗漏进而引发火灾。法院最终认为被告提供的鉴定报告证明力更大，应当予以采信。

第二，法律适用的判断。

在适用法律上，法院首先认定，应当以韩国法为准据法，对此法院阐述说：

"本院认为，提单当事人有权选择适用于提单的准据法，被告提单中的首要条款载明就提单项下的货物海上运输而言，本提单适用1962年韩国《商法》。这是一个有效的明确的法律选择条款，1962年韩国《商法》应适用于提单涉及的托运人、承运人、收货人之间，同样对作为代位求偿的主体即原告适用，且适用该法并不违背我国的公共利益，应适用1962年韩国《商法》来处理本案争议。被告以韩国提单不排斥中国海商法为由而应适用中国海商法主张没有足够的理由，本院不予支持。对于外国法律的查明，可以由当事人向法院提供，原告向法院提交的韩国商法中译本系正式出版物，载明了韩国商法的全部法律内容，在被告不能有效证明其所载的翻译成中文的法律内容有误或与韩国法律原意不一致的情况下应认为原告已经尽到1962年韩国商法查明的责任。"

在认定准据法应为韩国法的前提下，法院首先对韩国商法第787条做出了判断。原告认为被告主张免责应当首先举证证明其已恪尽职守、被告及其雇用人员和代理人员已做到谨慎处理使船舶适航。天津海事法院认为本案火灾发生于釜山码头堆场，并非发生于船舶上，船舶的适航与否与火灾的发生没有必然的联系，被告无须对此举证。随后法院又对韩国《商法》第788条进行了确认和解释，认为按照第788条规定，<u>只有在承运人的故意或者过失所引起的火灾的情形下承运人才承担火灾货损的赔偿责任</u>，而诉讼中提交法庭的相关检验报告说明，承运人对火灾的发生不存在故意和过失，原告认为被告应承担赔偿责任的主张没有证据可以证实，所以法院对原告的主张未予支持，认为被告对其责任期间的火灾导致的货物损失应免除赔偿责任，最终判决驳回原告的诉讼请求。

(2) 对案件的分析

由于资料所限，笔者仅就判决文书反映的信息做如下分析。

第一，韩国1962年《商法》第787条的适用。

该法典第787条的规定如下：

"第787条（适航能力注意义务）船舶所有人①如果不能证明自己或者其他船舶使用人在起航当时未怠于履行下列各项注意的，不得免除对运送货物的灭失、毁损或者延迟到达所造成的损失的赔偿责任。

1. 船舶可以安全航行；

2. 必要的船员登船，船长和必需品的补给；

3. 船舱、冷藏室及其他船舶用于装载运送货物的部分处于适合接收、运送和保存货物的状态。"②

按照1962年《商法》第787条的规定，船舶所有人承担船舶适航的注意义务，而且船舶所有人对自己已尽注意义务这一点承担举证责任。③ 这种情况下，货物遭受损失的一方当事人只要证明损失存在就可以了，而承运人为免除不适航的责任，需要自行证明自己已经尽到了相关的注意义务或者证明虽有不适航的因素但不是造成损害的原因。④ 在本案中，原告举证证明货物因火灾毁损，并主张按照第787条认为被告应当提供相应的证据证明船舶适航，否则不能免责。这一主张是符合

---

① 该条款在1991年12月31日修订之后，责任主体变为承运人，不再是船舶所有人。之后历次修订，这一条款的内容均未改变。
② 因判决书中未说明当时提交法庭的正式出版物名称和翻译作者，无法查找。本文中引用的法条由笔者译自韩文，韩文原文来源于韩国法院综合情报检索数据库。
③ ［韩］李均成："海上运送人的堪航能力注意义务"，载韩国海法学会《韩国海法学会志》1980年第2卷第1号，第67页。
④ ［韩］权琦熏："海上物件运送人的堪航能力注意义务"，载庆尚大学法学研究所《法学研究》1988年第1卷，第199页。

韩国商法第787条规定的精神的。但是审理法院判断说，火灾并非发生在船舶上，"船舶的适航与否与火灾的发生没有必然的联系，被告无需对此举证"。结论虽未必有错，但"被告无需举证"这个判断的逻辑关系有令人费解之处。

审理中，法院采信了被告方提供的鉴定结论。按照该鉴定结论，火灾发生"可能"是由于承装货物的瓶子自身缺陷导致渗漏引起，与货物装卸和运航无关，也即损害发生和适航与否不存在因果关系。按照第787条的规定，被告应当证明已尽适航注意义务，且已经以自己一方的鉴定结论为依据证明货物的灭失与适航与否没有因果关系。换句话说，被告并非"无需对此举证"，而是已经按照法律要求举证证明适航与否与货物灭失没有因果关系，因此不应承担违反适航义务而应承担的赔偿责任。

第二，1962年《商法》第788条的适用。

1962年《商法》第788条的内容如下：

"第788条（有关货物的注意义务）①船舶所有人在自己或者船员等其他船舶使用人对货物的接受、装载、理舱、运送、保管、卸货和交付上怠于履行注意义务，造成货物灭失、毁损或者延迟到达的，应当承担损害赔偿责任。

②前款规定不适用于船长、海员、导航员等船舶使用人的与航海或者船舶管理有关的行为或者船舶火灾产生的损害。但是船舶所有人的故意或者过失导致的火灾除外。"

按照韩国相关资料的解释，第788条是一个关于商事过失的规定，这一条款将商事上的过失（第788条第1款）与航海过失（第788条第2款）进行了区分，属于航海过失的情况下，承运人的责任可被免除[①]，在存在商事过失的情况下，则要承担赔偿责任。

返过来看本案中我国法院对韩国1962年《商法》第788条的解释。法院认为，依照《商法》第788条，"只有在承运人的故意或者过失所引起的火灾的情形下承运人才承担火灾货损的赔偿责任，然后根据已经作出的事实认定，认为承运人对火灾的发生不存在故意和过失，最后判定"原告认为被告应承担赔偿责任的主张没有证据可以证实，故本院对其主张不予支持"。法院对韩国《商法》第788条的解释严格来讲并不能算得上非常严谨和充分，但是具体到纠纷事项，主要争议点是火灾造成的货物灭失的责任承担问题，根据法院接受的鉴定意见，承运人对货物灭失没有故意和过失，按照第788条的规定不承担赔偿责任，这个结论应当说是符合韩国法规定。

2. 韩国合纤（株）与青岛二和纤维有限公司借款合同纠纷案[②]

2008年山东省高级法院曾经审理一起案件，并对其中的

[①] ［韩］孙竹瓒：" 船主责任限制和运送人的责任——新商法上的问题点"，载《法庭》1962年第17卷2号，第27页。
[②] 山东省高级人民法院（2008）鲁民四初字第6号。

一个争点适用韩国法为准据法作出了判断。在这个案件中原被告曾签订借贷合同，后因借款偿还问题诉至法院。而诉讼当时，原告韩国合纤株式会社已被韩国大邱地方法院宣告破产，破产管理人为吴某某。因此被告主张韩国合纤被宣告破产后，已不具有相应的民事诉讼行为能力，无论是依据中国法还是韩国法，原告都不再具有诉讼主体资格，原告应当由破产管理人担任。为了支持自己的主张，原告还提供了韩国的"债务人回生及破产相关法律"及其中文翻译件。为了确认其真实有效性，法院委托韩国驻青岛总领事馆进行确认。韩国领事馆回函确认该经过某韩国律师事务所翻译、公证的法律文件第359、第382条等法律条文内容与韩国当时的法律一致。山东省高级法院首先判断了应适用的准据法，认为，"由于本案的争议焦点问题之一涉及到原告韩国合纤的主体资格，对该资格的审查应当依据当事人属地原则，即根据大韩民国法律进行审查"。接着确认了外国法的内容，认为"根据大韩民国《债务人回生及破产相关法律》第359、第382条的规定，就韩国合纤破产前形成的债权债务纠纷提起诉讼的，应由其破产管财人吴某某作为诉讼当事人提起诉讼请求，韩国合纤本案中不具备原告的诉讼主体资格，其诉讼请求应当驳回。韩国合纤虽然要求将原告变更为吴某某，但吴某某是否提起诉讼应由其独立的主张该诉权，韩国合纤无权代吴某某进行该主张，因此，韩国合纤主张变更主体的诉讼请求本院不予准许"。最终法院裁定

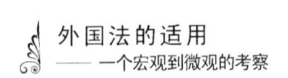

驳回原告的起诉。

在这个案件中，外国法的信息首先是由当事人提供的，但法院也进行了进一步的调查，通过外交途径确认准据外国法的真实有效性，并未以举证责任的标准要求当事人完全承担举证责任，这种做法是值得认可的。其内容的适用也与韩国法内容相一致。①

（三）评价

从中国法院适用韩国法的案例的裁判文书所显示的信息看，在调查方法上，主要是以当事人提供的资料为基础，法院或者进行补充性的调查或者直接予以确认。从确认法的内容到将韩国法具体适用于纠纷事项上也没有大的瑕疵或错误。但是裁判文书中没有提及是否对韩国的判例和相关资料进行调查，似乎调查的对象限于韩国的成文法，导致在对外国法内容进行确定并适用于具体纠纷事项时，逻辑说理似嫌不足。尽管韩国也属大陆法系国家，但是由于采用三审制，因此大法院的判例在法律适用方面具有重要意义。下级法院在判决中会引用之前大法院的判例作为依据，法学的研究也关注大法院判例中所体现的原则和精神对法律漏洞的弥补和对法的发展，判例评述之

---

① 韩国的《债务人回生及破产有关的法律》第382条规定："①债务人在批产宣告当时拥有的所有财产属于破产财团。②因债务人宣告破产前发生的原因将来要行使的请求权属于破产财团。"第359规定："在破产财团相关诉讼，破产管财人为当事人。"

类的学术论文非常常见。在如上述韩国合纤（株）与青岛二和纤维有限公司借款合同纠纷案当中，成文法的规定非常明晰，且无任何歧义的情况下，对成文法的调查就足够了。但是如果涉及更为复杂的案件，在对韩国法解释和适用时，势必需要对判例及相关资料也进行调查才是一种慎重、严谨的态度。可见在外国法的查明中，对相关外国法的法律渊源形式以及法律基本适用状况的基本认知是非常必要的。

二、韩国法院对中国法的适用

韩国法院以中国法为准据法解决纠纷的案件并不多。但是这些案件从外国法查明的角度看取得了较为令人满意的结果。其中以中国北方航空公司与韩国乘客损害赔偿案[1]中损害赔偿的范围的确定最为典型。

（一）案件的介绍

在这个案件中，中国北方航空公司为依照中国法设立的中国法人。它的一架国内航班在从北京飞往大连途中，由于其中一个乘客纵火导致飞机失事，在中国境内坠毁。韩国人金某在这次航空事故中死亡。金某的妻子和子女以中国北方航空公司

---

[1] 第一审判决为首尔中央地方法院 2005.12.23. 宣告 2002GaHap78265 判决，第二审判决为首尔高等法院 2009.6.19 宣告 2006Na30787 判决。

为被告，在韩国法院提起损害赔偿之诉。

韩国法院确认应当以中国法为准据法判断损害赔偿的范围。①在第一审中，法院认定基于航空事故而发生的侵权，其准据法应当为中国法。随后一审法院韩国首尔中央地方法院认为可适用的法为《民法通则》和中国最高法院制定的《最高人民法院关于审理人身损害赔偿案件适用法律若干问题的解释》（以下简称《人身损害赔偿司法解释》），并对《民法通则》第106条、121条、122条的内容以及上述司法解释的第2条、第6条、第8条和第17条的内容进行了查明和确定。上述规定中，《人身损害赔偿司法解释》第17条的规定涉及损害赔偿的范围和计算。一审法院对此判断说："被害人遭受人身损害而支出的治疗费用和误工减少的收入包括医疗费、误工费、护理费、交通费、住宿费、住院伙食补助费、必要的营养费，均应由赔偿义务人赔偿，特别是在被害人死亡的情况下，加害人除应当支付抢救治疗的费用外，还应当赔偿丧葬费、死者生

---

① 事实上该案在准据法的判断上说理也比较复杂，分别适用了《韩国国际私法》第32条和第26条的规定。按照《韩国国际私法》第32条第1款的规定，侵权适用侵权行为地法，但是"加害人和被害人之间存在的法律关系受到侵权行为侵害时"，不适用前款规定，而是"适用该法律关系的准据法"（第32条第3款）。这个案件中被告和死者之间存在航空运输合同，正是因为侵权的发生，使得两者之间存在的合同关系受到了侵害，因此应当适用航空运输合同的准据法。由于这是一个国内航空运输合同，因此不适用两国都已加入的依海牙议定书修改的华沙条约。那么按照《韩国国际私法》第26条的规定，在当事人没有选择准据法的情况下，合同适用与其有最密切联系国家的法。法院认为航空运输这类合同中，航空公司主营业机构所在地的法为最密切联系的法，从而认定准据法应当为中国法。

前扶养家属的生活费、对死者家属的精神抚慰金。"这个表述基本上是对《人身损害赔偿司法解释》第 17 条的复述。① 但是随后韩国法院并没有按照上述规定，分别按照列明的项目来计算原告应当支付的损害赔偿金，而是按照韩国法上的计算方法，② 把损害赔偿的范围分为包括丧失的工资和丧失的退职金在内的丧失收益、丧葬费和抚慰金三部分，分别进行计算。③ 抚慰金的计算方法在一审裁判文书中没有显示。

第二审法院首尔高等法院也认定该案件中侵权的准据法为

---

① 《最高人民法院关于审理人身损害赔偿案件适用法律若干问题的解释》第 17 条规定：受害人遭受人身损害，因就医治疗支出的各项费用以及因误工减少的收入，包括医疗费、误工费、护理费、交通费、住宿费、住院伙食补助费、必要的营养费，赔偿义务人应当予以赔偿。受害人因伤致残的，其因增加生活上需要所支出的必要费用以及因丧失劳动能力导致的收入损失，包括残疾赔偿金、残疾辅助器具费、被扶养人生活费，以及因康复护理、继续治疗实际发生的必要的康复费、护理费、后续治疗费，赔偿义务人也应当予以赔偿。受害人死亡的，赔偿义务人除应当根据抢救治疗情况赔偿本条第一款规定的相关费用外，还应当赔偿丧葬费、被扶养人生活费、死亡补偿费以及受害人亲属办理丧葬事宜支出的交通费、住宿费和误工损失等其他合理费用。"

② 在造成死亡的事故中，韩国民法上一般主张适用损害三分说，即侵权损害分为三部分。一是丧葬费等积极的损害；二是工资和退休金等利益的丧失等消极的损害；三是造成精神上的痛苦的精神损害。[韩] 池元林，《民法讲义（第10版）》，弘文社 2012 年版，第 5～322 页。

③ 这个计算方法与我国的计算方法是不同的。以可得利益丧失的计算为例，理论上可得利益损失的计算首先要考虑被害人在没有遭受人身损害的情况下还有多少年可劳动寿命，计算这些年被告人可以获得的收益，然后减除需要支付的必要的生活费用，之后再减除单利情况下的利息收入，计算出诉讼当时的数额，在这个过程中还应当考虑被害人当时的年龄、健康状况、职业和居住地区等因素来提高其盖然性。[韩] 池元林，《民法讲义（第10版）》，弘文社 2012 年版，第 5～323 页。在这个案件中，一审法院计算了被害人丧失的工资收入和退职金的数额，然后将两者相加作为被害人因死亡而丧失的收益。

中国法，并对《人身损害赔偿司法解释》进行了进一步的调查。除了第17条以外，二审法院还调查了该司法解释中规定丧葬费计算方法的第27条、规定被扶养人生活费计算的第28条以及规定死亡赔偿金计算方法的第29条，对相应的内容进行了确认。此外为了计算抚慰金，二审法院还对另一个司法解释，即《最高人民法院关于确定民事侵权精神损害赔偿责任若干问题的解释》（以下简称《精神损害赔偿司法解释》）进行了调查，确认了其中第7条的内容，并按照该条规定计算了损害赔偿的数额，而这个数额与第一审的判决不同。

（二）对中国法适用的评价

1. 中国法本身的模糊之处

《人身损害赔偿司法解释》本身有一些不足之处，在出台当时即招致一些批评性意见。特别是死亡赔偿金这一块的规定因为相互之间存在冲突，引起了不少的争议。

第一，死亡补偿金和死亡赔偿金是否有区别？《人身损害赔偿司法解释》第17条使用了"死亡补偿费"的表述，但在第29条①中又使用了"死亡赔偿金"这一用语，结果产生了

---

① 《最高人民法院关于人身损害赔偿案件适用法律若干问题的解释》第29条规定："死亡赔偿金按照受诉法院所在地上一年度城镇居民人均可支配收入或者农村居民人均纯收入标准，按二十年计算。但六十周岁以上的，年龄每增加一岁减少一年；七十五周岁以上的，按五年计算。"

这两者之间为何种关系的疑问。实际上，除了第17条以外的其他条款中都看不到"死亡补偿费"这一表述。该司法解释公布之后，最高法院在相关的记者会见中，对"死亡赔偿金"作出了解释，但未提及"死亡补偿费"是什么。从该司法解释规定的体系看，17条列举了作为损害赔偿内容个各个项目之后，在第19条到28条中，按照列举的各个项目分别规定了相应的计算方法。从上下文关系看，第29条规定"死亡赔偿金"的计算方法，从用语上虽然使用了"死亡赔偿金"这一表述，但实际上和第17条中规定的"死亡补偿费"应当是一回事。因此一般观点认为，第17条所说的"死亡补偿费"和第29条所说的"死亡赔偿金"具有相同的含义，用语上的不一致是司法解释制定当时的一个疏忽。①

第二，死亡赔偿金的性质是属于精神损害赔偿还是财产损害赔偿？《人身损害赔偿司法解释》第18条规定，"受害人或者死者近亲属遭受精神损害，赔偿权利人向人民法院请求赔偿精神损害抚慰金的，适用《最高人民法院关于确定民事侵权精神损害赔偿责任若干问题的解释》予以确定"。但是《精神损害赔偿司法解释》第9条又规定，"精神损害抚慰金包括以下方式：（一）致人残疾的，为残疾赔偿金；（二）致人死亡的，为死亡赔偿金；（二）其他损害情形的精神抚慰金"。按

---

① 梁小平、陈志伟："再论死亡补偿费和死亡赔偿金的性质"，载《政法论坛》2010年9月第28卷第5期，第180页。

照《精神损害赔偿司法解释》第 9 条的规定，死亡赔偿金是对被害者或者死者家属遭受的精神损害的赔偿，即抚慰金。据此，有观点认为，死亡赔偿金不是对财产损失的赔偿，而是属于对精神损害赔偿的抚慰金。[1] 但是，按照《人身损害赔偿司法解释》第 29 条的规定，死亡赔偿金按照受诉法院所在地上一年度城镇居民人均可支配收入或者农村居民人均纯收入标准来进行计算。从这一点上看，死亡赔偿金与以金钱无法衡量的精神性损害赔偿是不同的，因此带有对财产性损失进行补偿的性质。对这一点，最高法院在相关场合曾经做出过明确的说明。《人身损害赔偿司法解释》出台之后，最高法院的一位副院长在就该司法解释答记者问时解释说："司法解释对死亡赔偿，从几个方面作了调整……二是非财产损害即精神损害，立法上称为'死亡补偿费'或者'死亡赔偿金'，死亡赔偿金的性质据此被认定为精神损害抚慰金。1994 年 5 月 12 日八届人大常委会七次会议通过的《中华人民共和国国家赔偿法》，首次明确了死亡赔偿金的内涵是对受害人收入损失的赔偿。司法解释据此将'死亡赔偿金'界定为财产性质的收入损失赔偿"。[2] 这段解释说明，《人身损害赔偿司法解释》是参照《中华人民共和国国家赔偿法》的规定，将"死亡赔偿金"作为

---

[1] 苗永干："谈谈死亡补偿费的性质问题"，载《徐州教育学院学报》2000 年第 2 期，第 16、17 页。

[2] 高法副院长就审理人身损害赔偿案司法解释答记者问。载 http：//www.china.com.cn/chinese/2003/Dec/470535.htm，2014 年 2 月 23 日访问。

一种对财产损失的赔偿来进行规范的。从实务上看，在当事人提起人身损害赔偿诉讼时，请求支付精神损害抚慰金的，法院会按照《人身损害赔偿司法解释》的规定计算死亡赔偿金后，再考虑具体案件的各情节，酌情确定抚慰金的数额。也即死亡赔偿金和精神损害抚慰金是作为两个项目来计算、支付的。

2. 韩国法院的判决

中国前后两个司法解释中规定的含糊之处看来给韩国法院带来了相当的困扰。在一审裁判文书中，韩国的法院根本没有提及"死亡赔偿金"的问题，而是直接将其称为"抚慰金"，应当是将司法解释中所说的"死亡赔偿金"直接理解成了对精神损害的赔偿。与一审判决不同，二审法院对《人身损害赔偿》第29条进行了调查并按照该条的规定计算了死亡赔偿金之后，在死亡赔偿金之外另行确定了对死者亲属的精神损害抚慰金。韩国二审法院的这个实体性判决应当说是符合中国的法律规定和司法实践的。

此外在计算方法上，一审法院与二审法院也存在差异。一审法院虽然也对中国法中损害赔偿的范围的相关规定进行了查明，甚至在判决文书中对查明的内容进行了重述，但是在计算时并没有进一步按照中国法上的计算方法来计算数额，而是仍然按照韩国法上的习惯，将损害赔偿分为三项，分别计算后予以赔偿。不同的计算方式显然会得出不同的赔偿数额。而二审法院则在一审查明的基础上，对相关计算方法的规定进一步进行了调查，最终按照中国法上所列明的项目，分别计算后判定赔偿数额。以丧葬费为例，韩国一审法院在确定丧葬费的数额时是按照原告主张的数额中可被证据证明的数额进行了裁判。而二审法院则按照查明的中国法规定，采用中国的所谓"定型化赔偿"的计算方法，按照受诉法院所在地职工前年度平均工资标准，以六个月计算数额。应当说二审法院的裁判也是非常接近中国法院的做法的。

从整体而言，这起案件的二审法院对作为准据法的中国相关规定的查明是比较清楚、充分的，不仅调查了立法上的规定，而且对在中国司法实务中起着重要作用的司法解释也进行了充分的调查，纠正了一审中由于查明不充分而引起的一些误解，其适用也和中国法院的做法基本一致，从实体而言是比较令人满意的。[1] 但是在整个裁判文书中没有显示外国法查明的

---

[1] 但是，有趣的是，尽管这个案件在确定准据法为中国法以及在外国法查明环节几乎不存在大的瑕疵，但是并没有达到国际私法上判决一致的理想结果，因为韩国法院判定的赔偿数额实际上远高于中国法院审理的情况下会确定的赔偿数额。这个结果是由于两个原因造成的。一个是我国司法解释适用范围的问题。我国的司法解释在确定人身损害赔偿数额时规定是以受诉法院所在地为计算标准。这种规定显然没有考虑受诉法院为外国法院的情况。换句话说司法解释在制定当时根本没有考虑被外国适用的可能性。由于韩国当时的收入水平远高于我国，导致在韩国法院起诉的情况下，当事人实际上可以获得较高的赔偿额。这个案子的审理结果对我国立法技术的提高具有警示性的意义。另外一个原因在于韩国法院对该案行使管辖权是否适当上存在一定疑问。在裁判文书中，韩国两次审理的法院都确定自己对该案有国际裁判管辖权。其主要根据是韩国民事诉讼法第5条的规定。按照这条规定，外国法人的营业机构在韩国的，即使该营业机构与诉争有关的交易没有关系，也可以行使对该外国法人的管辖权。韩国的判例基本上都支持这样的做法（例如大法院2000.6.9. 宣告98Da35037 判决）。由于本案的被告中国北方航空公司在韩国设有办事处，韩国法院据此认定自己对该侵权案件有管辖权。这种将国内管辖有关规定直接适用于涉外案件的做法本身是否适当是存疑的，至少在这个案件中，有管辖过剩的嫌疑。这两个原因的叠加造成了这个案件这样一个奇怪的结果。

方法和根据，也就无法判断法官是否已尽调查义务，这一点令人遗憾。

三、两国间法信息交换有关的双边条约

中国与韩国签订有《中华人民共和国和大韩民国关于民事和商事司法协助的条约》（以下简称《中韩条约》）。该条约包含了法律信息的协助，且早在2005年4月即已生效，因此两国之间查明对方法律时是可以利用条约规定的方法进行的。在外国法查明方面，国家间签订的双边司法协助条约也是查明的一种方法，在某些情况下也不失为一种方便的办法，因此有必要加以考察。在此以《中韩条约》为例，对这种方法做一简要说明。

（一）中韩条约的主要内容

1. 对方法律提供的途径

按照《中韩条约》的规定，在对方提出请求时，各自的中央机关应予提供。中国指定的中央机关为司法部，韩国则为法院行政处（条约第4条）。

2. 提供法律信息的程序

（1）提供资料的范围

按照条约规定，在收到请求的情况下，可以向请求方中央

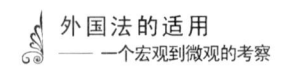

机关提供与请求方诉讼有关的法律、法规及司法实践资料（第26条第1款）。

（2）请求及回复

条约规定，司法协助请求书应当附有被请求方官方文字或英文的译文，所附文件也应当附有被请求方文字的译文。而且不仅是请求书本身需要附译文，在以书面方式进行联系的情况下，也需要附有该另一方官方文字或英文的译文（第8条）。因此，如果是中国需要了解韩国的某些法律信息而发出司法协助请求书的情况下，要附上韩文或者英文的译本。反过来，如果韩国需要了解中国的某些法律信息时，请求书及相关书面的联系则需要附上中文或者英文的译本。

国内的相关机构提出请求的情况下，要通过各自的中央机关进行。按照条约的规定，请求方中央机关可向被请求方中央机关询问有关请求的执行进度情况（第7条第4款）。

与提出请求时要求使用的文字不同，在答复上，并不要求必须有对方官方文字或者英文的译本，也即可以以自己一方的语言作出答复（第8条第3款）。

被请求方如果认为请求方提供的材料不准确或者不足以使其根据本条约的规定处理该请求，可以就请求所提供材料的准确性进行查询或者要求请求方提供补充材料。在满足上述条件的情况下，即请求方采取了适当的措施或者提供了准确的材料或者提供了补充的材料的，被请求方有执行相关请求的义务

（第7条第2、3款）。

(3) 认证的免除

案中《中韩条约》的规定，双方法院或者其他主管机关制作或者证明的文件经由条约规定的中央机关传递的，应当免除任何形式的认证（第27条）。

(4) 拒绝请求的理由

条约规定，在某些情况下，被请求方可以拒绝对方提出的请求。这种情况是指被请求方认为提供司法协助将有损本国的主权、安全、公共秩序或者其他重大公共利益，或者请求的事项超出本国司法机关的主管范围（第6条第1款）。同时，条约还要求，被请求方拒绝对方请求的，应当向请求方说明拒绝理由，并且应当立即通知请求方中央机关（第7条第1款）。

（二）实施状况及评价

《中韩条约》签订之后，没有公开的数据资料显示在涉及对方法的查明时是否经常运用到这一途径。在笔者收集的案例中也没有发现在诉讼中法院通过这一途径获取韩国法信息的事例。

从《中韩条约》的规定内容看，应当说在多个层面是比较完善的，甚至相较于伦敦公约，也有更为细致的规定，例如规定中央机关变动时的相互通知义务，在资料补充的通知方面也作出了规定，进一步改善的余地也不大。但是实务当中看起来并没有得到频繁应用。其原因可能是多方面的。一方面可能是因为法官及律师对该条约的了解不够充分。[①] 另一方面，中韩两国在司法实践中，至少在过去的司法实践中，大部分情况下，当事人承担了外国法查明的义务。韩国虽然从立法本意上是模仿德国模式，希望由法官承担对外国法的职权探知义务，但在实践中，法院通过对"职权调查"一词的解释，实际上将外国法查明的义务转嫁给了当事人一方，在具体查明方法的运用上也主要依赖当事人举证证明。而中国在法律适用法出台之前，尽管司法实践中的做法不尽统一，但大部分情况下，当事人承担了主要的义务。条约规定的方式都需要法院采取主动的姿态，通过各自的中央机关提出请求，接收回复，以获取外国法信息，在当事人承担查明义务的情况下，如果当事人没有提出请求，法院没有动力也没有必要动用这一途径来查明外国法，而在大部分情况下，当事人提供专家法律意见要比这一途径更为快捷有效。最后，这个实例不过是再次印证司法协助的方式不宜作为一种主要的外国法查明方式。即使司法协助条约的内容规定的比较充分，但是由于其固有的特点，包括无法进行多次咨询、时间的花费以及缺乏个案针对性等，都会造成法院并不将这种方法作为查明方法的首选。

---

① 笔者在韩工作期间曾遇到中国某法院未按照《中韩条约》约定途径直接向韩国某自然人邮寄送达起诉书的事例。

四、小结

(一) 中韩两国在外国法查明制度上的比较

中韩两国在外国法查明制度上的异同点可以以下表做一简单比较。

		中国		韩国
法官与当事人查明义务的分配	法官	不允许当事人自治的领域	职权探知义务	职权探知义务
		允许当事人自治且当事人选择外国法为准据法的	是否还有职权探知义务立法上不够明确,笔者认为应当仍有探知义务	
	当事人	不允许当事人自治的领域	立法上未提及当事人是否有协助义务或举证责任	协助义务
		允许当事人自治的领域且当事人选择外国法为准据法的	有提供外国法的义务,但该义务的性质如何存在歧义	

续表

		中国		韩国
查明方法	以专家意见方式为主	专家身份	外国律师及外国律师事务所、中国教授	外国的专家
		专家诉讼法上的地位	鉴定人或者专家辅助人	私鉴定
		是否依据证据规则	依据证据规则	不属于鉴定,与事实认定一样,作为认定外国法内容的证据资料
外国法无法查明的处理	均未区分外国法无法查明和外国法的漏洞	适用法院地法		适用法理

(二) 启示

从司法实务中看,无论是韩国还是中国,都存在适用对方法律的实际案例。通过对这些案例中查明程序、方法以及实体法律适用结果的考察看,尽管多少存在一些瑕疵,但是并不是像通常想象的那样,存在重要的错误或者无法克服的困难。中国法院适用韩国法的案例中,尽管裁判说理部分存在不足,但是考虑到一直以来我国的裁判文书普遍存在说理不足的问题,即使是在适用我国本国法的裁判文书中,这个问题也存在,因此很难说在在适用韩国法的案例中,这个问题就变得特别突出。而在韩国法院适用中国法的案例中，尽管也存在一些问题，但是其调查通常显得比我们更为充分，对我国法的查明不仅包括了立法机关制定的法律，也包括了实务中起到重要作用的司法解释的规定。即使存在一定的误解，但是通过上诉程序，这些误会也得到了纠正，特别是在列举的案例中，对我国法律本身存在的一定模糊之处二审法院也作出了正确的理解，其结果不能不说是令人满意的。

笔者认为，这种结果得益于几个方面的因素。一是中国和韩国均继承有大陆法传统，采用成文法的方式，法官在法的判断和适用过程上采用基本一致的方式，并不存在非常大的差异，那么在法律的理解和判断上，与适用判例法相比，法官具有较大的自信。二是历史传统相似，彼此交流较多，在外国法信息的获得方面也相对容易。从法官自身角度看，按照韩国的制度，法官在任职一定年限之后，可以有一段时间脱产学习，其中一些法官选择了到中国留学。这些法官由于具有在中国学习法律的经验，即使由于时间较短不能完全无差错的理解整个中国法体系和中国的各个部门法，但是一旦遇到与中国法有关的案件时，这些法官通常具有相当的自信，而且即使自身单独无法查明中国法，在借助专家意见等其他辅助性手段的情况下，可以正确理解相关的准据法内容，并将其适用于具体纠纷。中国的在职法官中虽然很少有留学韩国的经历，但是中国已经出现了以韩国法为研究对象的研究机构。例如华东政法大学、西北政法大学和中国政法大学分别在 2004 年、2008 年、2010 年设立了自己的韩国法研究中心,[①] 目前这些研究中心在实践中较少担当提供韩国法有关的法律意见的角色,但是在法官委托时,是有能力担当这一角色的。从文化交流方面看,中韩两国都不乏介绍对方国家法律的正式出版物。在韩国出版的有关中国法律的图书中,既有韩国学者介绍中国法律的图书,也有中国学者以韩文介绍中国法律的图书和资料。尽管与韩国出版的有关中国法律的图书数量相比,中国出版的有关韩国法律的资料相对不多,但是一些重要的法律也有介绍。在上文中提及的案例中,我国的法官正是通过正式出版的介绍韩国法的资料查明了韩国商法的内容。

如果以中韩两国对对方法律适用的状况和事例为例子,可以发现外国法的查明尽管存在多种困难,足以使人心存疑虑,但是至少在一些交流较多的国家间相互法的查明和正确适用是可以实现的,对此不应做过于悲观的判断。而且适用外国法作为准据法的案件也常常会发生在相互交流较多的国家之间,因此,尽管在一些例子中的确存在外国法难以查明或错误适用的情况或可能,但是从整体而言,外国法的查明

[①] 中国政法大学设立韩国法研究中心的新闻载于 http：//legal. gmw. cn/2011 - 06/20/content_ 2114965. htm；华东政法大学设立韩国法研究中心的新闻载于 http：//www. koreanlaw. cn/cn/；西北政法大学设立韩国法研究中心的新闻载于 http：//www. legaldaily. com. cn/fxy/content/2008 - 05/05/content _ 845208. htm? node = 6065.

是可行的。而且随着全球化的进展,世界各国之间交流和联系的紧密,获取外国法的信息会变得越来越容易,理解外国的法律文化越来越深入,相信外国法的查明和适用应当比现在更为容易。

第六章
结　论

　　外国法的适用是国际私法上一个基本性问题，这一点应当是没有疑问的。考察既往的国际私法研究成果可以发现，在外国法适用的研究上，大体上有两种研究方向。一个是致力于理论性基础的构建，从国际私法的诞生等本源性问题出发，尝试解释为什么要适用外国法，通过探讨外国法适用正当化的理由等理论性课题，提供外国法适用合理化的理由，试图以此预见国际私法的发展方向。另一种方向则是在肯定国际私法存在合理性的同时，以实务上法院如何对待、适用外国法为研究的中心，探讨外国法适用过程中出现的现象以及外国法适用的效果等，为国际私法的实现提供具体的解决方案。在前者的情况下，尽管经过冲突法革命的冲击，法律冲突在具体案件中的合理解决比过去得到了更多的强调，实体法上的考量也被引入冲突法规则，但是从根本上说，并没有彻底动摇传统国际私法的基础。至少到现在为止，冲突法的存在及其合理性仍然得到广泛的承认，而且从实证法的角度看，国际私法规则的在欧盟这

第六章 结论

样的地区也获得了相当程度的统一，即使在亚洲地区，很多国家也实现了国际私法的成文化。既然国际私法仍然有存在的必要且实际存在和应用，那么外国法的适用就是解决具有涉外因素的法律关系纠纷的不可回避的一个现象。特别是在国际私法规则得到相当程度规范化、体系化的大背景下，研究在诉讼程序中应当如何适用外国法，特别是外国法的查明程序如何合理化就显得更为必要。

过去，由于我国没有成文的国际私法性法典，外国法查明制度无论在立法上还是司法实务上都存在一定程度的混乱。2011年之后，随着《法律适用法》的制定以及相关司法解释的出台，外国法的查明作为单独的条款，明确规定于立法当中，司法实践中的一些具体操作方式也相对明确化，认识上的一些混乱得到理清，司法上的操作也日渐统一和改善。但是并非所有的争议点都因该法的制定而消弭，制度本身仍有进一步改善的空间。此外，既往的研究大体上都是从研究外国先进法制出发，然后以之为借鉴，剖析我国立法和实践中的不足，尝试提供合理性的方案，这对学理和实践的发展上无疑是十分有益的。但随着研究及实践的发展，外国法的适用已经成为现实的情况下，应当有一个更为近距离的观察，既可以为基本理论提供坚实的现实性基础，也为实践操作提供有价值的建议。基于这种目的，本文试图以一个从宏观到微观的新的视角来观察外国法适用本身。即从与外国法适用本身紧密相连的一些国际私法、诉讼法上的问题出发，探讨相互之间的关系和国际私法制度、诉讼法制度对外国法适用制度的影响。在解决这些基本问题之后，以比较法的方法，考察大陆法系和英美法系四个代表性国家的外国法适用制度，尝试从中寻找具有启示意义的点以及该制度可能的发展方向。在以各国制度为考察对象之后，再以国际社会为观察对象，考察近年来国际社会在这个问题上的努力，了解在这个领域中已经形成的共识，跟进相关机构的发展，考虑这些机构的角色能否在我国的司法实践中得到应用。在这些宏观的观察之后，笔者选取中国和韩国这两个经贸往来频繁、国际私法性案件频发的国家作为一个微观的观察对象，观察同样以欧美经验为借鉴对象的亚洲两国如何吸收和移植西方经验，如何设计本国的法律制度以及这种制度在运作过程中发生了何种问题，在此基础上，以相互适用对方法的具体案例为考察对象，观察在具体案件的审理过程中，外国法查明的方法以及实体上的判断是否会发生变形。

基于上述考量，本书在第二章中首先对外国法查明的一些基本问题以及外国法查明与国际私法规则本身以及与诉讼制度本身的关系进行了基础性的梳理。诉讼程序中外国法的适用起因于国际私法规则的存在。诉讼法上区分法律问题还是事实问题，并采用不同的方式予以对待。因此外国法本身属于法律还是事实的问题就成了研究外国法适用问题的起点，并在多个层面影响到外国法适用制度的设计和运作。但是外国法的性质的认定尽管在历史上占据一个相当重要的位置，有助于理解一国的立法和实务，但是在现当代已经不再具有决定性的意义。此外，国际私法是否为强制性法律规范的问题也对外国法的适用具有重要影响。在当事人对外国法的适用是否具有主张责任上，国际私法的性质是决定性的。但是在查明上，由于两者服务于不同的目的和价值，是可以在一定程度上分别予以对待的。

本书的第三章按照诉讼进行的时间顺序，对外国法适用的几个主要方面以比较法的方法进行了考察。外国法的查明在程序法上最重要的问题是法官和当事人各自的义务如何分配的问题。各国的诉讼法体系千差万别，存在于诉讼程序中的外国法查明必须与各国的程序法体系相协调，因此在外国法查明的设计上也许并不存在一个统一模式。但是法官和当事人在外国法的调查上自有各自的长处和短处，因此除英国等国家外，法官和当事人在外国法查明上相互配合几乎是各国各自模式的共同点。但是这个配合的方式应当以法律概念来标记，也即应当在诉讼法制度内明确法官和当事人各自权力（权利）义务的性质和界限。在当事人承担证明责任的模式下，也不应剥夺法官调查的权力。在法官承担调查义务的模式下，当事人在诉讼中的相关权利应当得到尊重。此外，在法官承担调查义务的模式下，如果要求当事人同样要承担义务，那么当事人的这种义务究竟是一种协助义务还是证明责任应当予以明确。

具体调查上，法学上的研究着眼于获得外国法信息的途径并无太大意义。重要的是各种调查方法应当在诉讼体系中以何种方式予以对待。从整体而言，在查明方法的运用上，各国并不拘泥于法定证据方法，而是共同采取了自由证明模式，只要是法官认为是适当的方法均可采用。只是在各种方法中，法官在资料的提交和资料的运用上可以扮演一个更为积极的角色。尽管如此，虽然法定证据方式之外的其他方法也有各自的优点，但是在大部分情况下都无法代替专家意见，尽管这种专家意见在不同的国家可能存在专家证人证言或者鉴定人鉴定意见这样的性质上的差别。外交或者司法协助方式，虽然看起来比较容易，但是并不适合诉讼的特性，因此只能作为一种辅助性的方法。

法官和当事人经过相当的一段时间并倾注了合理的努力的情况下，可能仍然无法确认可适用的外国法是否存在或者无法查明外国法内容，这种情况在现实中是实际存在的。在外国法无法查明的问题上，首先要确认外国法无法查明的判断标准，其次是要为外国法无法查明提供一个补充性适用的方案。在外国法无法查明的判断标准问题上，试图以固定的期限或者手段是否穷尽为标准来制约法官权力的做法都是不符合诉讼规律的。因此，只能引入合理性这一标准来进行考量。而对是否可视作是"合理"，一方面只能参照事实认定标准来进行判断，另一方面要考虑外国法查明的特殊性。此外，由于"合理"

第六章 结论

这一标准本身属于弹性标准,程序上对法官的制约机制也应当予以考虑。在已尽合理努力仍无法查明外国法的情况下,法官需要适用补充性的方案来解决纠纷。各国在补充性方案的选择上各有不同,甚至一国中都存在不同的解决方法。各种补充性方法中,法院地法的适用被广泛采用。法院地法的补充性适用有助于提高法适用的可预见性和确定性,但是只是一种实用主义的方案,并无逻辑推理可做支撑,因此在极端情况下可能导致荒谬的结论。相比较而言,与其绝对性规定适用法院地法作为外国法无法查明的补充性方案,不如以此为原则性规定,同时赋予法官裁量的权力,允许法官在可能产生极端不合理结果的情况下,选择法理等作为解决纠纷的方案。

查明外国法的内容之后,需要通过对外国法的解释将其适用于具体的纠纷事项。应当说这是一个重要的阶段,但是一直以来,对这个问题甚少关注。基本的讨论停留在法官解释法律时的立场以及解释规则的一致上,认为外国法解释的目的即是重视复制外国法在其本国的解释。但是这种认识本身没有解决外国法解释上的困难。是否可以从法解释学的角度对外国法的解释作出进一步的研究是将来应当予以考虑的课题之一。

尽管在外国法的性质上,存在法律说和事实说的不同认识,但是外国法适用的错误在几个代表性国家都实际在接受各国最高法院的审查。其差别只是审查的理由可能并非是外国法适用错误。这种做法的统一值得引起我们的思考,在将来诉讼体系发生变化时，予以制度上的跟进，甚至在现行制度框架下也可以考虑某些改善性措施。

除了各国外国法查明上制度和手段的改善以外，国际社会也在不断努力，试图从更大的范围内提供可能的便利。本书的第四章分别介绍了在统一外国法适用和外国法查明方面欧洲社会和海牙国际私法会议的相关工作和成果。特别介绍了欧洲大陆国家为主体缔结的《伦敦公约》和最近专家为统一外国法适用而草拟的相关基本原则以及海牙国际私法会议相关会议达成的共识和推进的目标。

在进行宏观考察的基础上，第五章围绕中韩两个紧密邻国的制度和实践进行了细节性的考察。而其结果似乎也可以令人对外国法适用和查明的前景持一个相对乐观的态度。中韩两国国际私法都受到大陆法系的影响，但是在外国法查明制度上则产生了一定的差异。韩国的立法较为彻底的继承了德国法的做法，与其职权主义要素较为强盛的诉讼体系相协调，在立法上试图将外国法查明的义务交给法官来承担，对当事人仅要求其在法官提出要求的情况下承担协助义务。而我国则受到瑞士国际私法的影响，对不同的法律关系进行了区分，在依据国际私法规则确定准据法的情况下，让法官来承担查明义务，而在当事人自行选择准据法的情况下，要求当事人"提供该外国法律"，表现出在当事人自治的领域减轻法官的负担的一种意图，但是在后者情况下，由于立法表述的模糊，在法官是否还承担查明义务以及当事人承担义务的性质方面存在歧义，这种歧义可能引起实践操作上的不统一。将来的立法应当注意这种歧义的存在，并尽可能消减模糊之处。有趣的是，在外国法查明义务的分配上，仅从立法上看，中韩两国是不同的，但在具体查明方法的运用上，至少在过去，两者又表现出一定的相似性。韩国的大法院通过对立法上"职权调查"的解释，免除了自身进行职权证据调查的义务，实质上将外国法查明的义务交给了当事人。而我国过去的实践也大多是由当事人提供相关资料，并在举证阶段提交，实际上承担了查明的义务。韩国立法上模仿德国但在实践中出现背离的原因值得思考。法官承担查明义务固然与职权主义诉讼因素强势的诉讼模式相协调，但与其他问题不同的是，外国法查明义务由法官来承担这一模式的实现一定程度上有赖于一国比较法研究的昌盛和最高法院对外国法信息的积累和公开。在这方面德国可作为一个正面的例子，而韩国的例子恰恰说明，在比较法研究尚不够发达、成果积累较少的情况下一味强调法官的查明义务最终就会发生立法向实践的妥协。但是，立法不仅仅要照应实践的可操作性，在某种程度上还起着引导、指引司法的作用。因此并不能因此就否认一定程度上超前的立法。我国最近的立法，表现出加重法官查明义务的倾向，司法实践中也开始强调法官履行调查义务，并要求其将查明的过程在裁判文书中予以显示。令人欣喜的是，响应这种制度上的变化，最高法院在外国法查明上开始采取一些积极务实的举措，包括与学术机构建立固定的合作关系，由相关学术机构担当外国法信息的收集、整理，并在法院提出委托时提供相应咨询意见等。[①] 这种平台的建立，无疑有助于外国法查明在我国司法诉讼中真正得到实现。

从中韩两国适用对方法律的实际案例上看，其结果基本是令人满意的。这得益于两国文化、法律交流带来的信息充分，也得益于法官和当事人在这方面的努力。这些实例说明，尽管不乏相反的例子，但是外国法的查明有时候并不是像想象的那样不可操作，至少在往来频繁的国家之间，并非不可完成的任务。这些实际的案例还说明，在外国法的查明中，不仅要关注具体的规定，还要对相关外国法的具体法律渊源形式有基本的了解和认识，切忌将本国对法律渊源的认识直接带入到对外国法的适用中去。以中国为例，存在司法解释这样比较独特的方式，并在司法实践中起着重要的作用，外国法院在适用中国法时，调查制定法和判例显然是不能反映中国法实际适用状况的。以韩国为例，尽管为大陆法国家，但其大法院的判例也起着相当重要的作用，会在之后的案件中不断被引用，那么仅止

[①] 今年（2015 年）1 月 19 日，中国政法大学外国法查明中心成立，该中心将同时作为最高人民法院民事审判第四庭外国法查明研究基地，为最高人民法院涉外民商事审判工作发挥智库作用。相关新闻报道见 http：//edu.qq.com/a/20150119/071396.htm，最后访问日期 2015 年 3 月 4 日。而在 2014 年 12 月 25 日，华东政法大学成立外国法查明研究中心，并与上海市高级法院签订了外国法查明专项合作协议。相关新闻报道见 http：//www.ecupl.edu.cn/8a/4c/c304a35404/page.htm，最后访问日期 2015 年 3 月 4 日。

于查明韩国的成文法规定在很多情况下是不充分的。这个认识对法官是十分必要的。而且我国目前在相关领域采取的措施看，是希望学术机构在外国法查明起到一个智库的作用，这意味着将来可能提供法律意见的专家可能很多会是我国从事相关外国法、比较法研究的学者。那么与过去多以外国律师作为专家证明外国法的做法相比，有可能偏重法理的解释，在法律的实际运用上有所忽略，在这一点上应当予以注意。在相关法律意见中对相关外国法法律渊源形式的基本说明应当是必须的，同时应当关注相关法律在司法实务中的应用，便于法官作出准确的判断。

参考文献

中文文献

著作：

毕玉谦主编：《〈最高人民法院关于民事诉讼证据的若干规定〉释解与适用》，中国民主法制出版社2002年版。

卞建林主编：《证据法学（2002修订版）》，中国政法大学出版社2002年版。

杜涛：《德国国际私法：理论、方法和立法的变迁》，中国法制出版社2006年版。

韩德培：《国际私法新论》，武汉大学出版社2003年版。

何家弘、刘品新：《证据法学（第五版）》，法律出版社2013年版。

黄进、姜茹娇主编：《〈中华人民共和国涉外民事关系法律适用法〉释义与分析》，法律出版社2011年版。

江伟主编：《民事诉讼法（第六版）》，中国人民大学出版社2013年版。

柯泽东：《国际私法》，中国政法大学出版社2003年版。

李双元：《国际私法（第三版）》，北京大学出版社 2011 年版。

梁慧星：《民法解释学》，中国政法大学出版社 1995 年版。

梁治平：《法律解释问题》，法律出版社 1998 年版。

刘来平：《外国法的查明》，法律出版社 2007 年版。

刘铁铮、陈荣传：《国际私法论》，三民书局 1998 年版。

肖永平：《国际私法原理》，法律出版社 2003 年版。

肖永平主编，《欧盟统一国际私法研究》，武汉大学出版社 2002 年版。

肖芳：《论外国法的查明——中国法视角下的比较法研究》，北京大学出版社 2010 年版。

徐青森、杜焕芳：《国际私法专题研究》，中国人民大学出版社 2010 年版。

邵津：《国际法（第三版）》，北京大学出版社、高等教育出版社 2008 年版。

沈涓：《中国区际冲突法研究》，中国政法大学出版社 1999 年版。

沈达明编著：《比较民事诉讼法初论》，中国法制出版社 2002 年版。

宋晓：《当代国际私法的实体取向》，武汉大学出版社 2004 年版。

徐冬根、王国华、萧凯：《国际私法》，清华大学出版社2005年版。

万鄂湘主编、最高法院民事审判第四庭编著：《〈中华人民共和国涉外民事关系法律适用法〉条文理解与适用》，中国法制出版社2011年版。

王利明：《司法改革研究（修订版）》，法律出版社2001年版。

王铁崖：《国际法引论》，北京大学出版社1998年版。

张卫平：《民事诉讼法（第三版）》，法律出版社2013年版。

邹国勇：《德国国际私法的欧盟化》，法律出版社2007年版。

邹国勇：《外国国际私法立法精选》，中国政法大学出版社2011年版。

论文：

陈春龙："中国司法解释的地位和功能"，载《中国法学》2003年第1期。

陈弘毅："当代西方法律解释学初探"，载《中国法学》1997年第3期。

邓旭："审视INCOTERMS 2010在我国法的地位与适用"，载《国际商务研究》2011年第4期。

杜涛："法律适用规则的强制性抑或选择性"，载《清华法学》2010年第3期。

郭玉军:"论外国法的查明与适用",载《珞珈法学论坛》(第6卷),武汉大学出版社2007年版。

韩静茹:"专家参与民事诉讼的类型化分析——以我国民事证据立法的最新动向为背景",载《西部法学评论》2013年第2期。

何其生、孙慧:"外国公法适用的冲突法路径",载《武大国际法评论》2011年第1期。

何文艳、姜霞:"我国民事审级制度的改革与完善-比较法学视角下的分析",载《湘潭大学社会科学学报》2002年1月。

黄进、胡炜、杜焕芳:"2008年中国国际私法司法实践述评",载《中国国际私法及比较法年刊》2009年第12卷。

黄蓉:"外国公法作为准据法的可行性分析",载《法制与社会》2008年第2期

焦燕:"我国外国法查明新规之检视-评涉外民事关系法律适用法第10条",载《清华法学》2013年第2期。

李双元:"国际私法正在发生质的飞跃",载《国际法与比较法论丛(第五辑)》,中国方正出版社2003年版。

梁小平、陈志伟:"再论死亡补偿费和死亡赔偿金的性质",载《政法论坛》2010年9月第28卷第5期。

马光:"中韩两国法的渊源比较研究",载《庆熙法学》

2009 年第 44 卷第 1 号。

卜璐:"外国公法适用的理论变迁",载《武大国际法评论》2008 年第 2 期。

齐树洁:"接近正义:英国民事司法改革述评",载《人民法院报》2001 年 9 月 12 日第 3 版。

齐树洁、洪秀娟:"英国专家证人制度改革的启示与借鉴",载《中国司法》2006 年第 5 期。

齐树洁、冷根源:"英国《民事诉讼规则(1998)》述评",载《法学家》2001 年第 2 期。

齐树洁,洪秀娟,"司法鉴定改革应走创新之路",载《中国司法鉴定》2006 年第 2 期。

秦瑞亭:"强制性冲突法和任意性冲突法理论初探",载《南开学报》2007 年第 4 期。

宋晓:"20 世纪国际私法的'危机'与'革命'",载《武大国际法评论》2004 年第 1 期。

宋晓:"论冲突规则的依职权适用性质",载《中国国际私法与比较法年刊》第 10 卷,北京大学出版社 2007 年版。

宋晓:"外国法:'事实'与'法律'之辩",载《环球法律评论》2010 年第 1 期。

邵明:"析法院职权探知主义 - 以民事诉讼为研究范围",载《政法论坛》2009 年第 27 卷第 6 期。

肖芳:"我国法院对'外国法无法查明'的滥用及其控

制",载《法学》2012年第2期。

肖永平:"论国际商事惯例在我国的适用",载《河南省政法管理干部学院学报》2003年第1期。

肖永平:"论英美法系国家判例法的查明和适用",载《中国法学》2006年第5期。

徐鹏:"外国法解释模式研究",载《法学研究》2011年第1期。

许军珂:"论公私法的划分对冲突法的影响",载《当代法学》2007年第21卷第3期。

汪建成:"专家证人模式和司法鉴定模式之比较",载《证据科学》2010年第1期。

王葆莳:"论我国涉外审判中'专家意见'制度的完善",载《法学评论》2009年第6期。

王胜明:"涉外民事关系法律适用法若干争议问题",载《法学研究》2012年第2期。

向在胜:"从历史视角论涉外民商事诉讼中外国法的程序地位",载《法学家》2012年第3期。

熊岳敏:"民事诉讼中法院的释明:法理、规则与判例",载《比较法研究》2004年第6期。

徐鹏:"外国法查明:规则借鉴中的思考——以德国外国法查明为参照",载《比较法研究》2007年第2期。

叶自强:"司法认知论",载《法学研究》1994年第18卷第 4 期。

曾涛、梁成意："法国法院体系探微",载《法国研究》2002 年第 2 期。

张晓东、董金鑫："论统一实体国际条约不宜作为准据法",载《海峡法学》2011 年第 1 期。

詹思敏："外国法的查明与适用",载《法律适用(国家法官学院学报)》2002 年第 11 期。

周晓明："当代中国外国法适用的理论重构",载《武大国际法评论》2009 年第 9 卷。

左海聪："试析《国际私法协会国际商事合同通则》的性质和功能",载《现代法学》2005 年第 9 期。

英文文献

著作:

Dicey and Morris, *The Conflict of Laws*, 13th ed., Sweet & Maxwell, 2000.

Carlos Esplugues, José Luis Lglesias, Guillermo Palao, *Application of Foreign Law*, Sellier European Law Publishers, 2011.

Fentiman, R, *Foreign Law in English Courts*, Oxford University Press, 1998.

Fentiman, R, *International Commercial Litigation*, Oxford University Press, 2010.

Freer, R. D. , *Introduction to Civil Procedure*, Aspen Publishers, 2006.

Friedenthal, J. H. , Kane, M. K. , Mill, A. R. , *Civil Procedure*, Thomson West, 2005.

Garner, B. A. , *A Dictionary of Modern Legal Usage* (2nd Edition), 法律出版社(中国) 2003.

Geeroms, S, *Foreign Law in Civil Litigation*, Oxford University Press, 2004.

Hay, P. , Borchers, P. J. , and Symeonides, S. C. , *Conflict of Laws*, West, 2010.

Hill, J, *International Commercial Disputes in English Courts*, Oxford and Portland, Oregon, 2005.

Hodgkinson, T. , Jame, M. , *Expert evidence*, Sweet & Maxwell/ Thomson Reuters ,2010.

Jolowicz, J. A. , *On Civil Procedure*, Cambridge University Press, 2000.

Juenger, F. K. , *Choice of Law and Multistate Justice*, M. Nijhoff, 1993.

Keane, A. , Griffiths, J. , and Paul, M. , *The Modern Law of Evidence*, Oxford University Press, 2010.

Spillenger, C, *Principles of Conflict of Laws*, West, 2010.

Symeonides, S. C, *Private International Law at the End of the*

20*th Century*, *Progress or Regress*?, Kluwer Law International, 1999.

Symeonides, S. C., Perdue, W. C, *Conflict of Laws: American, Comparative, International*, 3th ed, West 2012.

论文：

Adler, A. N., "Translating & Interpreting Foreign statutes", 19 *Mich. J. Int'l L.* 37 (1997 – 1998).

Baade, H. W., "Proving Foreign and International Law in Domestic Tribunals", 18 *Va. J. Int'l L.* 619 (1977 – 1978).

Boer, T. M. D., "Facultative Choice of Law – The Procedural Status of Choice – of – Law Rules and Foreign Law", 257 *Recueil Des Cours* (1996).

Cavers, "a Critique of the Choice of Law", *Harv. L. Rev*, Vol. xlvii, (1933).

Dannemann, G., "Establishing Foreign Law in a German Court" http://www.iuscomp.org/gla/literature/foreignlaw.htm.

Dolinger, J., "Application, Proof, and Interpretation of Foreign law: a Comparative Study in Private International Law", 12 *Ariz. J. Int'l & Comp. Law* 225 (1995).

Drobnig, U., "The Use of Foreign Law by German Courts", Erik Jayme (ed.), *German National Reports in Civil Law Matters for the XIVth Congress of Comparative Law in Athens* 1994, Heidelberg, 1994.

Fentiman, R. , "Foreign law in English Courts", 108 *L. Q. Rev.* (1992).

Erauw, J. , "Something Funny Happened to Foreign Law on its Way to the Forum", 39 *Netherlands International Law Review*, (1992).

Jolowicz, J. A. , "Adversarial and Inquisitorial Models of Civil Procedure", 52 *Int'l & Comp. L. Q.* 281 (2003).

Juenger, F. K. , "A Page of History", 35 *Mercer. L. Rev.* 419 (1984).

Jänterä – Jareborg, M. , "Foreign Law in National Courts: a Comparative Perspective", 304 *Recueil des Cours* (2003).

Hartley, T. C. , "Pleading and Proof of Foreign Law: The Major European Systems", 45 *Int'l & Comp. L. Q.* 271 (1996).

Hausmann, R. , "Pleading and Proof of Foreign Law – a comparative Analysis", *The European Legal Forum* (E) 1 – 2008.

Hay, P. , "The Use and Determination of Foreign Law in Civil Litigation in the United States", 62 *Am. J. Comp. L.* 213 (2014).

Herzog, L. B. , "Proof of International Law and Foreign Law Before a French Judge", 18 *Va. J. Int'l L.* 651 (1977 – 1978).

Hood, K. J. , "Drawing Inspiration? Reconsidering the Procedural Treatment of Foreign Law", 2 *J. Priv. Int'l L.* 181 (2006).

Urs Peter GRUBER, Ivo Bach, "The Application of Foreign

Law – a Progress Report on A New European Project", *Yearbook of Privative International Law Vol.* XI (2009).

Keller, D. M., "Interpreting Foreign Law Through an Erie Lens: A Critical Look at United States", 40 *Tex. Int'L J.* 157 (2004).

Kegel, "The Crisis of Conflict of Laws", 112 *Recueil des cours*, 1964.

Leflar, "Choice – influencing Considerations in Conflicts Law", 41 *N. Y. U. L. Rev.* 267 (1966).

Levi, E. H., "An Introduction to Legal Reasoning", 15 *U. Chi. L. Rev.* 501 (1947 – 1948).

Meacham, C. E., "Foreign Law in Transactions Between the United States and Latin America", 36 *Tex. Int'L L. J*, 507 (2001).

Merryman, J. H., "Foreign Law as a Problem", 19 Stan. *J. Int'l L.* 151 (1983).

Michalski, R. M., "Pleading and Proving Foreign Law in the Age of Plausibility Pleading", 59 *Buff. L. Rev.* 1207 (2011).

Miller, A. R., "Federal Rule 44.1 and The 'Fact' Approach to Determining Foreign Law: Death Knell for A Die – Hard Doctrine", 65 *Mich. L. Rev.* 613 (1966 – 1967).

Miner, R. J., "The Reception of Foreign Law in the U. S. Federal Courts", 43 *Am. J . Comp.* L. 581 (1995).

Mostermans, P. M. M. , "Optional(Facultative) Choice of Law? Reflections from a Dutch Perspective", 51 *Neth. Int'L. Rev.* 393 (2004).

Nord, N. , "The Difficulties of Applying maintenance Foreign Law in France", at conference of "International Recovery of Maintenance in the EU and Worldwide" on 5 to 8 March 2013.

Nussbaum, A. , "Comment, Proving the Law of Foreign Countries", 3 *Am. J. Comp. L.* iii 60 (1954).

Nussbaum, A. , "The Problem of Proving Foreign Law", 50 *Yale L. J.* 1018(1940 – 1941).

Prosser, W. L. , "Interstate Publication", 51 *Mich. L. Rev.* 959, 971 (1953).

Perl, R. , "European Convention on Information on Foreign Law", 8*IJLL* 145(1980).

Rodger, B. J. , and Doorn, J. V. , "Proof of Foreign Law: The Impact of the London Convention", 46 *Int. Comp. L. Q.* 151 (1997).

Stephen L. Sass, "Foreign Law in Civil Litigation: A Comparative Survey", 16 *Am. J. Comp. L.* 332 (1968).

Stephen L. Sass, "Foreign law in Federal Court", 29 *Am. J. Comp. L.* 97 (1981).

Schmertz, J. R. "The establishment of Foreign and international law in American Courts: A Procedural Overview", 18 *Va. J. Int'l L.* 697(1977 – 1978).

Sommerlad, K., and Schrey, J., "Establishing the Substance of Foreign Law in Civil Proceedings", *Comparative law Yearbook of International Business*, Vol. 14 (1992).

Sprankling, J. G., and Lanyi, G. R., "Pleading and Proof of Foreign law in American Courts", 19 *Stan. J. Int'l L.* 3 (1983).

Stern, W. B., "Foreign law in the Courts: Judicial Notice and proof", 45 *Cal. L. Rev.* 23 (1957).

Teitz, L. E., "From the Courthouse in Tobago to The Internat: The Increasing Need to Prove Foreign Law in US Courts", 34 *J. Mar. L. & Com.* 97 (2003).

Tueller, D. R., "Reaching and Applying Foreign law in West Germany: A Systemic Study", 19 *Stan, J, int'l L.* 99 (1983).

Vischer, F., "General Course on Private International Law", 232 *Recueil des Cours*(1992).

Zhang, M., "International Civil Litigation in the China: a Practical Analysis of the Chinese Judicial System", 25 *B. C. Int'l & Comp. L. Rev.* 59 (2002).

韩文文献[①]

著作

김대순,『국제법론(제16판)』, 삼영사, 2011.

김연·박정기·김인유,『국제사법제3판』, 법문사, 2012.

김영환,『법철학의 근본문제(제2판)』, 홍문사, 2008.

곽윤직·김재형,『민법총칙(민법강의 I)』제9판, 박영사, 2013.

朴基甲,『국제사법총론-법률충돌이론을 중심으로』, 삼무사, 1996.

石光现,『국제사법 해설』, 박영사, 2013.

『국제사법 해설』제2판, 지산, 2003.

『국제민사소송법』, 박영사, 2012.

『국제물품매매계약의 법리』, 박영사, 2010.

『국제사법과 국제소송』제1권, 박영사, 2001

『국제사법과 국제소송』제3권, 박영사, 2004.

『국제사법과 국제소송』제5권, 박영사, 2012.

신창선·윤남순,『신국제사법』, Fides 도서출판, 2014.

신창섭,『국제사법』제2판, 세창, 2011.

양선숙,『법철학의 기본원리』, 칭목출판사, 2011.

육종수·김효진,『법학 기초론(개정판)』, 박영사,

---

① 因韩语中韩文和中文并记,为便于参照,本文脚注中引用文献时以中文标记,参考文献部分以韩文标记。

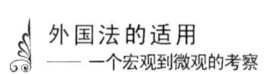

2010.

이상돈,『기초법학(제2판)』, 법문사, 2010.
이상윤,『영미법』, 박영사, 2009.
이시윤,『신민사소송법』제8판, 박영사, 2014.
이영준,『한국민법론(총칙편)』, 박영사, 2003.
이영준,『민법총칙』개정증보판, 박영사, 2007.
최공웅,『국제소송』, 유법사, 1994.
법원행정처,『2010 세계의 법원과 사법제도』, 2010.

论文：

강수미, "사감정의 소송법상의취급", 한국민사소송법학회『민사소송』제10권제2호, 2006.

김갑유, "국내법원에서의 국제소송의 몇 가지 실무적 쟁점에 관한 고찰",『국제거래법연구』제14집제2호, 2005.

金祥源, "주장책임과 입증책임", 법조협회『법조』, 1976.

金赫基, "법해석에 의한 모호성 제거의 불가능성", 서울대학교『법학』제50권제1호, 2009.

구회근, "독일의 사법제도 - 법원을 중심으로 · 독일법원방문기", 법조협회『법조』, 2001.

김형배, "법률의 흠결과 흠결의 보충 - 민사법을 중심으로", 고려대학교법학연구원『법률행정논집』 15권 0호,

1977.

권순희, "전통적 법해석방법과 법률해석의 한계", 가톨릭대학교법학연구소『법학연구』 4권 1호, 2009.

苏晓凌, "중국 국제사법의 새로운 동향", 『고려법학』 제71호, 2013.

송상현, "심급제도에 관한 시론 - 미국제도를 중심으로", 서울대학교『법학』, 제31권 3.4호, 1990.

신창선, "국제사법의 목적과 이념 - 국제사법의 정의와 실질법의 정의와의 관계를중심으로", 한국국제사법학회『국제사법연구』제5권, 2000.

안춘수, "외국법 적용의 근거에 관하여", 한국국제사법학회『국제사법연구』제3호, 1993.

안춘수, "국제사법에 있어서의 성질결정문제", 비교사법학회『비교사법』제11권제2호통권제25호, 2004.

이인재, "외국법의 적용과 조사", 『재판자료』제34집 1986.

이호정, "최근의 국제사법이론의 동향에 관한연구 - Kegel과 Juenger의 논정을 중심으로", 서울대학교『법학』특별호 4권, 1979.

윤남근, "미국연방법원의 심급제도", 『안암법학』제25권, 2007.

장문철, "국제사법의 역사와 발전방향", 국제사법학회『국제사법연구』제3호, 1998.

장문철, "국제사법상의 외국법의증명과 적용", 『안

암법학』, 1994.

장준혁, "브레이너드 커리의 통치이익분석론에 관한 연구", 서울대대학원석사학위논문, 1994.

정선주, "민사소송절차에서 감정인의 지위와 임무", 한국민사소송법학회『민사소송』 6권, 2002.

제성호, "북한의 법적 지위 재검토 - 국내법(헌법) 및국제법적 측면의 종합적 이해를 위하여", 『법조』 60권 4호, 법조협회, 2011.

최봉경, "법률의흠", 『연세법학연구』제10집제1권, 2003.

최봉철, "문언중심적 법해석론 비판", 한국법철학회『법철학연구』제2권, 1999.

피정현, "민사소송에서 외국법의 적용", 한국비교사법학회『비교사법』제7권 2호, 2000.

后 记

对外国法如何适用问题的关心起源于我律师生涯中代理的几个涉外知识产权案件。当时我国的知识产权大多从国外引进,一旦发生纠纷,其权利来源和归属常常成为争议的焦点。由于原始权利人常常为外国自然人或法人,作为律师当然也要思考冲突规则的运用和外国法的适用。但是在程序的进行过程中,外国法如何查明和适用是一个模糊的问题,作为律师很难预见裁判的结果,也就很难帮助当事人准确判断法律风险。寄希望于法官的释明时,发现甚至法官有时都含糊其辞,或者回避争点问题。2007年,我赴韩国学习,先后在不同的学校分别修习了国际交易法和国际私法的博士课程,后又在韩国仁荷大学法学院任教。期间一直关注外国法适用问题,到2010年年末在首尔国立大学开始着手写作自己的博士论文时,自然将外国法的适用作为了自己博士论文的主题。

应当说外国法的查明和适用本身已是一个定型化的命题,之前也多有国内外的学者做出过系统化的阐释,真知灼见颇多。而我国立法的改善也在一定程度上消减了外国法适用过程中的一些争议性问题。尽管如此,随着时代的发展、研究的深入,我个人觉得我国的立法和实务中尚有未尽之事项需要进一步剖析和说明。此外，国际私法素来带有抽象、形而上的意味，二十年前在法学院学习时，曾觉得国际私法是离我们生活最远的法学学科。然而，时代变迁，中国逐渐从一个封闭的大国转型为全球贸易的重要一极，实务中屡屡碰到涉外民商事关系法律纠纷，再去回避法律冲突问题已经没有可能。不仅如此，中国对外投资逐渐增多，一些中国的企业也开始具有国际化的身份，一些涉外民商事关系正在演化为国际民商事关系，这些也需要法律人采用适当的措施予以应对。基于这种认识，我希望能从一个实务的、微观的层面去更近距离的观察国际私法在实务中如何发生作用，其运用和实际操作产生了什么样的结果。具体到外国法的适用，我希望了解我们的法律在其他国家到底是如何适用，是否发生了变形，他国的法律在我国的适用状态又是如何，现实中出现了哪些问题。因为身在韩国多年，兼具学生和老师的双重身份，对韩国法已有一些认识，微观层面上自然就选择韩国作为了观察对象。这些想法和认识造就了本书的结构，一方面探究外国法适用中各法制先进国家的经验，试图从中寻找普适性的规律。另一方面以中韩两个往来关系密切的国家作为微观观察的对象，对照这些普适性的规律，探讨彼此适用对方法律的现实及发生的问题，希望藉此给国际私法的应用增添一个活生生的例证。

  由于我个人的拖沓，未想到从命题到成稿竟逾四年之久。完工之际又觉遗憾、疏漏之处颇多，踌躇不已。又想只有先行

后记

结束，才能在此基础上再做前行。遂不揣浅陋，就此付梓。粗陋之处，期待名家指正。

本书是在我韩文博士论文基础上修改完成，虽经多次修改，但仍似有韩文表述的痕迹，部分语句不免晦涩，只得恳请谅解。

这本小书的成稿我要感谢多人的帮助。首先要感谢我的恩师，韩国首尔大学法学专门大学院的石光现教授，作为韩国前著名从事涉外民商事法律业务的律师和现在的知名国际私法、国际交易法教授，他在学术研究中以实务家的敏锐发现问题，又以学问家的严谨尝试解决问题，其对学术之热爱、求实之精神、勤奋之态度对我影响颇深。在我旅韩学习、工作的七年间，先生不断关心、指导我的学业，使我获益良多。在论文写作过程，他不仅指出了我很多疏漏之处，提示我关注世界研究发展近况，甚至就一部分表述亲自进行了文字上的修改。此外审查委员郑仙珠教授作为民事诉讼法专家也对我论文中涉及民事诉讼法的部分提出了很多实质性的指导意见。其他审查委员首尔大学的崔俸京教授、姜光文教授以及高丽大学的金仁浩教授也都分别从民法解释学、中国法乃至韩国国际私法实务等角度提出了很多有价值的意见。其次要感谢我的家人。我的丈夫不仅给了我物质、精神上的双重支持，使我在三十多岁"高龄"时还得以抛开世俗烦事，重归校园读书，又在我经历精神苦闷时，以其开朗和豁达开导我坚持前行。在本书写作中，

他又站在一个前法官和现律师的立场上，从实务的角度与我讨论问题，给了我很大的启发。我的公婆、父母放弃了自己退休后的悠闲生活，帮我处理家务，抚育孩子，解我后顾之忧。我还要感谢我的儿子，以其坚忍成就我的博士生活，又以其乐观诙谐的童言童趣解救我于写作的苦思之中。最后要感谢很多在其中帮助过我的同窗、后辈、朋友。大学同窗、无锡市中级法院的陆超法官从事知识产权审判多年，具有丰富实务经验，在写作中给我提供了有针对性的案例，颇有助于我对现行实务的把握。在韩文论文成稿过程中，后辈이종혁法务官、정선아助教以及赵银姬、李妍妍、朴大宪等中国留学生在文字修改方面也给予了无私的帮助，在此一并致谢。

最后，感谢中国法制出版社谢雯编辑等为本书出版付出的艰辛劳动，在她们的努力和帮助下，这本小书才能以这样的面貌出现在读者面前。

著者
于 2015 年北京的初夏

图书在版编目（CIP）数据

外国法的适用——一个宏观到微观的考察／苏晓凌著.
—北京：中国法制出版社，2015.6
ISBN 978-7-5093-6266-2

Ⅰ.①外… Ⅱ.①苏… Ⅲ.①国际私法
Ⅳ.①D997

中国版本图书馆 CIP 数据核字（2015）第 076413 号

责任编辑 谢雯　　　　　　　　　　　　　封面设计　周黎明

外国法的适用——一个宏观到微观的考察
WAIGUOFA DE SHIYONG——YIGE HONGGUAN DAO WEIGUAN DE KAOCHA

著者／苏晓凌
经销／新华书店
印刷／三河市紫恒印装有限公司
开本／880×1230 毫米 32　　　　　　　　印张／14　字数／270 千
版次／2015 年 6 月第 1 版　　　　　　　　2015 年 6 月第 1 次印刷

中国法制出版社出版
书号 ISBN 978-7-5093-6266-2　　　　　　定价：49.00 元

北京西单横二条 2 号　邮政编码 100031　　　传真：66031119
网址：http：//www.zgfzs.com　　　　　　编辑部电话：66010493
市场营销部电话：66033296　　　　　　　　邮购部电话：66033288

（如有印装质量问题，请与本社编务印务管理部联系调换。电话:010-66032926）

2